GEORGES VALAT

Poursuite privée
et
Composition pécuniaire

dans l'ancienne Bourgogne

Elibron Classics
www.elibron.com

Elibron Classics series.

ISBN 0-543-74205-9 (paperback)
ISBN 0-543-74204-0 (hardcover)

This Elibron Classics Replica Edition is an unabridged facsimile of the edition published in 1907 by J. Nourry, Dijon.

COLLECTION D'ÉTUDES

Sur l'Histoire du Droit et les Institutions de la Bourgogne,
par une Société de Professeurs et d'anciens Élèves DE LA FACULTÉ DE DROIT DE L'UNIVERSITÉ DE DIJON.

XIV.

Poursuite privée

et

Composition pécuniaire

dans l'ancienne Bourgogne

Georges VALAT
DOCTEUR EN DROIT

DIJON
J. NOURRY, LIBRAIRE-ÉDITEUR
Place Saint-Etienne.
—
1907

PRINCIPAUX DOCUMENTS

ET

OUVRAGES CITÉS

I. — MANUSCRITS

1° Archives du département de la Côte-d'Or.

a) NOTAIRES ET TABELLIONAGES

1° *Série B.*

B. 11233 (1341-1348). Registrum Tierreti Quasseti de Dyvione, clerici tabellionis nostri officialis Lingonensis.

B. 11234 (1354-1358). Protocole de Thierry Quasset, clerc notaire de la Cour de Langres.

B. 11247 (1350-1352). Protocole de Huet de Saulon.

B. 11248 (1355-1356). Registrum Hueti de Salone Capella, coadjutoris domini Hugonis Poisseneti notarii Divionis.

B. 11254 (1351-1359). Registrum Johannis de Acceyo, presbyteri, coadjutoris Hugonis Poisseneti, notarii in Dyvionem, presbyteri.

B. 11256 (1355-1360). Protocole de Geliet Simonnet de Blaisy, coadjuteur de Jean Poissenet, tabellion de Dijon.

B. 11265. Protocole de Richard Poissenet, tabellion d'Auxonne.

B. 11266. Registrum Alberti de Seneveto, clerici tabellionis curie Lingonensis.

B. 11267 (1364-1368). Protocole d'Adam d'Alise, coadjuteur d'André de Fénay, tabellion à Dijon.

B. 11269 (1367-1368). Registrum prothocolorum Guidonis, Johannis de Fontanis et Michel de Sacugneyo, clericorum, coadjutorum Andree de Faenay, tabellionis Divionis.

B. 11286 (1382-1386). Registrum Guillelmi Girardi de Divione, clerici, coadjutoris Andree de Faanay, notarii Divionis.

B. 11288 (1375-1390). Protocole de Pierre Layer, d'Aleaume de Cleucleu et d'Aubertin de Sauxurette, coadjuteur d'André de Fénay, notaire à Dijon.

B. 11289 (1392-1397). Protocole d'Aleaume de Cleuleu, coadjuteur d'André de Fénay, tabellion de Dijon.

B. 11296 (1398-1399) Protocole d'Aubertin de Sauxurette, coadjuteur du tabellion de Dijon.

B. 11302 (1386-1389). Registrum prothocollorum Aubertini de Sauxurettes, coadjutoris notarii Divionensis.

B. 11308 (1389-1390). Registre de Guiot de Corpssains, clerc coadjuteur du tabellion de Dijon.

B. 11311 (1383-1388). Registrum prothocollorum Guillelmi de Maxilleyo, notaire à Pontailler, assisté de Guiot d'Ancise et de Guillaume de Pontailler, ses coadjuteurs.

B. 11313 (1397-1399). Protocole de Pierre de Dommartin, coadjuteur du tabellion de Dijon et tabellion de la Cour de Langres.

B. 11316 *bis* (1395-1396). Protocole de Jean Lebon, coadjuteur du tabellion de Dijon.

B. 11317 (1397-1400). Registrum sextum septimum Johannis Boni de Divione, clerici, coadjutoris tabellionis loci, tabellionis Curie Lingonensis.

B. 11334 (1421-1422). Protocole de Jean le Bon, coadjuteur du tabellion de Dijon, assisté de Jean Mathelie et Huguenet Binget, ses clercs et coadjuteurs.

B. 11349 (1404-1413). Registre de Michel Coqui de Saint-Seine, tabellion de la Cour de Langres et coadjuteur du tabellion de Dijon.

2° *Série E.*

E. 2213 (1555-1570). Minutes de Claude Poillechat, notaire à Dijon.

E. 2273 (1641-1646). Minutes de F. Gosselin, notaire à Bèze.

E. 2304 (1538-1548). Protocole de Nicolas Defrettes, notaire à Châtillon.

E. 2334 (1560-1574). Protocole d'Edme Defrettes, notaire à Châtillon.

E. 2380 (1626-1627). Protocole de Georges Girard, notaire à Is-sur-Tille.

E. 2387 (1625). Minutes de Georges Girard, notaire à Is-sur-Tille.

E. 2464 (1667). Minutes de Claude Béruchot, notaire à Is-sur-Tille.

E. 2465 (1668). Minutes de Cl. Béruchot, notaire à Is-sur-Tille.

E. 2483 (1674). Protocole de Cl. Béruchot, notaire à Is-sur-Tille.

E. 2500 (1675-1676). Minutes de F. Mairetet, notaire à Is-sur-Tille.

E. 2595 (1730-1743) Minutes de Jean Edon, notaire à Montfort-Montigny.

E. 2612 (1689-1699). Minutes de Adrien Dugied, notaire à Pluvault.

E. 2664 (1566-1568). Minutes de Hugues Pourcelet, notaire à Saulx-le-Duc.

E. 2725 (1658). Minutes de Cl. Boucard, notaire à Semur.

E. 2763 (1720-1733). Minutes de Cl. Demartinécourt, notaire à Spoy.

E. 2770 (1711-1733). Minutes de Lazare Genglaire, notaire à Thoisy-la-Berchère.

E. 2843 (1650-1651). Minutes de Cl. Languet, notaire à Vitteaux.

E. 2884 (1691). Minutes de Cl. Languet, notaire à Vitteaux.

b) COMPTES DES RECEVEURS DE BAILLIAGES ET CHATELLENIES.

B. 2056 (1344). Aignay-le-Duc, compte d'André Fourques, châtelain d'Aignay et de Duesme.

B. 2278 (1350). Autunois, compte de Guillaume de Blaisy, bailli d'Autun, de Chalon et de Montcenis « pour le roi qui avait alors le bail du duché de Bourgogne ».

B. 2279 (1353). Autunois, compte de Bernard de Neuville, bailli d'Autun et de Montcenis.

B. 2283 (1356). Autunois, compte de Hugues de Broisse, bailli d'Autun et de Montcenis, châtelain de Montcenis.

B. 2745 (1350-1351). Auxois, compte des recettes et exploits du bailliage rendu par Simon Pontarbert, bailli d'Auxois.

B. 3668 (1432-1434). Chalon, compte d'Etienne Boudot, gouverneur de la châtellenie de Saint-Laurent.

B. 3976 (1471-1472). Charolais, compte d'Antoine Conroy.

B. 4008 (1369). Châtillonnais, compte de Hugues Bulie, gouverneur de la prévôté de Châtillon-sur-Seine.

B. 4013 (1383-1384). Châtillonnais, compte de Mathieu Estibout, receveur général du bailliage

B. 4040 (1412-1413). Châtillonnais, compte de Jean Moreau, receveur des fermes de toutes les prévôtés du bailliage.

B. 4390 (1350-1351). Cuisery, compte de Renaud de Verrey.

B 4399 (1459-1463). Cuisery, compte Jean Odenin.

B. 4418 (1371-1372). Dijonnais, compte de la recette et des dépenses du bailliage de Dijon rendu par Jean Donay de Chanceaux, receveur général dudit bailliage.

B. 4541 (1504-1505). Compte de Jehan Saumaire, receveur des châtellenies de Chenôve et Talant.

B. 4591 (1604-1605). Compte de Jean Crétiennet, receveur des châtellenies de Chenôve et Talant.

B. 4620 (1669). Dijonnais, compte de Pierre Le Grand, receveur alternatif.

c) ÉTATS DU DUCHÉ DE BOURGOGNE.

C. 2998 (1674-1679). Registre IVe des décrets originaux des Etats.

d) CHAMBRE DES COMPTES DU DUCHÉ DE BOURGOGNE

B. 287 (1277-1569). Liasse.

B. 485 *bis* (1369-1370). Registre des lettres de Mme la duchesse Marguerite.

B. 11466 (1322-1660). Justice criminelle, lettres de grâce, liasse.

B. 11629 (1253-1389). Liasse.

B. 11631 (1260-1788). Liasse.

e) ARCHIVES JUDICIAIRES.

B². 336, O. 6 (1385-1386). Registre des causes de la mairie de Dijon.

B². 336, O. 10 (1390-1391). Registre des causes de la mairie de Dijon.

B², 360, F. 1 (1386-1432). Procès criminels, liasse.

B². 361 (1336-1673). Lettres de grâce, liasse.

B². 362, O. 1 (1358-1478). Papier rouge.

B². 379. Ville de Beaune, registre des audiences de la mairie.

f) CONSEIL DUCAL.

B. 11403 (1242-1424). Registre des représentations de causes.

2° Archives municipales de la ville de Dijon.

B. 56 (1423-1788). Sergents de la mairie.

B. 129 (1342-1343). Papier du secret de la ville, registre.

B. 138 (1395-1396). Papier du secret de la ville, registre.

B. 142 (1399-1400). Papier du secret de la ville, registre

B. 144 (1401-1402). Papier du secret de la ville, registre.

B. 147 (1407-1409). Papier du secret de la ville, registre.
I. 3 (1421-1600). Police générale, arrêtés et ordonnances.
I. 138 (1451-1566). Police, mendicité, vagabondage.

3° Bibliothèques de la ville de Dijon.

Manuscrit original de M. Melenet, n° 299.
Recueil d'arrests criminels du Parlement de Dijon, fonds Baudot, n° 160.
Registre de lettres de rémission, fonds Baudot, n° 37.

4° Bibliothèque de l'ordre des avocats près la Cour d'appel de Dijon.

Délibérations secrètes du Parlement de Dijon, mss. n° 25.
Recueil par lettre alphabétique de sommaires d'arrêts du Parlement de Dijon, mss. n° 40.

II. — IMPRIMÉS

AGOBARD, *Adversus legem Gundobadi et impia certamina quae per eam geruntur*, in MIGNE, *Patrologie latine*, t. CIV.

ALLARD, *Histoire de la justice criminelle au seizième siècle.*

ARBOIS DE JUBAINVILLE (D'), *De la composition pour crimes et délits chez les Celtes et du sens du mot Praemia chez César*, in *Revue du droit, de la législation et de la jurisprudence*, 13e année, 1889.

AUBERT, *Le ministère public de saint Louis à François Ier*, in *Nouvelle revue historique de droit français et étranger*, anno 1894.

AVENEL (D'), *La procédure et la justice criminelles sous Louis XIII*, in *Séances et travaux de l'Académie des sciences morales et politiques*, anno 1889, 1er semestre.

AYRAULT, *Formalité et instruction judiciaire dont les anciens Grecs et Romains ont usé ès accusations publiques, conféré au stil et usage de nostre France*, Paris, Laurens Sonnius, 1587.

BALUZE, *Capitularia regum Francorum*, 2 vol. in-fol., Paris, Quillau, 1780.

BARANTE (DE), *Histoire des ducs de Bourgogne de la maison de Valois (1364-1477)*, 7e édit., Paris, Le Normant, 1854.

BEAUREPAIRE (DE), *Essai sur l'asile religieux dans l'empire romain et la monarchie française*, in *Bibliothèque de l'Ecole des chartes*, 3e série, t. IV et V, 1852-1854.

BEAUVOIS, *Origine des Burgondes*, Dijon, Lamarche, 1869. — *Une pénalité des lois Gombette et les lumières qu'elle jette sur l'origine des Burgondes*, in *Mémoires de la Société d'histoire et d'archéologie de Chalon-sur-Saône*, t. VI, anno 1864 et tirage à part.

BLUHME, *Préface à la loi Gombette* en tête de son édition de cette loi, in *Monumenta Germaniae historica, legum tomus III, fasciculus I, Hannoverae*, 1863.

BOUHIER, *Les coustumes du duché de Bourgogne avec les anciennes coutumes tant générales que locales de la même province et les observations de M. Bouhier, président au Parlement de Bourgogne*, Dijon, Augé, 1742-1746, 2 vol. in-fol.

BRILLON, *Dictionnaire des arrêts ou jurisprudence des Parlements de France*, Paris, 1727.

BRUEL, *Recueil des chartes de l'abbaye de Cluny*, Paris, Imprimerie nationale, 1876-1903, 6 vol. in-4°.

BRUNNER, *Deutsche Rechtsgechichte*, Leipzig, 1887, 2 vol. in-8°.

BULLIOT et ROIDOT, *La cité gauloise selon l'histoire et les traditions*, Autun, Dejussieu, Paris, Champion, 1879, in 8°.

CAIUS-JULIUS-CÆSAR, *Commentarii de Bello Gallico*, in *Collection des auteurs latins, avec la traduction en français, publiés sous la direction de M. Nisard*, Paris, Didot, 1845.

CANAT DE CHIZY, *Documents inédits pour servir à l'histoire de Bourgogne*, Chalon-sur-Saône, Dejussieu, 1863.

CHAMPEAUX, *Les cimetières et les marchés du vieux Dijon*, in *Mémoires de l'Académie des sciences, arts et belles-lettres de Dijon*, anno 1906 et tirage à part. — *La compilation de Bouhier et les coutumiers bourguignons du quatorzième siècle*, in *Nouvelle revue historique du droit français et étranger*, anno 1906.

CHARMASSE (DE), *Cartulaire de l'église d'Autun*, Paris, Pédone; Autun, Dejussieu, 1865 et 1900, 2 vol. in-4°.

CHASSENEUZ (DE), *Consuetudines ducatus Burgundiae fereque totius Galliae commentariis D. Bartholomaei a Chassenaeo ut amplissimis illustratae summaque diligentia et labore recognitae*, Crispinus, Coloniae Allobrogum, 1616, in-fol.

Code pénal ou Recueil des principales ordonnances, édits et déclarations sur les crimes et délits avec un essai sur l'esprit et les motifs de la procédure criminelle, Paris, Saillant et Desaint, 1765.

COTHENOT, *Instruction des procès criminels tirée des ordonnances royaux, règlemens et arrests du Parlement de Bourgogne par I. Cothenot, conseiller et advocat du roy aux bailliage, chancellerie et table de marbre à Dijon et conseiller ordinaire de la maison de Monseigneur le Prince*, Dijon, Palliot, 1645, in-12.

Les coutumes du duché et celles du comté de Bourgogne avec les ordonnances des Parlemens de ces deux provinces, imprimées à Dôle par maître Pierre Metlinger, Allemand, au mois de mai MCCCCLXXXX, in-8° goth. (*Bibliothèque municipale de Dijon*).

COURTÉPÉE et BÉGUILLET, *Description générale et particulière du duché de Bourgogne précédée de l'abrégé historique de cette province par M. Courtépée, prêtre, et par M. Béguillet, notaire de la province*, 2e édit., Dijon, Lagier, 1847.

DAVOT et BANNELIER, *Traités sur diverses matières de droit françois à l'usage du duché de Bourgogne et des autres pays qui ressortissent au Parlement de Dijon par feu Gabriel Davot... avec des notes de feu Jean Bannelier, doyen de l'Université de Dijon*, 2e édit., Dijon, Causse, 1789.

DECLAREUIL, *La justice dans les coutumes primitives*, in *Nouvelle revue historique de droit français et étranger*, anno 1889.

DESJARDINS, *Les cahiers des Etats généraux en 1789 et la législation criminelle*, Paris, Durand et Pédone-Lauriel, 1883.

DUBOIS, *Les asseurements dans nos villes du Nord au treizième siècle*, thèse, Paris, 1902.

DU CANGE, *Glossarium mediae et infimae latinitatis*, 7 vol. in-4°, Didot, Parisiis, 1840.

DUFAYARD, *La réaction féodale sous les fils de Philippe le Bel*, in *Revue historique*, t. LIV, anno 1894.

DUMAY, *Le Mercure dijonnois ou Journal des événemens qui se sont passés de 1742 à 1789, principalement en Bourgogne, publié pour la première fois, avec une introduction et des notes, par Gabriel Dumay, membre de l'Académie des sciences, arts et belles-lettres de Dijon*, Dijon, Darantière, 1887.

ESMEIN, *Cours élémentaire d'histoire du droit français à l'usage des étudiants de première année*, 3e édit., Paris, Larose, 1898. — *Histoire de la procédure criminelle en France*, Paris, Larose et Forcel, 1882.

ESPINAS, *Les guerres familiales dans la commune de Douai aux treizième et quatorzième siècles, les trêves et les paix*, in *Nouvelle revue historique de droit français et étranger*, anno 1899.

FERRIÈRE, *Dictionnaire de droit et de pratique contenant l'explication des termes de droit, d'ordonnance, de coutume et de pratique avec les jurisdictions de France par M. Claude-Joseph de Ferrière*, nouvelle édition, Paris, Leclerc, 1762.

FLORUS, *De gestis Romanorum libri IV*, in *Collection des auteurs latins*, avec la traduction en français, publiés sous la direction de M. Nisard, Paris, Didot, 1845.

FRÉDÉGAIRE, *Chronique*, in *Collection des mémoires relatifs à l'histoire des Francs publiés par M. Guizot*, Paris, Brière, 1823.

FUSTEL DE COULANGES, *Histoire des institutions politiques de l'ancienne France, La monarchie franque*, Paris, Hachette, 1888. — *L'invasion germanique*, 2e édit., Paris, Hachette, 1877. — *Recherches sur quelques problèmes d'histoire*, Paris, Hachette, 1885. — *La justice dans le monde féodal*, in *Revue des Deux-Mondes*, 15 mars 1871. — *Le gouvernement de Charlemagne*, in *Revue des Deux-Mondes*, 1er janvier 1876.

GARNIER, *Chartes de communes et d'affranchissements en Bourgogne*, Dijon, Rabutot, 1867, 3 vol. in-4o. — *Correspondance de la mairie de Dijon*, in *Collection des Analecta Divionensia, documents inédits pour servir à l'histoire de France et particulièrement à celle de Bourgogne*, Dijon, Darantière.

GARNIER et BOUGAUD, *Chronique de l'abbaye Saint-Bénigne de Dijon*, in *Collection des Analecta Divionensia, etc.*, Dijon, Darantière. — *Chronique de l'abbaye Saint-Pierre de Bèze*, in *Collection des Analecta Divionensia, etc.*, Dijon, Darantière.

GAUPP, *Les établissements germaniques et les partages des terres dans les provinces de l'empire romain d'Occident*, Breslau, 1844.

GIRARD, *Manuel de droit romain*, 2e édit., Paris, Rousseau, 1898.

GIRAUD, *Essai sur l'histoire du droit français au moyen âge*, Paris, Videcoq père et fils; Leipzig, Léopold Michelsen, 1848, 2 vol. in-8o, t. II.

GLABER (Rodulphus), *Historiarum libri quinque*, édition Prou, in *Collection de textes pour servir à l'étude de l'histoire de France*, Paris, Picard.

GLASSON, *Histoire du droit et des institutions de la France*, Paris, Pichon, 1887-1903, 8 vol. in-8°.

GRÉGOIRE DE TOURS, *Histoire des Francs*, in *Collection des mémoires relatifs à l'histoire des Francs publiés par M. Guizot*, Paris, Brière, 1823.

GUÉTAT, *Histoire élémentaire du droit civil français depuis ses origines gauloises jusqu'à la rédaction de nos Codes modernes*, Paris, Larose et Forcel, 1884.

HUBÉ (DE), *Histoire de la formation de la loi bourguignonne et appréciation de la dernière édition de cette loi*, Paris, Auguste Durand et Pédone Lauriel, 1867, et *Revue historique du droit français et étranger*, t. XIII.

HUGUENEY, *L'idée de peine privée en droit contemporain*, thèse, Dijon, 1904.

IMBERT, *Enchiridion ou brief recueil du droict escrit gardé et observé ou abrogé en France par M. Jean Imbert, lieutenant criminel au siège de Fontenay-le-Comte, reveu, corrigé, augmenté et additionné par M. Pierre Guenois, conseiller du roy... et depuis outre les précédentes impressions par B. Automne, jurisconsulte*. A Paris, 1624. — *La practique judiciaire, civile et criminelle receue et observée par tout le royaume de France, composée par M. Jean Imbert, lieutenant particulier au siège de Fontenay-le-Comte, dernière édition, reveue et corrigée*. A Paris, au Palais, par la Société, 1624.

ISAMBERT, *Recueil général des anciennes lois françaises*, Paris, sans date.

JOUSSE, *Traité de la justice criminelle de France*, Paris, Debure, 1771.

KAEMPEN (VAN), *De la composition pour homicide dans la loi salique*, thèse, Dijon, 1902.

KLEINCLAUSZ, *L'empire carolingien, ses origines et ses transformations*, in *Revue bourguignonne de l'enseignement supérieur*, anno 1902.

KOENIGSWARTER, *Etudes historiques sur les développements de la société humaine*, partie II : *La vengeance et les compositions*, in *Revue de législation et de jurisprudence*, anno 1849, t. II.

LANGE, *La nouvelle pratique civile, criminelle et bénéficiale ou le Nouveau praticien françois réformé suivant les nouvelles ordonnances par feu M. Lange, ancien avocat au Parlement*, 15e édit., Paris, Desaint et Saillant, 1755.

MARNIER, *Ancien coutumier de Bourgogne*, in *Revue historique du droit français et étranger*, 1857.

MATILE, *Etudes sur la loi Gombette*, Turin, 1849.

MANSI, *Amplissima conciliorum collectio*, Florence, 1764.

MIGNARD, *Histoire des premiers temps féodaux*, à la suite de son édition de : *Le roman en vers de très excellent, puissant et noble homme Girart de Rossillon, jadis duc de Bourgogne*, Paris, Techner, 1852, in-8°.

MUYART DE VOUGLANS, *Les loix criminelles de France dans leur ordre naturel*, à Paris, chez Mérigot le Jeune, 1780.

NOURISSON, *De la participation des particuliers à la poursuite des crimes et délits*, Paris, Larose, 1894.

OZANAM, *Les Germains avant le christianisme, recherches sur les origines, les traditions, les institutions des peuples germaniques et leur établissement dans l'empire romain*, nouvelle édition, Paris, Lecoffre.

PEQUEUGNOT, *Légendaire d'Autun ou Vies des saints et autres pieux personnages des diocèses d'Autun, Chalon et Mâcon*, Lyon, Girard et Guyet, 2 vol. in-12.

PÉRARD, *Recueil de plusieurs pièces curieuses servant à l'histoire de Bourgogne*, Paris, Claude Cramoisy, 1664, in-fol.

PERRIER, *Arrests notables du Parlement de Dijon recueillis par M. François Perrier, substitut de M. le procureur général, avec des observations sur chaque question par Guillaume Raviot, avocat au Parlement et conseil des Etats de Bourgogne*, Dijon, Augé, 1735.

PETIT (de Vausse), *Histoire des ducs de Bourgogne de la race capétienne*, publication de la Société bourguignonne d'histoire et de géographie, Dijon, Lamarche, 1885-1905, 9 vol. in-8°.

PIGNOT, *Histoire de l'ordre de Cluny depuis la fondation de l'abbaye jusqu'à la mort de Pierre le Vénérable (909-1157)*, Autun, Dejussieu ; Paris, Durand, 1868, 3 vol. in-8°.

PLANCHER (dom), *Histoire générale et particulière de Bourgogne avec des notes, des dissertations et les preuves justificatives*, Dijon, Antoine de Fay, 1739, 4 vol. in-fol.

QUANTIN, *Recueil de pièces pour faire suite au Cartulaire général de l'Yonne, publié par la Société des sciences historiques et naturelles de l'Yonne sous la direction de Max Quantin, treizième siècle*, Auxerre, au siège de la Société; Paris, Durand et Pedone Lauriel, 1873, in-8°.

Recueil des édits, déclarations, lettres patentes... concernant l'administration des Etats de Bourgogne, Dijon, Defay, 1784.

ROGER DE BELLOGUET, *Questions bourguignonnes ou mémoire critique sur l'origine des anciens Bourguignons et sur les divers peuples, royaumes ou contrées qui ont porté leur nom*, en tête du tome I de la *Description du duché de Bourgogne*, de Courtépée et Béguillet, 2e édit., Dijon, Lagier, 1847.

RIDARD, *Essai sur le douaire dans l'ancienne Bourgogne*, thèse, Dijon, 1906.

ROUSSEAUD DE LA COMBE. *Traité des matières criminelles suivant l'ordonnance du mois d'août 1670 et les édits, déclarations du roi, arrests et réglemens intervenus jusqu'à présent*, 6e édit., Paris, Bauche, 1769.

ROUX, *Le ministère public et la partie lésée*, thèse, Paris, Larose, 1893.

ROY (Jules), *L'an mille, Formation de la légende de l'an mille, Etat de la France de 950 à 1050*, Paris, Hachette, in-12.

ROZIÈRES (DE), *Recueil général des formules usitées dans l'empire des Francs du cinquième au dixième siècle*, Paris, Durand, 1859.

SALEILLES, *De l'établissement des Burgondes sur les domaines des Gallo-Romains*, in *Revue bourguignonne de l'enseignement supérieur*, anno 1891.

SALIS (VON), *Leges Burgundionum* in *Monumenta Germaniae historica, legum sectio I, legum nationum Germanicarum tomi II, pars I*, Hannoverae, 1892.

SEIGNOBOS, *Le régime féodal en Bourgogne jusqu'en 1360*, Paris, Ernest Thorin, 1882, in-8°

SIMONNET, *Documents inédits pour servir à l'histoire des institutions et de la vie privée en Bourgogne. (Extrait des protocoles des notaires, quatorzième et quinzième siècles*). Dijon, J.-E. Rabutot, 1867, in-8°.

SERPILLON, *Code criminel ou Commentaire sur l'ordonnance de 1670... par M. François Serpillon, lieutenant général criminel et conseiller honoraire aux bailliage, chancellerie et siège présidial d'Autun*, Lyon, Perisse, 1767.

STOUFF, *Etude sur le principe de la personnalité des lois depuis les invasions barbares jusqu'au douzième siècle*, in *Revue bourguignonne de l'enseignement supérieur*, anno 1894. — *Un coutumier de Bourgogne au quatorzième siècle* : « Costumes de Bourgoingne faites par Jehan Vaicherel », in *Revue bourguignonne de l'enseignement supérieur*, 1904.

TACITE. *De moribus Germanorum*, in *Collection des auteurs latins avec la traduction en français, publiés sous la direction de M. Nisard*, Paris, Didot, 1845.

THIERRY (A.), *Lettres sur l'histoire de France*, nouvelle édition, Paris, Furne Jouvet, 1866.

VALENTIN-SMITH, *La loi Gombette, reproduction intégrale de tous les manuscrits connus*, Lyon, Brun ; Paris, Picard, 1889.

VIOLLET, *Histoire des institutions politiques et administratives de la France*.

X..., *Une famille autunoise aux seizième et dix-septième siècles. Le livre de raison des Pillot de Fougerettes*, in *Mémoires de la Société éduenne*, nouvelle série, t. XX, Autun, Dejussieu, 1892.

AVANT-PROPOS

La composition pécuniaire. — Sa durée souvent méconnue. — Comment elle s'explique. — Plan de l'ouvrage. — Son intérêt historique, actuel et local.

La composition pécuniaire se définit le plus souvent la transaction par laquelle, moyennant un prix déterminé, un délinquant rachète le droit de représailles que par son acte il a fait naître au profit de ceux qu'il a lésés.

La prétention de retracer l'histoire d'une pareille institution pourra paraître irréfléchie. Comment plonger de façon assez sûre dans un passé si lointain ? Car c'est, par définition même, aux époques de barbarie que la composition est usitée ; c'est au temps où les hommes ne connaissent encore point de lois, n'ont pas la notion de la peine due au crime, au temps où l'Etat n'intervient pas pour punir et abandonne à chacun le soin de venger ses offenses ; le meurtrier alors peut, en payant, échapper au ressentiment de la famille qu'il a blessée ; mais combien peu dure cette situation ? Tacite s'étonne de la rencontrer chez les Germains, les lois barbares la consacrent encore, mais, dès le moyen âge commençant, la composition disparaît pour toujours.

Cette opinion courante doit être rejetée ; nous espérons le démontrer au cours de ce travail : si, effectivement, c'est aux temps primitifs qu'apparaît la composition, sa carrière est beaucoup plus longue qu'on ne le pense généralement : elle naît du désir d'empêcher la guerre privée et doit donc vivre autant qu'elle ; or, si la vengeance peu à peu s'abolit, elle subsiste cependant jusqu'au quinzième siècle dans les luttes seigneuriales ; elle est devenue un privilège, elle s'est restreinte, mais elle existe néanmoins ; le duel, que réprime si énergiquement Richelieu, n'en est que la continuation lointaine ; les violences se poursuivent si longtemps que deux institutions, destinées à les prévenir, l'assurement et la garde, ne tomberont en désuétude qu'à l'extrême fin de l'ancien régime. Il ne serait donc pas surprenant que la composition persistât pendant des siècles à tenir son rôle primitif, et, de fait, nous la verrons longtemps ainsi utilisée.

Ce n'est pas là, cependant, le principal aspect sous lequel nous aurons à l'envisager ; éviter la guerre n'est plus l'office propre de la composition dès qu'on a dépassé les époques barbares ; la bataille, peu à peu, a été remplacée par le procès et, comme l'on payait jadis pour échapper aux représailles sanglantes, on transigera pour fuir une poursuite en justice ; on peut donc dire qu'il y a eu deux compositions pécuniaires, l'une fille de l'autre, instituées chacune dans un but différent. Quand et comment l'une s'est-elle substituée à l'autre, c'est la question à laquelle nous tenterons de répondre.

On conçoit, après ce que nous venons de dire, que la composition ait pu de beaucoup survivre aux temps reculés où on la cantonne d'habitude : elle a dû — *a priori* — durer aussi longtemps que l'individu est resté seul maître de réclamer la punition du crime qui l'a lésé ou de pardonner au coupable, aussi longtemps que l'Etat, doté d'un pouvoir précaire encore, n'a pas assumé la charge d'assurer la sécurité de tous : c'est donc jusqu'à la naissance de l'action publique, de la poursuite d'office que nous devons retrouver les traces de la composition ; car, jusque-là, les droits de l'individu demeurent intacts ; sous le régime de la procédure accusatoire, sa liberté est complète ; mais peu à peu, ces droits se restreignent, on les réglemente ; le procureur ducal ou royal intervient à toutes les affaires, le prince progressivement supplante l'individu et alors seulement, la composition doit disparaître.

Même à ce moment meurt-elle en réalité complètement? Non, simplement le contrôle de l'Etat s'appesantit sur elle ; dès le temps de Tacite, à côté du *wehrgeld,* prix de la victime, figurait le *fredum,* l'amende ; durant tout le moyen âge, la transaction est libre ou peu s'en faut ; mais la situation change à mesure que s'accroît la force de l'Etat ; au seizième siècle, on ne composera plus que « sous le bon vouloir et plaisir de justice ». Cependant jusqu'à la veille de la Révolution, nous retrouverons le principe du rachat du droit de poursuivre, descendant direct de l'antique rachat du droit de vengeance ; de nos jours seulement, il a disparu, écrasé par la législation impériale toute en faveur du ministère public, toute contraire aux droits de la partie lésée qu'avait respectés, dans une si large mesure, le prétendu despotisme de l'ancien régime.

On voit par ce très rapide aperçu quelles idées ont présidé à la confection de ce modeste travail ; le plan en est simple ; nous n'avions qu'à suivre l'ordre chronologique en utilisant les documents de chaque époque, ceux qui pouvaient nous donner idée des transformations de la guerre privée et des procédés employés pour la restreindre et la supprimer, ceux d'autre part qui pouvaient nous fournir quelques indications sur les rapports de l'Etat et du particulier lésé à travers les âges : car si l'on peut dire, comme nous le faisions plus haut, qu'il y a eu deux compositions pécuniaires, il est impossible néanmoins de les disjoindre et de les étudier séparément ; car l'une et l'autre ont été dans leur développement soumises au même principe qu'à mesure de l'accroissement de la force de l'Etat, elles, par un mouvement inverse, tendaient à disparaître.

Nous voudrions que cette étude dont les éléments se perdent dans un passé si brumeux, ne fut pas considérée comme un simple et maladroit essai historique sans intérêt actuel; il n'est guère de question qui soit plus discutée aujourd'hui que celle des pouvoirs du ministère public et de la partie lésée; nous ne la croyons pas définitivement résolue; les vieilles idées de vengeance, la conception de peine privée sont plus vivaces qu'on ne le croirait au premier abord, et des événements récents ont montré que notre législation, si peu favorable en matière criminelle à la partie et ne lui ouvrant qu'une action civile ou lui permettant, mais de façon parcimonieuse, la citation directe, ne donne pas complète satisfaction à ceux qu'elle régit (1) ; après cent ans passés sous son empire, il ne manque pas de bons esprits pour estimer qu'un retour à certaines parties de l'Ordonnance de 1670, plus libérale, ne serait pas loin d'être désirable. Nous souhaitons avoir pu suggérer quelques utiles réflexions sur ces questions si délicates et si importantes.

Faut-il ajouter, puisque dans ce travail une assez large place est faite à l'histoire de la guerre privée, qu'au moment même où l'on se préoccupe tant de fonder la paix entre les peuples, il est bon de comprendre la diffi-

---

(1) On sait que les syndicats viticoles du Midi ont réclamé, avec instance, qu'il leur fût permis de poursuivre les fraudeurs, non en se portant partie civile, mais en exerçant, sous le contrôle du ministère public, l'action criminelle elle-même.

culté de la tâche, en examinant combien il fut malaisé jadis de l'établir entre les individus (1)?

Nous avons borné nos recherches à la Bourgogne; nous avions ainsi l'avantage de posséder sous la main de nombreux documents et de pouvoir embrasser une évolution exceptionnellement longue; il serait du reste, croyons-nous, facile de généraliser notre travail et, sauf sur quelques points, les faits que nous avons envisagés se retrouveraient à peu près les mêmes par toute la France. Quoi qu'il en soit, c'est de la Bourgogne exclusivement que nous nous sommes occupé et si, à partir du seizième siècle, nous avons cité bien des auteurs étrangers à la province, c'est qu'alors sur toutes les questions envisagées, la coutume propre au pays avait laissé bien peu de traces.

Au seuil de ce travail, il nous reste à remercier tous ceux qui nous ont aidé de leurs conseils et de leur science historique ou paléographique, et très particulièrement notre maître, M. Champeaux, qui a bien voulu si obligeamment nous guider dans nos recherches; qu'il veuille accepter ici le témoignage de notre respectueuse reconnaissance.

---

(1) Il serait facile de rapprocher de la situation actuelle des Etats, la situation qui fut jadis celle des individus ; contentons-nous ici de citer un passage particulièrement intéressant pour nous, d'une proclamation du sultan du Maroc, lancée après l'assassinat du docteur Mauchamp : on y retrouve très nette l'idée de composition pécuniaire : « Maintenant, y est-il dit, nous allons faire tous nos efforts pour arranger cette affaire, en payant, s'il le faut, de nos hommes et de nos biens, afin de rétablir de bonnes relations entre le gouvernement français et nous... »

CHAPITRE PREMIER

La composition pécuniaire chez les Germains, d'après Tacite, et dans les légendes scandinaves.

I. Les Burgondes mêlés aux Germains. — Organisation de la justice d'après Tacite. — Délits publics : l'idée de peine confondue avec l'idée de sacrifice expiatoire. — Délits privés : la vengeance, droit et devoir. — La composition : ses règles. — L'intervention du pouvoir public. — II. Progrès que représente cet état sur une situation antérieure : origine scandinave des Burgondes. — Leurs légendes nationales : les Eddas, les Nibelungen ; la composition, nouveauté détestée. — La conversion des Burgondes au christianisme : l'asile.

Pour la première fois, avec Pline l'Ancien (1), les Burgondes apparaissent dans l'histoire ; ils forment, d'après lui, l'un des quatre groupes qui composent la nation des Vandales. Habitants des contrées situées entre l'Oder, la Vistule et la mer Baltique, ils se confondent avec ces Germains qui, de même origine que les Romains et les Grecs, sont restés, peut-être à cause du ciel rigoureux sous lequel ils vivent, les peuples forts et guerriers, mais de civilisation rudimentaire (2) que révèle le *De moribus Germanorum*.

---

(1) *Histoire naturelle*, l. IV, ch. XIV.

(2) F. de Coulanges, *Histoire des institutions de l'ancienne France*, l'invasion germanique et la fin de l'Empire, p. 226.

On a pu dire, d'une façon plus séduisante qu'exacte, que « Tacite a peint les Germains, comme Montaigne et Rousseau, les sauvages, dans un accès de colère contre sa patrie (1) »; que « son livre est une satire des mœurs romaines (2) »; que « vivant au milieu d'une société corrompue, il était porté, comme nos philosophes du dix-huitième siècle, à admirer cette utopie qu'on a, de nos jours, appelée l'état de nature (3) ». Il est bon de remarquer, en présence de ces suspicions, que l'écrivain chez lui, comme chez la plupart des Romains cultivés, était doublé d'un juriste, et que c'est là une raison sérieuse de se fier à son exactitude, au moins en ce qui touche les mœurs judiciaires du peuple qu'il étudie.

Comment était organisée, en Germanie, la répression du crime? « Proditores et transfugas arboribus suspendunt; ignavos et imbelles et corpore infames cœno ac palude, injecta super crate, mergunt (4) », dit Tacite. Il semble, à lire ce passage, que par un effort remarquable, les Germains se soient élevés jusqu'à cette idée, qu'il y a des faits dont on ne se venge pas, mais que l'on punit, sans que le coupable ait aucun moyen d'échapper au supplice qu'il a mérité; on serait tenté de croire à l'existence d'une véritable peine, au sens moderne du mot; mais ce n'est pas, il faut le remarquer, au nom de la société, de la communauté qui se défend, que le traître ou l'infâme est envoyé à la mort : c'est au nom d'un dieu : « Ceterum neque animadvertere, neque vincire, ne verberare quidem, nisi sacerdotibus permissum; non quasi in poenam, nec ducis jussu, sed velut deo imperante quem adesse bellantibus credunt (5). » Ce n'est pas en vue d'assurer la sécu-

(1) Guizot, *Histoire de la civilisation en France*, I, 7e leçon.

(2) Van Kaempen, *De la composition pour homicide dans la loi salique*, thèse, Dijon, 1902.

(3) Glasson, *Histoire du droit et des institutions de la France*, t. I, p. 13.

(4) Tacite, *De moribus Germanorum*, XII.

(5) *Ibid.*, VII.

rité générale que l'on plonge le lâche dans un marais, c'est bien plutôt pour éviter à la tribu, solidaire de chacun de ses membres, la colère du dieu qui ne manquerait pas de s'appesantir sur elle, si elle gardait un tel coupable dans son sein ; là où l'on serait tenté de voir une peine, il n'y a qu'un sacrifice, un abandon noxal qui doit dégager la responsabilité du groupement menacé de la fureur divine. L'idée reparaît ainsi, mais sous une forme plus cruelle, du bouc que l'on abandonne dans le désert chargé des péchés d'Israël ; peut-être les druides s'inspirent-ils de la même idée, lorsque, pour bourrer de victimes humaines ces énormes mannequins d'osier dont parle César, ils choisissent les scélérats et les criminels : « Supplicia eorum qui in furto aut in latrocinio aut aliqua noxa sint comprehensi, gratiora diis immortalibus esse arbitrantur (1). »

---

(1) *De bello Gallico*, VI, 16. — Il est possible cependant que la justice gauloise ait été plus perfectionnée que celle des Germains ; peut-être faudrait-il chercher la cause de ce fait dans l'organisation sacerdotale plus fortement hiérarchisée en Gaule que partout ailleurs, et se rappeler que chez tous les peuples, les prêtres ont, à l'origine, exercé les fonctions judiciaires. (Cf. J. Declareuil, *La justice dans les coutumes primitives* in *Nouvelle revue historique de droit, de législation et de jurisprudence*, 1889, p. 153.) César rapporte que les druides tranchent les questions litigieuses ; cependant, il montre en même temps que des procès leur échappent : « Fere de omnibus controversiis privatis, publicisque constituunt. » (*De bello Gallico*, VI, 13.) Ce qui tendrait à faire croire qu'ils étaient plutôt des arbitres choisis par les parties que des juges à elles imposés. — Il est en tout cas certain que les Gaulois connaissaient la composition : « Praemia poenasque constituunt » dit César (*ibid.*). Cf. d'Arbois de Jubainville, *De la composition pour crimes et délits chez les Celtes et du sens du mot* praemia *chez César*, in *Revue du droit, de la législation et de la jurisprudence*, 13e année, 1889. Il est peu probable, du reste, que les druides soient arrivés à rendre la composition obligatoire ; Charlemagne, lui-même, n'y parvint qu'à grand'peine. L'excommunication (César, *ibid.*) dont ils usèrent vis-à-vis de celui qui ne respectait pas leurs décisions, dut rester plus d'une fois inefficace ; encore faut-il remarquer qu'elle ne pouvait atteindre que celui qui avait été soumis à leur jugement, et l'on peut se demander, étant donné l'état social d'alors, si ce cas était le plus fréquent ; il convient d'ajouter que César est loin de laisser entrevoir le règne d'un ordre parfait : « In Gallia, non solum in omnibus civitatibus

A côté de ces délits, par un certain côté publics, on rencontre les délits privés, ceux qui ne lèsent qu'un individu ou plutôt qu'une famille : ils ne sont pas assez monstrueux pour nécessiter l'apaisement d'un dieu qu'ils n'irritent pas, et c'est à chacun alors de défendre son droit, de le venger en se vengeant soi-même. Le sentiment de la légitimité, de l'obligation de la vengeance était tellement enraciné dans les cœurs germains, que lorsque Rome voulut l'abolir, cette prétention souleva le pays tout entier : il fallait la présomption confiante de Varus, son ignorance complète du peuple où l'avaient amené les circonstances pour penser, d'un coup, remplacer la justice expéditive et farouche du droit du plus fort, en usage depuis des siècles, par la procédure romaine : il l'apprit à ses dépens, et victime d'un intempestif amour d'ordre, de régularité et de paix, mourut au pied même de son tribunal, renversé par Hermann (1).

---

atque in omnibus pagis, partibusque, sed pene etiam in singulis domibus, factiones sunt. » (*De bello Gallico*, VI, 11). — Plus loin : « Hi (equites) cum est usus atque aliquod bellum incidit (quod fere ante Caesaris adventum quotannis accidere solebat, uti aut ipsi injurias inferrent aut inlatas propulsarent) omnes in bello versantur atque eorum, ut quisque est genere copiisque amplissimus, ita plurimos circum se ambactos clientesque habet. » (*Ibid.*, VI, 15.) — C'est là à peu de chose près, il faut l'avouer, la guerre privée telle que nous la trouvons chez les Germains. La différence, s'il en exista une entre la Germanie et la Gaule, dut donc être bien minime. Sur l'opinion de quelques auteurs qui ont voulu voir dans l'assemblée du pays des Carnutes « une sorte de Cour de cassation gauloise », Cf. Bulliot et Roidot, *La cité gauloise*, p. 271.

(1) *Florus*, IV, XII. « Ausus ille (Varus) agere conventum ; et in castris jus dicebat, quasi violentiam barbarorum et lictoris virgis et praeconis voce possit inhibere : at illi qui jampridem rubigine obsitos enses, inertesque moererent equos, ut primum togas, et saeviora armis jura viderunt duce Arminio arma corripiunt... improvidum (Varum), et nihil tale metuentem, improviso adorti, quum ille (o securitas !) ad tribunal citaret, undique invadunt, castra rapiunt : tres legiones opprimuntur... »

Velleius Paterculus, CXVIII. « At illi (Germani) quod nisi expertus vix credat, in summa feritate versutissimi, natumque mendacio genus, simulantes fictas litium series, et nunc provocantes alter alterum injuria, nunc agentes gratias, quod ea romana justicia finiret, feritasque sua novitate incognitae disciplinae mitesceret, et solita armis decerni jure

C'est que Rome ne s'attaquait pas là seulement aux idées d'indépendance et de liberté dont on a fait avec quelque exagération, peut-être, l'apanage exclusif des peuples barbares impatients d'aucun joug : elle venait heurter de front les traditions de solidarité familiale (1) dont un cerveau germain ne peut concevoir l'abandon : lorsqu'un membre de la famille est lésé, lorsqu'il reçoit un affront, tous ses proches, tous ceux qui lui sont unis par le sang souffrent du dommage, ressentent l'injure, tous l'aident à se faire justice. Il n'en va plus de même à Rome : le *paterfamilias* n'est même pas responsable des personnes qu'il a en sa puissance ; si l'une d'elles commet un délit, il l'abandonne et il échappe à la poursuite (2); dans la procédure nouvelle qu'apportent avec eux les légionnaires, la famille n'est plus rien : on se présente seul à ce fictif et ridicule combat qu'est un procès, aussi bien le chef puissant que le misérable, celui que l'on méprise parce qu'il n'appartient à aucun groupe social ; c'est le renversement de toutes les institutions auxquelles est attaché le barbare peu touché de la majesté du prétoire, et il revient à ce qui, pour lui, est la seule solution normale du différend — civil ou criminel, il semble bien qu'à l'origine on ne distingue pas (3) — il retourne à la guerre, la *faida* (4), où l'offensé se rue, ivre de sang, dans

---

terminarentur, in summam socordiam perduxere Quintilium usque eo ut se praetorem urbanum in foro jus dicere, non in mediis Germaniae finibus exercitui praeesse crederet... »

(1) Tacite, *De moribus Germanorum*, XXI. « Suscipere tam inimicitias seu patris, seu propinqui necesse est. »

(2) Glasson, *op. cit.*, p. 40. — E. Girard, *Manuel de droit romain*, 2e édit., p. 125, 665-666.

(3) J. Declareuil, *op. cit.*, in *Nouvelle revue historique du droit français et étranger*, p. 164 et 181. « Le débiteur est coupable au même titre que le meurtrier. »

(4) Du Cange, *Glossarium ad scriptores mediae et infimae latinitatis*, v° faida : « Praesertim vero definitur gravis et aperta inimicitia ob caedem fere aliquam suscepta. Neque tamen omnis simultas fuit faida sed capitalis illa quae apud Germanos et septentrionales populos obtinuit

le plein exercice de sa force, sans que personne puisse imposer de limite à sa vengeance, entouré de tous les siens, « lui combattant pour la victoire, eux pour lui (1) », suivi dans la défaite, comme dans le succès, jusqu'à l'esclavage, jusqu'à la mort, par tous ceux qui, pendant la paix, chassent, travaillent, vivent avec lui dans ce petit Etat à exploitation économique fermée qu'est encore la famille.

Cependant, si la vengeance est un droit et un devoir, elle est aussi quelquefois une lourde tâche : si la famille se trouve en présence d'un adversaire redoutable par la force ou par le nombre, elle sortira de la guerre amoindrie, ruinée, anéantie peut-être ; elle aura en ce cas intérêt à renoncer à un droit si dangereux pour elle ; d'autres fois, ce sera l'offenseur lui-même, ou pour lui quelqu'un de ses parents ou de ses amis, qui, craignant des représailles, viendra demander d'être épargné ; mais il ne s'agit point de pardon bénévole et gratuit : si la famille offensée veut bien consentir au marché (2), la vengeance sera rachetée, et c'est ainsi que de l'intérêt bien entendu des parties naît la composition : « le coupable y gagne la vie, la famille de la victime y gagne la richesse (3) » ; richesse des peuples primitifs où la monnaie est rare, sinon inconnue, et remplacée par des troupeaux (4).

---

penes quos privatae inimicitiae per totam cognationem diffundebantur : adeo ut si ex ea quis interfectus fuisset, caedis poena a tota cognatione exigeretur ac in eam pro libito vindicaretur. » — Cf. H. Brunner, *Deutsche Rechtsgechichte*, t. I, p. 157. « La Fehde est l'hostilité reconnue par la législation. Cette reconnaissance produit ceci que la vengeance accomplie dans la Fehde est regardée non comme un crime, mais comme un acte impunissable, etc. »

(1) Tacite, *De moribus Germanorum*, XIV.

(2) Glasson, *op. cit.*, II, p. 83.

(3) Fustel de Coulanges, *Recherches sur quelques problèmes d'histoire*, Paris, Hachette, 1885, p. 464.

(4) Tacite, *De moribus Germanorum*, XXI. « Luitur enim etiam homicidium certo armentorum ac pecorum numero... » — XII : « Sed et levioribus delictis pro modo poena : equorum pecorumque numero convicti mulctantur... » — V : « Interiores (Germani) simplicius et antiquius permutacione mercium utuntur. »

Cette pratique entre dans les mœurs; peu à peu, sans que l'on puisse savoir si le pouvoir public y a quelque part (1), des règles s'établissent : à cette époque coutumière, où la valeur du précédent est considérable, on prend l'habitude de demander, pour le même fait, la même quantité d'or ou de bestiaux (2). De plus, chaque homme se voit attribuer, de son vivant même, une valeur qui varie avec sa situation dans l'échelle sociale; c'est son prix, son *wehrgeld*, indiquant par avance la somme que son meurtrier devra verser à sa famille (3). Une fois établies, ces tarifications se transmettent jusqu'au jour, lointain encore, où elles se fixeront de façon définitive dans les lois écrites.

Si l'on se demande à qui profite la composition, on voit que toute la *domus* vient à son partage (4); ce n'est que justice : l'individu alors ne vaut que par le groupe auquel il appartient : l'injure qui l'atteint, atteint tous ses proches; il faut que réparation en soit faite à tous, et de

---

(1) F. de Coulanges, *Histoire des institutions politiques de l'ancienne France*. La monarchie franque, p. 494.

(2) Tacite, *De moribus Germanorum*, XXI. « Certo armentorum ac pecorum numero... »

(3) F. de Coulanges, *Histoire des institutions politiques de l'ancienne France*. La monarchie franque, p. 492-493.

(4) Tacite, *De moribus Germanorum*, XXI. « Recipitque satisfactionem universa domus ». — Cf. J. Declareuil, *La justice dans les coutumes primitives, loc. cit.*, p. 167. En s'appuyant sur la loi salique (Pr. 66), la loi ripuaire (XII, 2), la loi des Frisons (XIX, 2) et la loi des Saxons (XIV, 19), M. Declareuil dit que « le prix du sang se divisait en deux parties, la première attribuée à certains proches parents déterminés, la seconde répartie à la masse des parents. Les deux lignes paternelle et maternelle venaient au partage et les descendants par les mâles n'excluaient pas les descendants par les femmes. » « Les cognats prenaient part à la vengeance et venaient au partage de la composition. » Toutefois, cette dernière affirmation nous paraît difficile à établir sur le texte de César (*De bello Gallico*, VI, 22): « Gentibus cognationibusque hominum qui una coierunt », lequel texte se rapporte au partage des terres qui, au dire de César, avait lieu chaque année chez les Germains. — Cf. H. Brunner, *Sippe und Wergeld nach niederdeutschen Rechten Zeitschrift der Savigny Stiftung für Rechtsgechichte*, III.

même que s'il avait fallu poursuivre la vengeance par les armes, tous eussent partagé les périls de l'offensé, tous doivent, au cas de transaction, avoir leur part du rachat de la vengeance, aussi agnats et cognats sans distinction sont appelés.

Il semblerait que ce véritable traité — c'est bien le nom qui convient à cet arrangement, car les deux parties contractantes sont un peu dans la situation de deux Etats modernes — se passe uniquement entre les deux familles ; pourtant, en dehors des cas qui intéressent la communauté elle-même, il est des délits dans la répression desquels l'autorité intervient (1). « Sed et levioribus

(1) F. de Coulanges, *Histoire des institutions de l'ancienne France. La monarchie franque*, p. 471, note 1. « Tacite nous montre à la fois les pénalités (*De moribus Germanorum*, XII) et les satisfactions ou compositions (*Ibid.*, XXI). » Nous nous rallions à l'avis de l'éminent historien lorsqu'il critique l'opinion d'après laquelle les Germains auraient eu pour principe de ne punir que les crimes qui portaient atteinte à l'Etat. (Nous avons vu que ce mot *punir* n'est peut-être pas tout à fait exact en l'espèce et qu'il s'agissait pour le traître ou l'infâme bien plutôt d'un sacrifice que d'un châtiment.) Il est absolument certain que l'Etat intervenait pour d'autres fautes encore ; nous nous permettons cependant d'excepter de ces délits, l'homicide ; cette réserve nous semble justifiée par le soin avec lequel Tacite évite de parler de l'intervention de l'Etat dans le paragraphe 21, soin que F. de Coulanges lui-même a fait remarquer. (*Recherches sur quelques problèmes d'histoire, De l'organisation judiciaire dans le royaume des Francs, Les Rachimbourgs*, p. 465-466). — Cf. aussi Kœnigswarter, *Etudes historiques sur les développements de la société humaine*, partie II, La vengeance et les compositions, in *Revue de législation et de jurisprudence*, 1849, II, p. 158.

Une autre question se pose : comment, dans les cas où elle avait lieu, se produisait l'intervention de l'Etat ? D'après César, il semblerait que le pouvoir judiciaire appartînt au chef de la tribu : « Principes regionum atque pagorum inter suos jus dicunt controversiasque minuunt. » (*De bello Gallico*, VI, 23). Tacite de son côté écrit : « Eliguntur in iisdem conciliis et principes qui jura per pagos vicosque reddunt. Centeni singulis ex plebe comites adsunt. » De ce texte on a tiré, surtout en Allemagne (Waitz, Sohm, Fahlbeck), la théorie que les crimes et les délits de chaque centaine territoriale étaient jugés par tous les hommes libres de cette centaine. Fustel de Coulanges a réfuté cette opinion : les cent personnages qui « principi adsunt consilium simul et auctoritas » ne sont rien autre chose qu'une garantie des jugements rendus, des témoins, qui, plus tard, s'il en est besoin, certifieront l'arrêt rendu. Il conclut que « la théorie d'un grand

delictis pro modo poena ; equorum pecorumque numero convicti mulctantur ; pars mulctae regi, vel civitati, pars ipsi qui vindicatur vel propinquis ejus exsolvitur (1). » Tacite vise en ce passage les fautes plus légères que la trahison et l'infamie ; lorsque la composition a lieu, le pouvoir représenté par le roi ou par la cité s'attribue une partie de la somme versée par le délinquant à ceux qu'il a lésés.

Cette intervention de l'Etat se produit-t-elle dans toutes les poursuites qui ne l'intéressent pas directement ? C'est une question qu'il n'est pas facile de résoudre : certes, Tacite « dit bien qu'on a le droit d'accuser devant l'assemblée et de poursuivre au criminel, et il ne dit pas qu'on n'ait pas ce droit quand il s'agit d'un homicide (2) » ; mais s'il ne le dit pas, il semble bien qu'il le laisse entendre ; il note soigneusement le rôle de l'Etat dans la poursuite, encore plus religieuse que pénale de la lâcheté, de la trahison, de l'infamie et de ce qu'il appelle les *leviora delicta*. Faut-il comprendre, parmi ces *leviora delicta*, l'homicide ? On peut penser que non : Tacite traite du meurtre dans un chapitre spécial (3), et là il n'est plus question d'autorité, d'accusation, de juges ; il ne signale aucune assemblée judiciaire, seulement deux

---

tribunal populaire présidé par un chef inerte et docile est une pure hypothèse ». (F. de Coulanges, *loc. cit.*, *De la justice chez les anciens Germains*). C'est devant cette assemblée que se videra donc le procès, si les parties toutefois veulent y recourir. (Esmein, *Cours élémentaire d'histoire du droit français*, p. 45.)

Tacite dit que le *fredum* est payé à la cité ou au roi ; ceci prouve que les peuplades étaient plus ou moins avancées dans leur constitution politique. Le rôle du roi semble en effet ne s'être affirmé qu'après celui de la cité (Esmein, *loc. cit.*, p. 41). Nous verrons la paix du roi succéder à la paix de la cité. (H. Brunner, *Deutsche Rechtsgechichte*, t. II, p. 42, *Kœnigsfriede*).

(1) Tacite, *op. cit.*, XII.

(2) F. de Coulanges. *Recherches sur quelques problèmes d'histoire, Organisation judiciaire chez les Francs. Les Rachimbourgs*, p. 465.

(3) Tacite, *op. cit.*, XXI.

familles en présence, entre lesquelles un arrangement privé met fin à l'*inimicitia*.

Et l'on pourrait s'expliquer cette réserve du pouvoir au cas d'homicide : c'est une extrême hardiesse de la part de l'Etat de s'emparer d'une partie de cet or que jusqu'à présent la famille offensée reçoit seule : il empiète gravement sur les libertés existantes; il ne peut avancer dans sa conquête que progressivement : son but, que peut-être il n'aperçoit pas bien nettement, est de refréner la vengeance privée; il inaugure son œuvre par ce que la tâche lui offre de plus facile : or, moins l'offense a été considérable et moins l'offensé désirera se venger ; c'est pour ces offenses légères que le pouvoir interviendra d'abord, s'efforçant, non d'imposer — il n'y réussirait pas — mais de rendre de plus en plus fréquent l'usage de la composition ; mais l'homicide lui échappe encore : c'est à la famille seule qu'il appartient de choisir entre le prix du sang et la *faida;* le pouvoir n'ose pas se jeter entre elle et le meurtrier pour offrir sa médiation (1).

Car il est si frêle encore que même pour les délits moindres, c'est comme arbitre seulement qu'il intervient (2); il est sans force pour imposer sa décision, sans moyen de coercition pour amener les parties au tribunal; mais si elles s'accordent à se soumettre à son arbitrage, il consent à trancher leur différend et comme, ce faisant, il rend service à toutes deux, il se fait payer (3) et c'est ce

(1) Nous ne faisons que reproduire ici l'opinion de Pardessus et de Thonissen ; elle paraît absolument fondée : jusque dans la loi salique, c'est pour les crimes privés les plus graves que la liberté de la vengeance subsiste ainsi que le démontrent les trois textes si souvent cités auxquels nous renvoyons : *Lex antiqua* (édit. Pardessus), XLI, 8 ; *Lex emendata*, LXIX, 1, et XLIX, 3.

(2) Glasson, *op. cit.*, t. II, p. 83. « [La famille de la victime] poursuivait la guerre privée ou citait le coupable à l'assemblée judiciaire du pagus qui le condamnait alors au *fredum* et à la *compositio.* » — J. Declareuil, *loc cit.*, p. 369. — Esmein, *Cours élémentaire d'histoire du droit français*, p. 46.

(3) Cf. F. de Coulanges in *Revue des Deux-Mondes*, t. XCII, p. 279.

paiement qui constitue le *fredum* ou du moins son origine. Le versement, du reste, n'en est assuré que s'il est fait séance tenante; quant à la composition proprement dite, qui contraindra à la payer? qui empêchera les deux parties de déchirer leur accord et de revenir à la guerre?

Néanmoins cette intervention débile de la cité ou du roi constitue un grand progrès; c'est un premier pas fait vers l'abolition du droit de vengeance; il sera long à disparaître, il aura des sursauts de vie, mais avec le *fredum*, une idée féconde est née : d'abord salaire payé à un arbitre, il se transformera; on viendra à considérer qu'au-dessus des particuliers, il existe une paix (1) intangible et sacrée, la paix de la cité, et que celui qui la viole est coupable envers la communauté tout entière ; celui-là sera banni du groupe où il a mis le désordre, il ne sera plus protégé, ceux qu'il a offensés pourront librement donner cours contre lui à leur ressentiment. Tous peuvent lui courir sus ; « il est le *wargus*, le loup qui n'a plus d'asile que dans les bois et qui sans protection ne peut plus vivre au milieu des hommes (2) ».

Au moment où nous nous trouvons placés, à l'époque où écrit Tacite, une grande lutte est donc engagée dont le résultat est incertain: le droit de vengeance, la composition, l'amende en germe dans le *fredum*, les peines corporelles sont en présence. A qui restera la victoire? En attendant, le pouvoir qui peu à peu prend conscience de lui-même, cherche à maintenir la paix : il s'efforce, en s'appuyant sur la religion avec laquelle il ne fait qu'un, d'assurer le respect de ses jugements; en Gaule, si un plaideur ne s'y conforme pas, c'est la plus terrible des

---

(1) Cf. Kœnigswarter, *Etudes historiques sur les développements de la société humaine*, partie IIe. — *La vengeance et les compositions* in *Revue de législation et de jurisprudence*, 1849, t. II, p. 156.

(2) H. Brunner, *op. cit.*, t. I, § 22. — *Friedlosigkeit und Opfertod*, p. 167.

peines qui le guette : l'excommunication (1). On s'efforce de mettre l'ordre dans la guerre : ne pouvant empêcher les procès de se changer en combats, on en fait des jugements de Dieu ; « c'était un commencement de police, mais timide et imprévoyante ; les deux combattants s'entretuaient dans le champ clos, mais derrière eux, hors du champ clos, les deux familles attendaient l'événement, l'une pour venger le vaincu, l'autre pour soutenir la victoire, toutes deux pour recommencer le combat sur un terrain plus libre et le continuer pendant plusieurs générations avec toute l'opiniâtreté d'une passion qui croit accomplir un devoir (2) ». Enfin Tacite nous fait entrevoir chez les Lombards comme une brumeuse et grossière image de la trêve de Dieu chrétienne : à certaines époques, sort de son temple mystérieux la déesse Hertha ; son char est traîné par deux génisses ; ce sont alors des jours de fête : plus de guerres, les armes disparaissent, la déesse ne veut pas voir le fer ; mais aussitôt qu'elle est rentrée dans les forêts de l'île qui la cache à tous les regards, les combats recommencent, la vengeance reprend son cours, pendant que les esclaves qui ont servi la déesse sont engloutis par le lac où ils ont baigné sa statue. « Arcanus hinc terror sanctaque ignorantia quid sit illud quod tantum perituri vident (3). »

Vains efforts vers un décevant mirage de paix inaccessible, d'une religion qui croit, par l'intervention de ses dieux sanguinaires, arrêter la guerre à laquelle ils président. Toutes ses tentatives sombrent dans l'épouvante

(1) César, *De bello Gallico*, VI, 13. « Si quis aut privatus aut publicus eorum decreto non stetit, sacrificiis interdicunt. » On ne peut affirmer qu'en Germanie, le même procédé ait été employé ; si Tacite écrit : « Nec aut sacris adesse aut concilium inire ignominioso fas » (*De moribus Germanorum*, VI), il faut remarquer qu'il s'agit là de la punition de celui qui a abandonné son bouclier, et non de la sanction mise par un tribunal à la désobéissance à sa décision.

(2) Ozanam, *Les Germains avant le christianisme*, p. 155 et suiv.

(3) Tacite, *op. cit.*, XL.

d'horribles sacrifices. Elles avaient pourtant abouti chez les Germains à quelques progrès (1); pour s'en bien rendre compte, il suffit de remonter plus haut dans le passé, de gagner les côtes déchiquetées de la Norvège, la redoutable Thulé des anciens; nous y retrouverons les Burgondes dans un état social pire encore que celui qui fut le leur, lorsqu'ils se furent mêlés aux Germains, et que nous avons tenté de rapidement esquisser.

Quoi qu'en ait pensé Tacite (2), aucun des peuples de la Germanie n'était autochtone; tous n'étaient parvenus qu'après bien des étapes aux rives du Danube et du Rhin. D'où venaient les Burgondes? On a beaucoup disserté sur leur origine. Les auteurs de l'antiquité qui les ont connus ne s'en sont point préoccupés ou ne présentent qu'incertitudes et hypothèses. Après Pline, Zozime (3) les montre envahissant la Gaule en compagnie des Vandales; Mamertin (4) les cite parmi les nations barbares qui étaient restées sans rapports avec les Romains; ils en descendent au contraire si l'on en croit Ammien Marcellin (5); l'opinion de ce dernier s'accrédita grâce aux ambiguïtés d'Orose (6), et il faut arriver jusqu'au neuvième siècle pour rencontrer quelque indication nouvelle. Se faisant probablement l'écho d'une tradition populaire, le biographe du roi saint Sigismond écrit : « Au temps de l'empereur Tibère l'Ancien, sortit d'une île de l'Océan, nommée Scandanie, un peuple qui s'appelait Scandinien, d'après le nom de son pays. Arrivé sur le bord du Rhin après avoir traversé beaucoup d'au-

(1) Esmein, *op. cit.*, p. 45.
(2) Tacite, *op. cit.*, II.
(3) Zozyme, liv. I, 63.
(4) Mamertin, Paneg. 5.
(5) Ammien Marcellin, XXVIII, 30.
(6) Orose, VII, 32, 11, 12. — Luitprand, *Antapodosis*, III, 44. — Pertz, III, p. 313.

tres royaumes, il fut forcé par ordre de l'empereur Tibère de garder pendant beaucoup d'années les burgs situés au delà du Rhin. C'est à quoi il dut le nom de Burgonde qu'il porte encore aujourd'hui (1). » Au siècle dernier (2), le baron Roget de Belloguet (3), frappé de ce passage, émit l'idée que les Burgondes, d'abord Vandales, avaient reçu un élément romain, obligés qu'ils avaient été d'affranchir leurs esclaves originaires d'Italie pour reconstituer leur nation presque anéantie par des défaites successives, et en outre un élément scandinave: « La tradition rapportée par le biographe de saint Sigismond, dit-il, peut donc renfermer cette part de vérité qu'une bande scandinave, descendue sur les rivages de la Germanie, aura subjugué une partie de la nation vandale et en aura fait un peuple particulier. »

Depuis lors, M. Beauvois s'appuyant sur des « indices fournis par l'histoire et la géographie, par la mythologie, la linguistique, l'archéologie ou l'étude des coutumes et des lois », semble bien avoir établi de façon définitive l'origine scandinave des Burgondes (4).

---

(1) *Acta sanctorum Bollandistarum, mense maii*, I.

(2) Il faut citer, au seizième siècle, P. de Saint-Julien, Paradin, Wolfang Lazius.

(3) Baron Roget de Belloguet, *Questions bourguignonnes* ou *Mémoire critique sur l'origine des anciens Bourguignons et sur les divers peuples, royaumes ou contrées qui ont porté leur nom*, en tête du volume I de Courtépée et Béguillet, *Description du duché de Bourgogne*, Dijon, Lagier, 1847. — L'auteur dit que l'affirmation du biographe du roi saint Sigismond renferme « cette *part* de vérité », parce que l'étymologie qu'il donne du nom Bourguignon est tout à fait fantaisiste. Cf. E. Beauvois, ouvrage cité *infra*.

(4) E. Beauvois, *Origine des Burgondes*, Dijon, Lamarche, 1869. Il est intéressant de signaler le parti que l'auteur a su tirer du titre XXXIV, 1, de la loi Gombette, pour établir l'origine scandinave des Burgondes : « On retrouve, dit-il, ...dans les pays occupés par les Niflungs... des traces de l'application d'une pénalité originaire de la Norvège méridionale, leur berceau commun. La loi des Burgondes porte que « si une femme abandonne l'homme avec lequel elle est légitimement unie, elle sera noyée » dans un bourbier » (XXXIV, 1). D'après le troisième chant sur Gudrune (Edda poétique), les Budlungs avaient porté cette pénalité sur les rives de

C'est donc à des documents scandinaves que nous devrons recourir, si nous voulons remonter, aussi haut que possible, dans l'histoire du droit pénal des futurs Bourguignons. Ouvrons les Eddas (1) : rédigé au douzième siècle seulement, le fond du récit est beaucoup plus ancien, et les chants séculaires, recueillis peut-être par Saemund Sigfusson, portent en eux-mêmes le caractère d'une haute antiquité : on remarque en effet que la famille y est encore basée sur la parenté par les femmes, et le droit de vengeance y est seul admis ; la composition est une nouveauté qui paraît monstrueuse ; l'accepter est un déshonneur ; c'est même, à proprement parler, l'antagonisme entre l'antique droit de vengeance irrachetable et sacré et la composition qui fournit la trame du poème :

Trois divinités, trois Asen, Odhin, Loki et Honir parcourent la terre ; apercevant une loutre qui dévore un saumon, Loki la tue, puis, fiers de leur chasse, ils entrent chez Hreidmar, mais la loutre n'était autre que son fils qui vivait sous cette forme. Aussitôt Hreidmar, aidé de ses deux autres fils Fafnir et Regin, saisit les trois Asen ; ceux-ci offrent de composer ; Hreidmar y consent, mais exige assez d'or pour remplir la peau de la loutre et la recouvrir. Loki se met en quête de la somme nécessaire ; il se

---

l'Elbe et l'on a découvert dans les marais du Jutland et de l'Ofrisland, où les Lofdungs, les Audlings et les Siklungs formèrent des établissements, des cadavres de femmes noyées dans les circonstances prévues par la *Lex Burgundionum*. Sans doute d'autres peuples ont également noyé les malfaiteurs, mais non pas pour le même délit ni avec les mêmes formalités ; aucun d'eux, que nous sachions, n'a appliqué ce supplice à la trahison de la femme ; cette pénalité est propre aux Burgondes et aux autres peuples gouvernés par des fils de Nor et elle prouve incontestablement, à notre avis, qu'ils sont originaires de la Norvège. » (E. Beauvois, *loc. cit.*, p. 39.) — Cf. aussi, du même auteur, *Une pénalité des lois Gombette et les lumières qu'elle jette sur l'origine des Burgondes*, Chalon-sur-Saône, 1864, in-4°, extrait des *Mémoires de la Société d'histoire et d'archéologie de Chalon-sur-Saône.*

(1) *Grande encyclopédie*, v° Edda. On y trouvera, à la suite d'un article de M. Beauvois, une bibliographie très complète.

rend à Schwarzelfeneim ; là il met à rançon le nain Andwari dont il s'approprie le trésor qui est immense, accompagné d'un anneau qui permet de l'augmenter à sa volonté ; mais avec l'or, Loki emporte la malédiction du nain qui voue à la mort quiconque possédera le talisman.

Les trois Asen paient la composition à Hreidmar, mais tout aussitôt le remords le saisit. Loki lui dit : « Je t'ai donné l'or pour racheter ma vie, mais il ne portera pas bonheur à ton fils, il sera la cause de votre mort à tous deux. » Et Hreidmar de répondre : « Vous auriez perdu la vie, si j'avais prévu le danger (1). » Mais il est trop tard : la discorde et la haine entrent dans la famille. Fafnir et Regin réclament à leur père une part du trésor et comme il s'oppose au partage, ils le tuent ; la dernière pensée de Hreidmar est une pensée de vengeance : Lyngheide sa fille a beau se récuser : « Aie une fille vierge au cœur de loup, dit le mourant, si tu ne dois pas donner le jour à un fils. Qu'on donne un époux à la jeune fille et son fils accomplira la vengeance (2). »

Après le parricide, Regin demande à Fafnir la moitié du trésor, mais Fafnir prétend le garder pour lui seul et comme Regin tremble devant lui, il s'enfuit, tandis que Fafnir se dirige vers la Gnitaheide, se transforme en dragon et se couche sur l'or qu'il garde.

Cependant Regin s'est réfugié chez Hialprek ; il devient forgeron et élève Sigurd qu'il excite à aller conquérir le trésor de la lande ; mais Sigurd a un devoir plus pressant à remplir : jadis son père Eylimi a été tué : « Les fils d'Hunding, dit-il, riraient bien fort, eux qui ont tué Eylimi, si moi un roi, je pensais plutôt à conquérir des

---

(1) La Saga des *Nibelungen* dans les Eddas et dans le nord scandinave, traduct. Emile de Laveleye, deuxième chant de Sigurd, vainqueur de Fafnir, p. 196.

(2) *Ibid.*, p. 196.

anneaux d'or rouge qu'à venger mon père (1). » Cependant il cède aux sollicitations de Regin, et sort vainqueur du combat qu'il livre au dragon, mais le monstre lance au héros ces paroles menaçantes: « Cet or au son retentissant, ce métal au reflet rouge, ces anneaux te tueront (2). » Puis Sigurd apprend que Regin veut l'assassiner, il devance sa perfidie et prenant l'or il chevauche jusqu'à une haute montagne où il trouve une femme endormie : c'est Brunehilde, la Walkyrie; il l'éveille et elle lui donne de précieux conseils : qu'il n'accepte jamais de composition ; la vengeance seule est sûre : « Ne te fie pas à la parole des parents de ton ennemi, ni de celui dont tu as frappé le frère ou tué le père. Un loup vit au cœur de son jeune fils quoiqu'on l'ait satisfait avec de l'or. Ne crois point que l'esprit de haine ou de colère s'endorme, ou qu'on oublie jamais l'injure reçue (3). »

En quittant Brunehilde, Sigurd se rend chez le roi Giuki, dont il épouse la fille Gudrun, tandis que Günnar, fils de Giuki, épouse la Walkyrie grâce à Sigurd ; mais les deux reines un jour se prennent de querelle ; Brunehilde charge Günnar et Hœgni son frère de la venger par la mort de Sigurd : « Que le fils disparaisse avec le père, ajoute-t-elle, il serait peu sage d'épargner le rejeton du loup. Tant que vit le fils, quel est l'homme qui peut croire que par le rachat du meurtre, il ait satisfait la vengeance (4)? » Sigurd succombe, puis Brunehilde se suicide ; Günnar et Hœgni s'emparent de l'or rouge, héritage de Fafnir, mais ils ne tarderont pas à succomber eux aussi, sous le poids de la malédiction attachée au trésor : le roi Atli en effet épouse Gudrun, veuve de Sigurd ; il invite à des fêtes Günnar et Hœgni et les fait périr dans les sup-

(1) *Ibid.*, p. 198.
(2) *Ibid.*, p. 204.
(3) *Ibid.*, p. 221.
(4) *Ibid.*, troisième chant de Sigurd vainqueur de Fafnir, p. 225.

plices. Ce sont les meurtriers de Sigurd, mais ce sont aussi les frères de Gudrun : après s'être vengée d'eux, elle doit les venger, elle ne faillit pas à son devoir : elle tue les deux fils qu'elle a eus d'Atli et le jour même des funérailles de ses frères, elle présente l'hydromel à son mari dans leurs crânes transformés en coupes, elle lui fait manger leurs cœurs, puis elle lui découvre tout et aidée du fils d'Hœgni, elle le tue. C'est sur cette vision d'horreur que s'achève le poème.

On en saisit l'idée directrice : nous sommes reportés à une époque où la composition commence à apparaître ; tous les efforts du barde tendent à faire repousser cette nouveauté; il se révolte à la pensée de ce rachat de la vengeance et il veut montrer quel terrible châtiment guette ceux qui toucheront à l'or maudit, ils mourront tous : Hreidmar, Regin, Fafnir, Sigurd, Günnar, Hœgni, tous sont frappés, la malédiction se poursuit implacable. Un seul personnage échappe à la punition divine : Gudrun, parce que seule, fidèle aux coutumes des aïeux, elle se venge et d'une vengeance atroce ; aussi les dieux la protègent ; elle se jette dans la mer, mais les vagues la soutiennent et doucement l'emportent jusqu'au royaume du roi Jonakur qui l'épouse. Ce qui passe avant tout, c'est la vengeance : c'est un bonheur. « Que m'arrivera-t-il d'heureux quand j'aurai quitté ce palais », demande Sigurd à Giuki. — « D'abord en combattant tu vengeras ton père et tu tireras vengeance de tout ce qu'Eylimi a souffert (1). » Accepter de l'or au lieu du sang est une duperie et une honte : « Tu ferais mieux, disent ses compagnons à Sigurd, tu ferais mieux de venger ton père que de nous battre avec tant de violence. » En entendant ces mots, « il jeta son bouclier rouge sur la terre noire et il devint aussi noir que la terre »; il va trouver sa mère et lors-

(1) *Ibid.*, premier chant de Sigurd vainqueur de Fafnir.

qu'elle lui a appris le nom des meurtriers, elle ajoute : « Jamais ta vie durant, tu n'accepteras de composition de leurs mains (1). »

Le poème des Nibelungen (2) met en scène sous des noms peu différents les personnages mêmes que nous avons rencontrés dans les Eddas ; mais les faits auxquels ils sont mêlés sont plus récents : le titre de l'ouvrage (3) et la grande tuerie finale rappellent la défaite que les Huns infligèrent aux Burgondes ; la composition n'apparaît plus comme une institution aussi détestable : lorsque Hægene tue un batelier, il offre de composer ; la famille de la victime refuse et l'on combat, mais l'on ne se révolte plus à l'idée du rachat de la vengeance (4). Pourtant le fond du récit n'est autre que l'effroyable vengeance de Kriemhielt : lorsqu'elle découvre le cadavre de son mari Siegfried, elle s'écrie : « Si j'apprends qui t'a frappé, je le poursuivrai jusqu'à la mort... jamais ni mon bras ni mon cœur ne lui pardonneront (5). » Les hommes de Siegfried « jurent de consacrer leur bras à sa vengeance (6) ». Kriemhielt hésite à épouser Etzel, jusqu'à ce que Ruediger lui dise : « Il vous vengera du mal que vous avez souffert (7). » Alors « sa grande souffrance commença de s'adoucir un peu (8) ». Elle pense : « Je laisserai les gens dire de moi tout ce qu'ils voudront. Que m'importe si je puis venger

(1) *Ibid.* La *Saga* de Sigurd dans les chants des îles Feroe, p. 353. — On pourra trouver d'autres passages intéressants cités par Kœnigswarter, *loc. cit.*, et tirés de la *Vantsdœla Saga*, c. XXIII, de la *Heidawiga Saga*, c. XI, et de la *Nialssaga*, c. CXXX.

(2) Les *Nibelungen*, traduct. E. de Laveleye, 2e édit., Paris, Librairie internationale, 1866.

(3) *Nibelungen Not*, la détresse des Nibelungen. — Cf. *Grande encyclopédie*, v° Nibelungen, article de M Lichtenberger et bibliographie.

(4) Traduct. de Laveleye, p. 240.

(5) *Ibid.*, p. 153.

(6) *Ibid.*, p. 154.

(7) *Ibid.*, p. 155.

(8) *Ibid.*, p. 189.

encore la mort de mon époux bien-aimé. » « Et pour la mort d'un seul, elle ne recule pas devant la perte des bataillons, la destruction des tribus, l'incendie de son palais, la chute des empires. Contre les Burgondes, elle précipite successivement les Huns, les Danois, les Saxons, les Wisigoths. Elle suscite Ruediger qui va mourir et Théodoric qui finit par vaincre. Puis quand elle reçoit de lui Gunther, son frère, et Hagen, prisonniers : « Voici, dit- » elle, l'heure des dernières vengeances, dans ce jour les » meurtriers de mon bien-aimé Siegfried recevront la » mort. » Elle fait tomber les deux têtes. Alors couverte du sang du fratricide, à ce comble d'horreur, il ne lui reste plus qu'à disparaître : elle meurt et ne laisse après elle que des peuples décimés, pleurant sur un monde en ruines (1). »

Alors que les Burgondes, descendus vers le sud, étaient déjà mêlés aux Vandales, un roi scandinave chercha à mettre un frein à ces ivresses de sang en enfermant toutes les armes sous la garde d'un esclave, estimant que des mains libres eussent été trop tentées de s'en servir (2). Remède mesquin et disproportionné. Loin de leur berceau, les Burgondes allaient plus rapidement s'acheminer vers une paix bien lointaine encore : l'amour de l'or, la soif du gain, grâce aux vieux instincts de piraterie, allaient l'emporter sur le désir de vengeance : mêlés aux Germains, ils se familiarisent avec l'emploi de la composition ; puis la coutume accomplit son œuvre : des tarifs que l'on se transmet oralement, remplacent l'arbitraire du début ; timidement le pouvoir public intervient, mais tous ses efforts pour imposer la composition restent vains encore jusqu'à ce qu'un nouveau facteur intervienne.

Les premiers de tous les barbares, les Burgondes

(1) Ozanam, *op. cit.*, p. 213.
(2) Tacite, *op. cit.*, XLIV.

embrassent le christianisme (1) et ce que n'a pu opérer par la force la vieille religion des aïeux, l'Eglise sans violence l'accomplira : il eût été impolitique de sa part de vouloir aboutir d'un seul effort à une paix complète ; elle se plie donc aux circonstances; elle n'interdit pas de façon absolue la guerre privée; du reste, il faut bien que le délinquant soit puni et, à cette époque encore, le meilleur moyen de répression, n'est-ce pas la vengeance ; mais « le châtiment, comme la grâce, n'a qu'un but: corriger la vie des hommes (2) ». Il faut donc avant tout éviter les excès qui enlèvent au coupable la possibilité de se repentir et de s'amender, et pour atteindre ce but, il faut donner au ressentiment le temps de s'apaiser: l'Eglise y parvient en instituant le droit d'asile (3); elle avait fait fléchir par ce moyen la rigueur des lois romaines ; les Burgondes ne se montrèrent pas moins que les empereurs disposés à l'admettre : celui qui a pu se réfugier à l'église devient inviolable; l'on ne peut le saisir et il ne sortira du lieu d'asile qu'assuré par serment de n'avoir à craindre ni la mutilation ni la mort; la composition, dans ces conditions, reste seule possible, mais l'offensé désormais est certain qu'elle lui sera payée et cette certitude enlève beaucoup de son intérêt à la guerre privée. L'Eglise fait entrer l'institution de l'asile

---

(1) Boullemier, *Mémoire sommaire de l'époque à laquelle les Bourguignons ont embrassé le christianisme*, ms. autographe, Bibl. de Dijon, fonds Baudot, n° 73. L'auteur, après avoir examiné les opinions de tous les auteurs anciens, se range au sentiment d'Orose, qui fixe la conversion des Burgondes à une époque peu éloignée de leur entrée en Gaule, qu'il place en 407. — Cf. sur cette date, F. de Coulanges, *loc. cit.*, p. 445, *Comment les Burgondes sont entrés en Gaule.*

(2) Saint Augustin, *De verbis apostolorum*, 18.

(3) Thomassin, *Ancienne et nouvelle discipline de l'Eglise*, Paris, 1678-1679. — C. de Beaurepaire, *Essai sur l'asile religieux dans l'empire romain et la monarchie française*, in Bibl. de l'Ecole des chartes, 3e série, t. IV et V, 1852-1854. — H. Brunner, *op. cit.*, II, § 135. « Die Stellung der Kirche zu den peinlichen Strafen », p. 610.

d'abord dans les mœurs, et bientôt dans les lois (1); plus tard, on en verra les inconvénients (2), on prendra des mesures restrictives, mais il n'en reste pas moins que le droit d'asile, dans quelques siècles si gênant, peut être regardé comme un des meilleurs instruments de progrès social que l'Eglise ait non pas créé (3), mais su faire servir à son grand dessein de paix.

En même temps, le pouvoir du roi s'affermit (4); chef de bande, il devient monarque ; désormais la paix publique n'est plus celle de la cité; elle est la sienne, la paix du roi : quiconque la trouble, quiconque désobéit à son « ban (5) » est puni d'une amende d'abord et bientôt, dans la loi burgonde, du moins, de la peine de mort; car la législation de Gondebaud est une des plus perfectionnées, nous le verrons, de celles des Barbares; alors que partout ailleurs la loi n'est pas assez puissante pour s'imposer de façon absolue, qu'elle s'en remet encore à la vengeance, que son seul moyen de punir le plaideur belliqueux qui a violé la paix est de le priver de sa protection, d'en faire une bête fauve que tous peuvent tuer impunément, le *wargus,* la loi burgonde plus affermie, dépouillée de la barbarie primitive, ne laisse pas au premier venu le soin de punir le délinquant (6).

---

(1) *Lex Burgundionum* et *Lex romana Burgundionum.*

(2) E. Champeaux, *Les cimetières et les marchés du vieux Dijon.*

(3) H. Brunner, *Deutsche Reichsgechichte,* II, § 135. « Die Stellung der Kirche zu den peinlichen Strafen », p. 608, 610.

(4) H. Brunner, *ibid.*, § 42, « Kœnigsfriede », p. 42, et I, p. 166.

(5) Du Cange, *op. cit* , v° bannum... « Bannum trino significatu ut plurimum accipitur : ac primo quidem pro edicto publico, rursum pro mulcta judiciaria, tertio denique pro districtu ac jurisdictione. »

(6) M. Declareuil, dans l'article précédemment cité, semble ranger la loi burgonde parmi les lois qui prononcent ce que Brunner appelle « la Friedlosigkeit » contre celui « qui ne veut pas respecter la règle établie pour faire régner la paix »; et il renvoie (*loc. cit.*, p. 379) au tit. XVIII, § 5, du Papien. Voici ce paragraphe 5 : « Quod si fructiferas arbores nocturnis aut diurnis horis quolibet tempore ingenuus abscidisse probatur, infamis effectus damnum estimatione judicis sarcire cogatur. Quod si vilior per-

Quel chemin parcouru depuis les premiers âges jusqu'au jour où, campé sur les bords du Rhin, le peuple burgonde avec son roi Gibika attend l'occasion qui lui permettra de franchir le fleuve et de pénétrer dans la Gaule romaine: à l'origine la vengeance est non seulement autorisée, elle est obligatoire, celui qui la néglige se trouve couvert d'opprobre; peu à peu, elle devient rachetable: cela ne va pas sans essai de réaction, de retour aux plus brutales traditions des ancêtres, mais la composition est née viable: elle se dissimule d'abord, puis elle se répand et entre dans les mœurs, elle est alors tout arbitraire et privée, mais presque de suite, le pouvoir public y intervient, essaie de l'imposer, prend conscience du devoir qui lui incombe d'assurer la sécurité de tous ceux que protège la paix du roi ou la paix de la cité ; ces notions vont se développer et se préciser avec une rapidité surprenante dans les diverses rédactions de la loi Gombette; la composition va nous apparaître dès lors fixe, obligatoire et publique, à tel point que nous devrons nous demander si la loi burgonde ne l'a pas abolie pour la remplacer par la peine proprement dite.

---

sona fuerit, ad tempus in exilium relegatur ; in servo, restituta re a domino, digno supplicio vindicetur. » Edit. Salis. — Il semble difficile de trouver dans ce texte, même une trace du fameux « wargus sit » correspondant au « sacer esto » des Romains ; et « ad tempus in exilium relegatur » paraît bien plutôt faire allusion à une véritable peine, une sorte de « relégation » sans donner à quiconque le droit de courir sus à celui qui en était frappé.

CHAPITRE II

Les lois burgondes.

Entrée des Burgondes en Gaule. — Leurs lois : *Liber constitutionum* et *Lex romana Burgondionum*. — L'organisation de la pénalité : les principaux délits et leur sanction. — Disparition de la vengeance privée. — Interdiction absolue de la composition même opérée devant le juge — Nouvelle acception du mot composition. — Recul des idées germaniques au profit des idées romaines. — Multiplication des peines proprement dites. — La *Multa*. — Résultats de l'œuvre de Gondebaud.

Lorsque les Burgondes entrèrent en Gaule, ce ne fut point en conquérants, mais en hôtes pacifiques (1). Les vieilles coutumes germaniques n'avaient pas tout à fait disparu, mais leur faveur allait diminuant sous l'action bienfaisante de l'Eglise. Qu'allaient-elles devenir, mises tout à coup en présence de la civilisation gallo-romaine ? Lequel de ces éléments, barbare, impérial ou ecclésiastique allait l'emporter ? Particulièrement, comment la pénalité allait-elle s'organiser dans le nouveau royaume ?

(1) Saleilles, *De l'établissement des Burgondes sur les domaines des Gallo-Romains*, in *Revue bourguignonne de l'enseignement supérieur*, 1re année, 1891. — F. de Coulanges, *Histoire des institutions de l'ancienne France*, t. II, « L'invasion germanique : Comment les Burgondes sont entrés en Gaule ».

Dans le bouleversement inséparable du déplacement de tout un peuple, comment arriverait-on à établir l'ordre? C'est à ces questions que nous tenterons de répondre.

La solution paraît facile : nous avons conservé les Codes qui, sous le nom de loi Gombette ou *Liber constitutionum* et de loi romaine ou Papien, ont réglé les rapports des Burgondes entre eux et avec les Romains (1); il suffit donc, semble-t-il, de les parcourir. Mais les lois bourguignonnes ne nous sont pas parvenues intactes : si tout ce qu'elles contiennent est burgonde, œuvre de rois burgondes, il faut tenir compte des modifications successives qu'elles ont subies : il y a eu des additions, certaines constitutions ont été abrogées sans cesser pour cela de figurer au *Liber*, si bien que, quelquefois, l'on se trouve en présence de dispositions contradictoires, interpolées souvent, et dont il n'est pas facile de deviner l'âge. Bien des auteurs ont tenté de préciser les différentes époques de rédaction de la loi; certains (2) y ont renoncé; nous ne les suivrons pas en tout cas dans des discussions qui nous entraîneraient trop loin. Il nous suffira de mettre à profit leurs travaux pour essayer de retracer l'évolution qui s'est produite dans la conception de l'acte punissable de la naissance à la chute du royaume burgonde (3).

---

(1) La loi Gombette a été maintes fois éditée; l'édition la plus récente, celle dont nous nous sommes servi, est celle de M. R. de Salis dans la collection des *Monumenta Germaniae historica*, legum sectio I, legum nationum germanicarum tomi II, pars I, Hannoveræ, 1892. On trouvera dans la préface de cette édition, p. 21, une liste très complète de toutes celles qui l'ont précédée, et, page 1, une bibliographie à laquelle nous renvoyons.

(2) M. de Salis, préface de son édition.

(3) Nous avons utilisé surtout la préface et les notes de l'édition R. de Salis, et les ouvrages de : de Hubé, *Histoire de la formation de la loi bourguignonne et appréciation de la dernière édition de cette loi*, Paris, Aug. Durand et Pedone Lauriel, 1867; Brunner, *op. cit.*, t. II, p. 332 et 354; Gaupp, *Les établissements germaniques et les partages des terres*

Nous tenterons, à cet effet, de passer en revue les principaux délits ou crimes prévus par les textes, en notant les peines applicables à chacun d'eux : ce sera le meilleur moyen d'arriver à une vue d'ensemble du droit pénal burgonde et de savoir ce qu'est devenu le primitif rachat de la vengeance.

L'un des premiers objets qui attire l'attention du législateur, c'est l'homicide et, dès le titre II (1) — certains même prétendent qu'originairement ses dispositions formaient le titre Ier de la loi — il pose cette règle absolue « que si quelqu'un a tué un homme libre de son peuple, romain ou barbare, ou un esclave du roi, burgonde de nation, il ne pourra réparer son forfait que par l'effusion de son sang ». La règle est rigoureuse, elle ne supporte pas d'exception, et c'est à peine si la provocation, même par coups, constitue une excuse suffisante, non pas pour éviter la condamnation, mais pour la faire modérer ; celui qui, en se défendant, a tué son agresseur n'est pas exempt de tout châtiment : il paiera aux parents de sa victime une somme que le texte fixe à 150 solides pour un optimate, 100 pour un individu de condition médiocre, 75 pour une personne de la dernière classe (2) ; la sévérité de la loi fléchit cependant pour le meurtrier de l'esclave fugitif qui résiste à celui qui veut le ramener à son maître ; celui-là ne sera inquiété en rien (VI, 2), mais, normalement, l'homicide ne s'expie que par la

---

dans les provinces de l'empire romain d'occident, Breslau, 1844, in-8° ; Bluhme, préface de la loi Gombette, en tête de son édition de cette loi, dans les *Monumenta Germaniae historica*, legum tomus III, fasciculus I, Hannoverae, 1863, p. 497-522. On trouvera une traduction de ces deux derniers travaux en tête de *La loi Gombette*, reproduction intégrale de tous les manuscrits connus, recueillis, publiés et annotés par J. Valentin Smith, Lyon, Brun ; Paris, Picard, 1889. — Nous ne citerons pas ces auteurs chaque fois que nous y recourrons.

(1) *Liber constitutionum*, tit. II, « De homicidiis ».

(2) *Liber constitutionum*, tit. II, § 2.

mort ; on ne fait, du reste, pas d'acception de personne : le maître complice du meurtre commis par son esclave suit son sort : *Ambo tradantur ad mortem* (1).

Le rôle de la composition — le terme est-il bien juste, nous le verrons plus loin — est donc, au cas d'homicide, très effacé, subsidiaire pour ainsi dire : et l'examen du texte qui vient d'être analysé en partie permettait à Fustel de Coulanges de signaler la répugnance inattendue du législateur burgonde pour cette institution (2). Oserons-nous critiquer l'opinion de l'éminent historien : elle nous semble un peu hâtive ; il est, en effet, difficile d'admettre que, dès la première rédaction du Code de Gondebaud, la peine de mort ait été encourue par le meurtrier : on peut, en effet, relever plus d'un vestige d'un temps où le versement d'une somme d'argent suffisait ; on peut remarquer d'abord la construction inattendue, extraordinaire du titre II, § 1er, et en tirer une présomption d'interpolation, mais si cela n'est pas assez probant, d'autres considérations permettent de penser que le texte se bornait primitivement à établir une tarification, à donner à chaque individu son estimation, son *wehrgeld*, comme le faisait, en semblable matière, la loi salique par exemple : quelques titres, en effet, sont restés qui conservent des traces de ce prix que l'homicide devra verser ; ainsi, le titre XVII, § 3, déclare que l'on devra, pour le meurtre d'un ingénu tué avant la bataille de Mauriac, payer 20 solides pour toute peine (3) ; le titre XI décide que celui qui aura coupé un bras à un ingénu ou à un esclave devra verser, *medium pretium* (4) ; le paragraphe 2 du titre II condamne celui qui a tué pour se défendre à payer

---

(1) *Liber constitutionum*, tit. II, § 4.

(2) F. de Coulanges, *op cit.* La monarchie franque, p. 479.

(3) *Liber constitutionum*, tit. XVII, « De causis aliis et calumpniarum remotione ».

(4) *Liber constitutionum*, tit. XI, « De inflictis vulneribus ».

à la famille de sa victime, *medietatem pretii*, la moitié de quel prix, sinon de celui qu'on exigeait pour un homicide? Et comme la loi a pris soin dans ces différents cas de préciser la somme due, il nous est facile, en la doublant, de connaître l'estimation primitive de chaque classe d'individus et de conclure que celui qui jadis tuait un optimate devait verser 300 solides, 200 pour un *mediocris*, 150 pour une *minor persona*. On peut encore remarquer que le titre II, remanié, punit de mort le meurtrier d'un esclave du roi, tandis que le titre L, qui a dû conserver la trace du droit ancien, se contente d'exiger de celui qui a tué un *actor regius*, le paiement de 150 solides (1).

C'est donc seulement lors de la refonte du *Liber* que l'antique composition se vit remplacer par la peine de mort; la réforme, du reste, ne fut pas générale : si alors on assimila l'esclave royal à l'ingénu, on ne changea rien à la situation de l'esclave du simple particulier : il garde son estimation de jadis; celui dont son maître a fait choix pour son service personnel ou pour l'accompagner à la guerre vaut 60 solides; son meurtrier doit en outre payer une amende de 12 solides; le laboureur ou le porcher vaut 30 solides, l'orfèvre 200, celui qui travaille l'argent 100, le forgeron 50, enfin, le charpentier 40 (2).

Nous n'avons envisagé que le crime proprement dit, voulu; le *Liber* présente d'autres règles qui s'appliquent à l'homicide involontaire : dans l'état primitif du droit burgonde, on ne s'occupe pas de l'intention qui a présidé à l'acte, on punit le fait brutal sans s'inquiéter du dessein de son auteur, et cette indifférence se conçoit, car, dans la

---

(1) *Liber constitutionum*, tit. L, « De occisis actoribus tam regiae domus quam privatorum ».

(2) *Liber constitutionum*, tit. X, « De interfectione servorum Burgundio et Romanus una conditione teneantur ».

conception barbare, la mort d'un homme doit entrainer bien moins une peine qu'une réparation du dommage causé, mais, peut-être grâce à l'influence romaine, on s'aperçoit de tout ce que cette pratique a d'injuste, et le titre XVIII (1), en même temps qu'il rappelle l'état antérieur, proclame le principe nouveau : « Si quelque animal, par cas fortuit, ou un chien enragé a causé la mort d'un homme, nous ordonnons que, même entre Burgondes, ne sera point intentée l'action autorisée par l'ancienne loi, parce que ce qui est l'œuvre du hasard ne doit point donner lieu à condamnation ou à recherche. » De la même idée de nécessité de l'intention pour constituer le délit, procède encore le paragraphe 2 du même titre : « Si une lance ou une arme quelconque a été déposée ou fichée en terre et que, par l'effet du hasard, un homme ou un animal se soit jeté sur cette arme, celui à qui elle appartient n'aura rien à payer. » Mais l'imprudence peut remplacer l'intention, car le texte ajoute : « ...A moins qu'il n'ait tenu son arme à la main, de façon à ce qu'elle présente quelque danger pour autrui. » Le titre LXXII (2) est encore une application du même principe; celui qui, dans un lieu désert, a tendu un piège auquel quelqu'un se prend n'encourt pas de responsabilité. Enfin (et logiquement il en devait être ainsi), la loi va jusqu'à punir l'intention en elle-même : celui qui tire son glaive sans frapper est passible d'une amende (3). Mais on retrouve un reste de l'ancienne législation dans le titre XLVI (4) : peut-être est-ce à dessein qu'on l'a laissé subsister, dans la pensée de supprimer un usage de chasseurs rustiques peu

(1) *Liber constitutionum*, tit. XVIII, « De his qui casu contigerint ».
(2) *Liber constitutionum*, tit. LXXII, « De eo qui pedicam fecerit et extra culturam tam in desertis posuerit ».
(3) *Liber constitutionum*, tit. XXXVII, « De educto gladio ».
(4) *Liber constitutionum*, tit. XLVI, « De his qui tensuras ad occidendos lupos posuerunt ».

compatible avec la sécurité publique : « Il faut, dit le législateur, dans un préambule, qu'en les interdisant par des lois raisonnables nous fassions disparaître les motifs de discorde qui sont dans notre peuple ou ce qui paraît dangereux pour la vie des hommes. Et c'est pourquoi nous ordonnons : que quiconque, à partir d'aujourd'hui, tendra des arcs pour tuer les loups, en avertisse ses voisins dans le courant du même jour, qu'il ait soin de tendre trois cordes, dont deux assez élevées pour que, touchées par un homme inattentif ou par un animal domestique, la flèche parte sans danger. Celui qui n'aura pas pris ces précautions devra subir la peine établie par les lois antérieures; si, bien que la règle ait été fidèlement observée, un ingénu est tué par la flèche, celui qui a tendu le piège devra payer 25 solides aux parents du mort. »

Quant au Papien, il renvoie pour la punition de l'homicide aux constitutions des empereurs (1) ; en principe, le meurtrier, qu'il soit homme libre ou ingénu, encourt la peine de mort ; mais s'il a été attaqué par celui qu'il a tué, le juge devra en référer au prince et attendre sa décision ; ainsi l'ont ordonné Théodose et Valentinien.

De nombreux textes s'occupent des violences ; minutieusement l'on distingue suivant la qualité de la personne frappée, le nombre de coups portés, l'instrument qui a servi au délit, etc. ; la peine normale n'est plus la mort, mais le paiement d'une certaine somme. L'homme qui a osé frapper un ingénu devra payer 1 solide par coup donné et, en outre, une amende de 6 solides ; celui qui a frappé l'affranchi d'autrui versera un demi-solide par coup et 3 d'amende ; pour mauvais traitements infligés à l'esclave d'autrui, le tarif s'abaisse à un tiers de solide par coup et 3 solides d'amende. Celui qui a tiré

(1) *Lex romana Burgundionum*, tit. II, « De homicidiis ».

un ingénu par les cheveux devra donner 2 solides s'il l'a saisi d'une seule main, 4 s'il l'a pris des deux mains et 6 d'amende ; s'il a outragé ainsi l'affranchi ou l'esclave d'autrui, sa peine sera la même que s'il l'avait battu ; l'esclave qui frappe du poing un homme libre, recevra cent coups de bâton ; si un esclave vient au secours de son maître qui se bat, et frappe son adversaire, chacun de ses coups coûtera un solide à son maître (1).

Les blessures sont punies plus sévèrement que les coups simples ; celui qui a abattu le bras ou crevé l'œil de son adversaire paiera la moitié de la composition due jadis pour le meurtre, mais si le bras n'est pas détaché, le tarif s'abaisse ; il triple pour une blessure au visage (2).

Si ces titres paraissent n'avoir pas subi de modifications notables, il n'en est pas moins certain que le système de répression des violences s'est peu à peu perfectionné ; ainsi le titre XCIII (3) oblige celui qui a brisé le bras ou la jambe d'autrui à payer 15 solides, auxquels s'en ajoutent 6 autres à titre d'amende ; mais le titre XLVIII (4), plus récent, ajoute des dispositions nouvelles : la provocation n'est plus une excuse, le tarif n'est plus invariable, il devient proportionnel à la valeur du blessé ; un bras ou une jambe cassée oblige l'auteur du méfait à verser le dixième du prix attribué à la victime, s'il n'est pas résulté de la fracture d'affaiblissement notable de sa santé ; dans

(1) *Liber constitutionum*, tit. V, « De his qui flagello, fuste, calce, vel pugno percutiunt ».

(2) *Liber constitutionum*, tit. XI, « De inflictis vulneribus ».

(3) *Liber constitutionum*, tit. XCIII, « De brachiis aut tibiis quae ab altero franguntur ». — « Haec constitutio fortasse loco tituli XLVIII pars genuini Libri constitutionum erat. » (R. de Salis.)

(4) *Liber constitutionum*, tit XLVIII, « De inflictis vulneribus ». — « Constitutio novella loco est legis quae nunc const. extrav. extat posita ; ex quibus constitutionibus comparatis, apparet novellam ea de causa editam fuisse ut nonulla de quibus in priore lege nihil statutum erat, ordinaret. » (R. de Salis.)

le cas contraire, on revient à l'ancienne estimation que l'on réduira de moitié en cas de légitime défense.

Le titre XXVI (1) date de la première rédaction du *Liber* : celui qui a brisé une dent à un optimate bourguignon ou à un Romain noble devra payer 15 solides, 10 à un ingénu de condition médiocre, 5 à une personne de la dernière classe. La peine est plus sévère pour l'esclave : si volontairement il a occasionné la perte d'une dent à un ingénu, il aura la main coupée, mais s'il n'y a eu de sa part qu'une simple maladresse, il devra payer ce que les paragraphes précédents ont établi. Enfin l'ingénu ayant brisé une dent à un esclave qui ne lui appartient pas, versera 2 solides au maître de l'esclave, 3 s'il s'agit d'un affranchi.

La loi protège les femmes de façon spéciale : deux textes s'en occupent, ce sont les titres XXXIII (2) et XCII (3) ; ce dernier statue que l'ingénu qui tire les cheveux à une femme libre dans sa maison, lui donnera 30 solides, il sera tenu, en outre, d'une amende de 12 solides ; la femme n'aura du reste droit à rien si elle est sortie de chez elle pour se mêler à une rixe. Si l'ingénu a brutalisé une *ancilla*, la somme à verser s'abaisse à 6 solides et l'amende à 2 solides. L'esclave qui traîne par les cheveux une ingénue doit être mis à mort, le maître peut cependant le racheter moyennant 10 solides, mais l'esclave alors recevra cent coups de bâton ; le titre XXXIII vise les mêmes faits, mais taxe les délits à un prix moins élevé, ce qui, malgré l'avis de plusieurs auteurs, nous le ferait croire antérieur au titre XCII, car les taux tendirent plu-

(1) *Liber constitutionum*, tit. XXVI, « De excussis dentibus ».

(2) *Liber constitutionum*, tit. XXXIII, « De injuriis quae mulieribus inlatae fuerint ».

(3) *Liber constitutionum*, tit. XCII, « De mulieribus quarum crines in curte sua copulatae fuerint ».

tôt à s'élever qu'à décroître (1) ; l'ingénu, dispose-t-il, ne paiera plus que 12 solides à la femme libre, 6 à l'affranchie, 3 à l'*ancilla ;* il y faut joindre en ce dernier cas une amende de 3 solides. L'esclave n'encourt pas la peine de mort, il reçoit simplement un nombre de coups de bâton, qui varie avec la classe sociale de celle qu'il a outragée.

Enfin une constitution certainement des plus récentes (2) se montre particulièrement sévère pour les Juifs ; on l'attribue à Sigismond et l'on y peut voir comme un écho des dispositions prises par le concile d'Epaone contre les Israélites; le Juif qui aura osé mettre la main sur un chrétien, qui l'aura frappé du poing ou du pied, à coups de bâton, de verges ou de pierre, qui l'aura pris par les cheveux, perdra la main ; il pourra cependant échapper au supplice en payant 75 solides et une amende de 12 solides ; mais s'il a frappé un prêtre, rien ne pourra lui éviter la peine de mort et la confiscation de tous ses biens.

La loi romaine (3), signalons-le d'un mot, est toute différente, elle ne prononce que des peines corporelles ; si l'auteur du délit est un esclave, on suivra la règle de Paul au livre V des sentences : il sera rendu à son maître après un temps d'emprisonnement ; le titre XX (4) maintient l'application des pénalités en usage dans l'Empire vis-à-vis de ceux qui ont lié et vendu un ingénu : l'exil pour

---

(1) Tit. XXXIII, recentior est constit extrav. IV. Contrariam opinionem defendit Bluhme in *Historiche Zeitschrift*, XXI, p. 242. (R de Salis.)

(2) *Liber constitutionum*, tit. CII, « De Judaeis qui in christianum manum praesumpserint mittere ». — Cf. Concilii Epaonensis, anno 517, c. 15 : « A Judeorum vero conviviis etiam laïcos institutio nostra prohibuit ; nec cum ullo clerico nostro panem comedat, quisquis Judaeorum fuerit convivio inquinatus. »

(3) *Lex romana Burgundionum*, tit. V, « De injuriis aut caedibus admissis ».

(4) *Lex romana Burgundionum*, tit. XX, « De his qui hominem inlicite aut sine causa ligaverint ».

les coupables d'un certain rang, les mines pour les autres.

La matière du vol semble avoir vivement préoccupé le législateur burgonde : les titres IV, IX, XIX, XXV, XXVII, XXIX, XLVII, LXX, LXXXIII, XCI, XCIV, XCVII et XCVIII y sont tous relatifs; on prévoit encore toutes les circonstances du délit : vol d'animaux ou d'esclaves, avec ou sans violence, commis par l'esclave en fuite, à main armée ou avec effraction, vol de grain, etc. ; chaque objet est tarifé et son appréciation sert de base au prix que paiera le voleur.

Deux textes portent en eux-mêmes la marque de leur antiquité : ce sont les titres XCVII (1) et XCVIII (2); le premier oblige celui qui a volé un chien de chasse, un mâtin ou un chien courant, à verser au propriétaire du chien 5 solides et 2 solides à titre d'amende, mais il peut aussi s'en dispenser « si in conventu, coram omni populo, posteriorem ipsius canis osculetur ». Quant à celui qui a dérobé un autour, il a le choix entre payer 6 solides au maître de l'oiseau plus une amende de 2 solides ou se faire manger sur la poitrine par l'autour six onces de sa propre chair.

Le titre IV (3) est le premier qui s'occupe des larcins en même temps que de l'embauchage des esclaves; il assimile les deux faits, au moins lorsque le vol est grave : l'ingénu, Burgonde ou Romain, qui a débauché l'esclave d'autrui ou qui s'est emparé de son cheval, de son bœuf ou de sa vache, sera mis à mort; le propriétaire reprend sa chose si on la retrouve; sinon, il reçoit sa valeur que fixe la loi : 35 solides pour un esclave, pour un cheval *optimus*, 10, pour un cheval médiocre, 5; 3 solides pour une jument, 2 pour un bœuf, 1 pour une vache. Y eut-il

(1) *Liber constitutionum*, tit XCVII, « De canibus veltravis aut segutiis aut petrunculis ».

(2) *Liber constitutionum*, tit. XCVIII, « De acceptoribus ».

(3) *Liber constitutionum*, tit. IV, « De sollicitationibus et furtis ».

un temps où, comme l'homicide, le voleur réparait suffisamment sa faute par un paiement? C'est probable; en tout cas rien ne permet de l'affirmer absolument. Si celui qui a débauché l'esclave ou volé l'animal est un esclave, il sera mis à mort et son maître remboursera la valeur des biens dérobés.

Ce sont là les vols les plus graves; le paragraphe 3 du même titre prévoit les larcins de moindre importance: sa rédaction nous montre que le prix des animaux comme celui de l'homme s'est élevé ; il est certain que la chèvre a été d'abord tarifée à un tiers de solide, le porc, la brebis, les abeilles à un solide; plus tard, on a triplé cette estimation, et c'est sur cette base que s'établit la condamnation de l'ingénu romain ou burgonde qui s'est emparé de quelqu'un de ces animaux.

Les paragraphes 7 et 8 fournissent deux exemples de *furtum usus*: l'ingénu qui a monté un cheval sans permission du propriétaire donnera au maître de l'animal 2 solides pour un jour de route; s'il s'en est servi plus longtemps, le texte renvoie à une loi qui ne nous a pas été conservée et dont le titre XLIX, 4, porte abolition (1). Celui qui s'est servi de bœufs appartenant à autrui doit payer à leur propriétaire la valeur de ces deux bœufs; d'autres manuscrits disent 2 solides. On trouve encore une disposition analogue au titre CIV (2).

Le titre IX (3) statue sur les vols commis avec violence : si minime que soit la valeur de l'objet enlevé, avec cette circonstance aggravante, ne fût-il qu'un poulet, le coupable romain ou burgonde devra verser neuf fois son prix. L'on va plus loin et, comme pour l'homicide, on arrive à

(1) *Liber constitutionum*, tit. XLIX, « De animalibus damnum facientibus et in clusura missis seu caballis pervagantibus ».
(2) *Liber constitutionum*, tit. CIV, « De asinis ».
(3) *Liber constitutionum*, tit. IX, « De inlatis violentiis ».

punir l'intention : le titre XXV (1) porte que si quelqu'un s'est introduit violemment pour voler dans le jardin d'autrui, il paiera 3 solides et une amende de 6 solides; l'esclave recevra cent coups de bâton. Le titre CIII (2), qui semble plus ancien, punit de la même façon celui qui est entré dans une vigne; il permet même au propriétaire de la vigne de tuer celui qu'il y trouve; le titre XXVII autorise aussi le meurtre en ce cas, mais à condition que la vigne porte des raisins et que le voleur se soit introduit la nuit (3). On arrive à des mesures inouïes de sévérité contre les larrons : l'ingénu qui prend la clochette ou les entraves que porte un bœuf ou un cheval doit rendre au propriétaire un animal de même valeur ; l'esclave est battu de verges (4) ; l'ingénu qui vole un soc de charrue doit fournir deux bœufs avec leur joug et leur train; si le coupable est un esclave, il recevra cent cinquante coups de bâton (5) ; le titre XXIX (6) prononce la peine de mort contre ceux qui entrent avec effraction dans les maisons; l'extravagante XIX montre que ces sévérités ne suffisent pas : Gondebaud enjoint à ses comtes de redoubler de vigueur dans la poursuite (7); peine perdue, semble-t-il, puisque Sigismond est obligé de recourir aux rigueurs extrêmes, de ressusciter cette solidarité familiale passive que son prédécesseur avait voulu détruire : la femme doit dénoncer le vol commis par son mari ; le fils âgé de plus

(1) *Liber constitutionum*, tit. XXV, « De furtis et violentiis ».

(2) *Liber constitutionum*, tit. CIII, « De vineis ».

(3) *Liber constitutionum*, tit. XXVII, « De inruptis sepibus et clausis itineribus, furtis etiam et violentiis ». — « Hic titulus XXVII ex compluribus constitutionibus compositus est atque praesertim si ad Legem rom., tit. XVII, respicimus, conicere licet eum in genuina L. Gundobada non eam habuisse amplitudinem, qua nobis traditus est. » (R. de Salis.)

(4) *Liber constitutionum*, tit. IV, § 5.

(5) *Liber constitutionum*, tit. IV, § 8.

(6) *Liber constitutionum*, tit. XXIX, « De superventoribus et effractoribus ».

(7) *Liber constitutionum*, extrav. XIX, « De reis corripiendis ».

de quatorze ans est tenu de la même obligation, sinon, le coupable une fois mis à mort, ils deviendront les esclaves de celui qu'il a lésé (XLVII) (1).

Les crimes contre les mœurs sont quelquefois aussi punis de peines corporelles; on en trouve un exemple au titre XXXIV (2) : la femme qui a abandonné son mari doit trouver la mort dans un bourbier; il est permis de penser, étant donné la forme du supplice et son existence chez les Germains à l'époque de Tacite, que c'est là une très ancienne disposition. Une constitution de Sigismond (3) est particulièrement dure pour la femme qui, après avoir promis d'épouser un homme, en épouse un autre; elle devra, dit Sigismond, payer une somme à celui qu'elle a trompé, et il recevra aussi un dédommagement de celui qui lui a été préféré, mais la vraie peine à appliquer, c'est la peine de mort; elle n'a été écartée dans le cas spécial sur lequel statue le texte qu'en considération des jours saints où l'on se trouve. Il faut citer enfin le titre LXVIII (4), rédigé sous l'influence romaine, qui permet de tuer la femme avec son complice surpris en flagrant délit d'adultère, qui engage même le meurtrier à les tuer tous les deux, car si l'un des coupables lui échappe, il devra payer le prix du meurtre.

On pourrait allonger encore cette fastidieuse énumération des délits et des peines de la loi Gombette (5);

---

(1) *Liber constitutionum*, tit. XLVII, « De condemnatione latronum, uxorum quoque suarum et filiarum ». — « Velim putare, hanc constitutionem novellam esse editam Sigismundi temporibus; certum quidem est eam minorem esse Legis romanae, titulo XXIV: « De latronibus convictis », quocum discrepat. » (R. de Salis.)

(2) *Liber constitutionum*, tit. XXXIV, « De divortiis ».

(3) *Liber constitutionum*, tit. LII, « De mulieribus desponsatis quae ad aliorum consortium adulterio instiganti transierint ». — Cette constitution est datée : « Data sub die quarta kalendas aprilis Lugduno Agapito consule » (année 517). — De Hubé, *op. cit.*, p. 250.

(4) *Liber constitutionum*, tit. LXVIII, « De adulteriis ».

(5) On pourra se reporter aux titres : VI, « De fugitivis »; XII, « De

nous n'insisterons pas davantage sur ce long travail de dépouillement ; il était cependant indispensable pour montrer comment était compris l'acte punissable et pour extraire du *Liber constitutionum* quelques idées générales sur la composition elle-même.

Il paraît tout d'abord inutile de se demander si la vengeance privée est encore autorisée : les termes du titre II, paragraphe 7, sont, il est vrai, un peu ambigus ; on l'a traduit ainsi : « Nous voulons qu'il soit à la parfaite connaissance de tout le monde qu'il n'est permis aux parents du mort de poursuivre la vengeance que contre la personne du meurtrier (1). » Mais s'agit-il ici de la vengeance proprement dite de laquelle le pouvoir public ne s'occupe que pour timidement la restreindre en la limitant à la personne seule du coupable ? L'idée de vengeance est-elle incluse dans le verbe *persequi* qui figure dans le texte ? C'est au moins douteux ; il ne s'agit ici que d'une poursuite judiciaire ; admettre le contraire serait méconnaître l'esprit de la loi burgonde : l'on n'y rencontre aucun texte analogue à ceux de la loi salique qui non seulement autorisent la vengeance, mais la facilitent en punissant celui qui y met obstacle (2) ; en outre, il est facile de saisir l'idée générale de Gondebaud et de ses successeurs : si le droit de vengeance existe, nécessairement la composition existe aussi, car elle est le rachat

---

raptibus puellarum » ; XV, « De commotione litium » ; XIX, « De ablatis pignoribus et fideiussoribus. — De fugitivorum furtis » ; LVIII, « De cane occiso » ; XXX, « De corruptis mulieribus » ; XXXII, « De his qui hominem inlicite aut sine causa ligaverint », etc.

(1) Traduct. Peyré. — Voici le texte lui-même : « Hoc specialiter in hujusmodi causa universitas noverit observandum ut interfecti parentes nullum nisi homicidam persequendum esse cognoscant, quia sicut criminosum jubemus extingui, ita nihil molestiae sustinere patimur innocentem ».

(2) G. Van Kaempen, *De la composition pour homicide d'après la loi salique. Son maintien dans les coutumes de Saint-Omer jusqu'à la fin du seizième siècle*, thèse, Dijon, 1902, p. 24.

du droit de vengeance, et nous entendons par composition l'accord des parties s'effectuant aux conditions qui leur plaisent, sans que le pouvoir public y intervienne, sinon pour prélever sa part de la somme payée et pour proposer une tarification, de traditionnelle devenue légale, mais que les parties ne seront pas obligées d'accepter: c'est là la véritable composition, dont le principal caractère est de ne pas s'imposer.

Or si nous nous demandons ce qu'est devenue la composition ainsi entendue dans la loi Gombette, nous nous apercevons qu'elle a disparu : plus de transaction librement débattue entre le coupable et ceux qu'il a lésés; chaque homme a son prix, chaque chose son estimation; en certaines circonstances, la loi prononce des peines corporelles ; c'est, suivant les cas, le tarif ou le châtiment qui s'applique, et l'un n'est pas le rachat de l'autre: celui qui a tué un homme libre perdra la vie ; celui qui a frappé un ingénu lui paiera un sou d'or par coup ; il n'y a pas autre chose. En quelques cas exceptionnels que la loi signale expressément (1), le délinquant peut à prix d'or éviter le supplice, mais en règle générale, et de façon normale, jamais les parties n'ont à choisir entre deux modes d'expiation. Le titre LXXI (2) donnerait cependant à penser que la composition est permise, pourvu qu'elle ait lieu devant le juge, mais il ne faut pas se laisser influencer par le mot *componere* qu'on y rencontre ; maintes fois le *Liber* l'emploie non dans le sens de transiger, mais de payer, satisfaire (3) ; il faut se rappeler

---

(1) Dans les titres XCVII, XCVIII et CII, les uns très anciens, l'autre très récent. Nous n'y reviendrons pas.

(2) *Liber constitutionum*, tit. LXXI, « De his qui furta componunt », § 1er : « Si quis inconsciis judicibus, de furto, quod ipsi factum est crediderit componendum, poenam quam fur subiturus erat, ipse suscipiat. »

(3) Par exemple : tit. II, « De homicidiis », § 1er : « Non aliter quam effusione sanguinis sui componat ».

aussi que le vol est puni de mort (1) ; ce que la loi veut éviter, c'est qu'en s'entendant avec le volé, le coupable n'arrive à échapper au supplice ; il est vrai que certains larcins sont simplement sanctionnés par le paiement d'une somme (2), mais, même en ce cas, le titre LXXI garde son utilité, car si le versement du prix même correspondant au tarif légal est effectué en dehors de toute sentence, le prince perdra son amende.

Il faut aller plus loin : la constitution d'Ambérieu (3) nous donne la preuve directe et certaine que la composition est interdite de façon absolue ; cette constitution est un mandement adressé aux comtes : le paragraphe 11 doit être cité tout entier : « Illut specialiter praecipientes, ut omnes comites tam Burgundionum quam Romanorum in omnibus judiciis justiciam teneant : in his qui violentiam fortasse, superventum vel quodlibet crimen admiserint, ita fortiter distringant et vindicent ut nullus hoc intra regionem nostram praesumat admittere. Omnes omnino causas ex legibus judicentur, ut justitiae ordine teneatur, sicut lex parentum nostrorum continet. Nam sic fieri manifeste cognovimus : de diversis sceleribus compositiones inter parentes vestros facitis et causæ legibus non judicantur : ita popu[lus vitiatur] ut similia praesumant admittere. Si quis compositiones ita facere praesumpserit, ut ex lege expresse judicare distulerit, multam se noverit inlaturum. »

Il ne s'agit plus ici de compositions occultes ; elles sont faites par les comtes qui en agissant ainsi « diffèrent d'appliquer rigoureusement la loi », et Sigismond cepen-

---

(1) *Liber constitutionum*, tit. IV, « De sollicitationibus et furtis », § 1er et 2.

(2) *Liber constitutionum*, tit. IV, § 3, 4, 5, 6, 7, 8.

(3) *Constitutio extravag.* XXI, « Incipit capitulus, quem domnus noster gloriosissimus Ambariaco in conventu Burgundionum institult ». — R. de Salis l'attribue à Godomar.

dant les interdit. Gondebaud déjà adressait la même défense à ses agents : « Nec partes ad compositiones ut aliquid vel sic accipiant, a judice compellantur (1). » Devant des textes aussi formels, la question parait bien résolue : les parties n'ont pas le droit en transigeant, même devant le juge, soit de remplacer le supplice mérité par le versement d'une somme, soit d'abaisser le taux du prix fixé par la loi. Qu'en fait l'antique composition ait subsisté, cela est certain : c'était un usage auquel tout le monde, y compris le juge, trouvait son compte ; elle était enracinée dans les mœurs, et l'on en trouve encore des exemples ; c'est ainsi que lors du concile de Mâcon, l'évêque Priscus, à la suite d'une rixe entre ses serviteurs et ceux du duc Leudégésile « donne beaucoup d'argent pour acheter la paix (2) ». Mais en droit, la composition a disparu.

Le législateur devait se flatter de l'avoir rendue inutile : à quoi bon transiger ? D'avance la transaction est faite ; tous les cas sont prévus : la partie lésée n'a qu'à amener le coupable devant le juge ; elle recevra ce qu'une composition amiable lui aurait donné, à moins qu'une sentence capitale intervenant ne lui accorde qu'une satisfaction toute morale ; elle pourrait, en prévision de cet insuffisant dédommagement, s'abstenir de poursuivre : la loi y pourvoit ; il n'est pas besoin de plainte, ni de dénonciation ; d'office le cómte fera arrêter ceux qu'il soupçonne de vol : « ...Praeceptionem ad vos dedimus ut si quos caballorum fures aut effractores domuum criminosos quam suspectos, invenire potueritis, statim capere et ad vos adducere non morentur, futurum ut is qui

(1) *Liber constitutionum*, « Legis Gundobadae forma in codicibus manuscriptis tradita. — Prima constitutio », § 5.

(2) Grégoire de Tours, *Histoire des Francs*, t. I, p. 448, in *Collection des Mémoires relatifs à l'histoire de France*, par M. Guizot, Paris, Brière, 1823.

capitur et ante vos adductus fuerit, si se innocentem potuerit adprobare, cum omnibus rebus suis liber abscedat (1). » Nous sommes bien près des législations modernes; la constitution burgonde s'en rapproche encore en proclamant l'irresponsabilité des premiers représentants du ministère public : « Neque (innocens) calumniam pro eo quod ligatus aut captus est, movere praesumat. » Comment subsisterait le droit de vengeance dans de telles conditions? Il y a encore des violences, sans doute, mais comment sont traités leurs auteurs, Grégoire de Tours nous l'apprend : lors d'une sédition populaire, survenue dans une ville du diocèse de Lyon, un homme fut tué ; quelques jours après, son frère assassina le meurtrier; tout aussitôt le juge du lieu le fit enchaîner, disant: « Celui-là est digne de mort qui s'érigeant en justicier et sans attendre la sentence a osé venger la perte de son frère (2). »

Mais si la composition — officiellement du moins — a disparu, son nom a subsisté : détourné de son sens primitif, il sert à désigner le paiement à la fois pénal et indemnitaire de la somme que la loi oblige le coupable à verser à la victime de son délit. Ainsi entendue, la composition semble avoir primitivement, de façon générale, constitué la sanction de toutes les infractions, exception faite de quelques-unes : les vols les plus graves, le meurtre du *negociator*, l'adultère (3), etc., punis de mort dès l'origine. Peu à peu, le nombre de ces cas extraordinaires s'étend : on peut penser que ce fut contre les esclaves d'abord que se multiplièrent les peines corporelles; comment paiaient-ils ? ils n'ont rien ; puis on leur assimila les ingénus.

La composition perd donc du terrain et se trouve sup-

(1) *Liber constitutionum*, tit. XIX, « De reis corripiendis », § 1er.
(2) Gregorius Turonensis, *Vitæ patrum*, c. VIII, 7.
(3) De Hubé, *op. cit.*

plantée par des peines corporelles, ceci est manifeste pour l'homicide; on assiste à un recul des idées germaniques au profit des idées romaines. L'Eglise cependant s'oppose à ce mouvement qui tend à détruire son œuvre; car c'est elle qui, par le droit d'asile, est parvenue à répandre la composition; comme elle détestait la vengeance, elle déteste la peine de mort: *Ecclesia abhorret a sanguine*. Il n'est pas de concile bourguignon qui ne le proclame: en 517, à Epaone, les évêques veulent que l'esclave coupable d'un crime atroce qui se sera réfugié dans un lieu de prière ne subisse aucun châtiment corporel (1); le concile d'Auxerre, de 578, défend au clerc d'assister à la torture, même à l'audience du juge qui peut envoyer un homme au gibet (2); en 585, le concile de Mâcon, après avoir renouvelé les règles de l'asile, interdit encore aux clercs de se rendre aux jugements criminels (3);

---

(1) Mansi, *Amplissima collectio conciliorum*, Florence, 1764, t. VIII, p. 563. — Concilium Epaonense, c. XXXIX: « Servus reatu atrociore culpabilis si ad ecclesiam confugerit, a corporalibus tantum suppliciis excusetur ».

(2) *Ibid.*, t. IX, p. 578. — Concilium Autissiodorense, c. XXXIII: « Non licet presbytero nec diacono ad trepalium ubi rei torquentur stare. » — C. XXXIV: « Non licet presbytero in judicio illo stare unde homo ad mortem tradatur ».

(3) *Ibid.*, t. IX, p. 947. — Concilium Matisconense, c. VIII: « Item christianae religionis negotia pertractantes comperimus quosdam pseudo christianos de sacrosanctis ecclesiis, suae religionis oblitos, fugitivos subtrahere. Ideoque vim illatam nequaquam inultam relinquentes, censemus pro Dei timore, ut quicumque culpa compellente aut potentum importunia non sustinens, suae gremium matris ecclesiae petierit, usque in praesentiam sacerdotis in eodem loco inconcusse permaneat: nulli permittentes, quolibet dignitatis gradu functo, fugitivo etiam in locis sacris violentiam inferre. Si enim mundani principes suis legibus censuerunt ut quicumque ad eorum statuas fugerit, illaesus habeatur; quanto magis hi permanere debent indemnati qui patrocinia immortalis regni et caelestis adepti sunt? Si tamen aliquo facto tenentur obnoxii, qui ad ecclesiam sunt a fuga versi, coram sacerdote culpae eorum innotescant, et ipse consultum ferat, qualiter Dei habitaculum per subtractionem non violetur illorum... »

C. XIX: « Cognovimus etiam quosdam clericorum infrunitos ad forales reorum sententias frequenter accidere. Propterea prohibitionis eorum

en 579, le roi Gontran convoque à Chalon une assemblée de prélats pour juger Salonius, évêque d'Embrun, et Sagittarius, évêque de Gap ; on les accusa d'adultères et d'homicides, mais les évêques se contentèrent de leur infliger une pénitence ; on ajouta alors qu'ils étaient coupables de lèse-majesté et de trahison ; il y avait lieu de penser qu'une condamnation à mort était assurée, mais les évêques se bornèrent à dépouiller les accusés de la dignité épiscopale, puis ils les enfermèrent dans la basilique de Saint-Marcel : c'était les rendre inviolables ; enfin, comme la situation ne pouvait s'éterniser, grâce à de pieuses complaisances que l'on devine, les deux évêques déchus réussirent à s'enfuir (1). Les plus fréquents miracles des saints consistent à délivrer des prisonniers : lorsque le cortège funèbre de saint Loup, évêque de Chalon, passa devant les prisons de la ville, le cercueil devint tout à coup si lourd que les porteurs durent s'arrêter jusqu'à ce que ceux qui étaient détenus eussent été mis en liberté (2). On pourrait citer cent autres traits

---

accessus hunc canonem protulimus, definientes ut ad locum examinationis reorum nullus clericorum accedat ; neque intersit atrio fauciolo ubi pro reatus sui qualitate quispiam interficiendus est. Si tamen nunc aliquis eorum definita contemnens, illuc accesserit aut interfuerit defraudatus honesti honoris stola, illis gregibus examinatorum societur, quos divinis praetulit mysteriis. »

(1) Mansi, *op. cit.*, t. IX, p. 919 : « Concilium Cabilonense Guntramni regis jussu convocatum adversus Salonium Ebredunensem et Sagittarium Vapincensem episcopos... Objiciuntur eis crimina et non solum de adulteriis, verum etiam de homicidiis accusantur. Sed haec per poenitentiam purgari censentes episcopi, illud est additum, quod essent rei majestatis et patriae proditores Qua de causa ab episcopatu discincti, in basilicam sancti Marcelli sub custodia detruduntur. Ex qua per fugam lapsi discesserunt, per diversa vagantes, donec in civitatibus eorum alii subrogati sunt. »

(2) Abbé Pequeugnot, *Légendaire d'Autun*, p. 105. — L'auteur fait remonter à cet épisode l'origine du droit qu'avaient les évêques de Chalon de délivrer tous les ans un prisonnier le jour de la fête de saint Loup, le 27 janvier. — Cf. Courtépée, *Description du duché de Bourgogne*, t. II, p. 100.

semblables. Mais tout cela a peu de prise sur un prince arien, et lorsque saint Sigismond monte sur le trône, il ne sert de rien qu'il s'inspire dans sa constitution sur les Juifs des sévères dispositions du concile d'Epaone que lui-même a convoqué : s'il témoigne ainsi de sa considération pour l'Eglise, il ne peut bouleverser toute la législation déjà existante : l'impulsion est donnée et les conceptions romaines dominent de plus en plus la matière des peines.

Certes, l'on peut remarquer que le droit romain n'était point hostile à la composition pécuniaire (1) ; comme toutes les civilisations naissantes, Rome avait eu dans la loi des XII Tables, un tarif analogue à celui des lois barbares ; elle conserva toujours des *delicta privata*, le dol, le vol, l'injure et l'incendie dont on pouvait transiger, mais le roi burgonde voit dans la loi romaine surtout le principe général que les délits s'expient par des peines au sens propre du mot : amendes, emprisonnement, travaux forcés des mines, exil, mort. Cela est si vrai que, quand il rédige un code à l'usage des Romains de son royaume, il punit presque tous les délits, même ceux pour lesquels le droit impérial admet une sorte de composition, d'une peine corporelle et ne parle pas de transaction (2) ; il se

(1) F. de Coulanges, *Hist. des institutions politiques de l'ancienne France*. La monarchie franque, p. 476.

(2) *Lex romana*, tit. IV : « De sollicitationibus et furtis ». Le paragraphe 1er prononce la peine de mort contre celui qui débauche un esclave ; c'est une disposition empruntée à Théodose (*Cod. Théod.*, IX, 18 : « Ad legem Fabiam »); aux termes du paragraphe 2, si le coupable se réfugie dans une église, on devra attendre la sentence du prince : c'est le seul cas où l'on puisse parler de composition, et où vraiment le coupable se rachète ; l'on peut y ajouter cependant l'hypothèse où le voleur est un esclave : « Aut a domino ad vindictam tradatur, aut res perditae ei qui damnum pertulit, cum vindicta a servi domino reformentur » (§ 3). — Dans tous les autres cas, le larron est puni soit par le paiement au quadruple des objets volés (§ 3) — c'est là une peine et non une composition — soit par la perte de la vie. Si nous parcourons le titre XVIII, « De superventoribus et effractoribus », nous voyons que la peine de mort s'applique

conforme à l'esprit de la législation romaine. Comment en serait-il autrement ? Le peuple burgonde est l'hôte de Rome ; ses princes se font gloire de recevoir des titres et des dignités des empereurs : Gundioc, en 463, est revêtu du grade de *magister militum*, et, comme le dit Fustel de Coulanges, les contemporains semblent avoir vu en eux moins des rois que des officiers de l'empire (1) ; Gondebaud passe plusieurs années de sa jeunesse en Italie ; en 472, il reçoit d'Olybrius le titre de patrice ; on connaît la lettre que Sigismond fit écrire par son ministre Avitus à l'empereur Anastase : « A la mort de mon père qui vous était très fidèle, dit-il, et qui était l'un des grands de votre Cour, je vous ai envoyé un de mes conseillers comme je le devais faire pour mettre sous votre patronage les premiers débuts de mes services. » Il ajoute : « Mon peuple vous appartient et je vous obéis en même temps que je lui commande (2). » Le nom romain garde aux yeux du peuple tout son prestige ; l'on compte encore les années par consulats, et lorsque le consulat eût disparu, c'est en Bourgogne qu'on imagina la coutume originale de dater par post-consulats ; elle se maintint, jusqu'en 628 (3),

---

et aux voleurs et à ceux qui les cachent ; l'incendie volontaire entraîne également le dernier supplice, quelquefois l'exil ou les travaux forcés des mines (§ 3 et 4). — On a vu plus haut comment l'injure était sanctionnée : on s'en remet à l'appréciation du juge. C'est une peine arbitraire que la loi prononce, elle ne laisse pas soupçonner la possibilité d'un arrangement amiable des parties. Il n'est pas parlé du dol dans la *Lex romana*. Les transactions autorisées par le droit romain sur les trois autres délits dont nous venons de parler semblent, il est facile de s'en apercevoir, avoir très peu attiré l'attention du législateur burgonde. « La composition de l'époque franque n'a que des rapports éloignés avec les transactions usitées dans le dernier état de la pratique romaine pour échapper à certaines accusations. » L. Stouff, *Etude sur le principe de la personnalité des lois depuis les invasions barbares jusqu'au douzième siècle*, in *Revue bourguignonne de l'enseignement supérieur*, t. IV, 1894, p. 34.

(1) F. de Coulanges, *op. cit.*, L'invasion germanique.

(2) Cité par F. de Coulanges, *ibid.*

(3) Kleinclausz, *L'empire carolingien, ses origines et ses transformations*, in *Revue bourguignonne de l'enseignement supérieur*, 1902, chap. I, spécialement p. 38.

comme un témoignage modeste, mais précieux à recueillir, de l'attachement à l'empire du pays qui avait vu s'élever au milieu de la *pax romana* les grandioses monuments de Lyon et d'Augustodunum. Fatalement, dans de telles circonstances, la loi burgonde doit s'imprégner des maximes de l'ancien droit qu'elle se sent impuissante à dépasser ; ce n'est pas elle seulement qui se romanise, c'est tout le peuple qu'elle est destinée à régir.

Du reste, nulle trace d'animosité contre l'Eglise : Gondebaud, prince hérétique, est cependant tolérant ; c'est sur son initiative que se réunit, en 500, le concile de Lyon, et s'il ne donne pas force de loi aux dispositions pleines de mansuétude des évêques, c'est peut-être qu'il estime que la peine doit non seulement corriger le coupable, mais encore servir d'exemple, à une époque surtout où les mœurs ne sont pas encore, en réalité, débarrassées de leur rudesse primitive, où les crimes sont nombreux, malgré les sévérités de certains juges zélés tels que ce comte d'Autun, Gregorius, qui, bien loin de favoriser les compositions illicites, « parut si sévère à chastier les méchants qu'il condamnoit au dernier supplice et autres chastimens, les délicts pour lesquels les loiz municipales n'avoient ordonné que des amendes pécuniaires (1) ».

Si la législation burgonde s'oriente de plus en plus vers les conceptions romaines, on ne détruit cependant pas ce que l'Eglise a institué : le droit d'asile subsiste. Les empereurs païens ou chrétiens l'avaient admis, il est donc naturel que le criminel conserve ce moyen de salut ; mais il est assez singulier que le *Liber* ne le mentionne qu'à propos des vols (2), tandis que la *Lex romana* lui

(1) J. Munier, *Recherches et mémoires servans à l'histoire de l'ancienne ville et cité d'Autun*, p. 16.

(2) *Liber constitutionum*, tit. LXX, « De furtis », § 2 : « De his vero causis, unde hominem mori jussimus, si in ecclesiam fugerit, redimat se secundum formam pretii constituti ab eo, cui furtum fecit et inferat multae nomine solidos XII. »

consacre des développements beaucoup plus considérables ; à propos de l'homicide, par exemple, elle envisage plusieurs hypothèses (1) : si le délinquant a pu se réfugier dans une église, il ne sera pas mis à mort ; s'il est esclave, il deviendra l'esclave de la famille de sa victime ; mais s'il a pénétré armé dans le sanctuaire, il doit en être arraché avec l'assentiment de l'évêque. S'il s'agit d'un ingénu qui, après avoir tué un autre ingénu, a été demander la sauvegarde de l'autel, on doit attendre la sentence du prince ; cependant, en même temps, le texte pose une règle générale : comme la loi romaine n'a pas établi de tarif pour les meurtres, on livrera le coupable aux héritiers de la victime avec la moitié de ses biens, et il sera leur esclave ; mais si l'ingénu a tué un esclave, il devra payer au maître de l'esclave une somme proportionnée à la valeur de celui-ci. Ainsi, l'effet de l'asile est de soustraire le coupable au supplice ; comme autrefois en ce cas, la composition se substituait à la vengeance, de même, maintenant, la mort est remplacée par une sorte d'abandon, et même, si la victime est un esclave, par un rachat qu'il est surprenant de rencontrer dans la loi romaine en matière de meurtre.

Il n'est pas douteux du reste que le Burgonde ait bénéficié des effets de l'asile aussi bien que le Romain ; Grégoire de Tours rapporte que comme Chaudon, chambellan du roi Gontran, était accusé par un garde d'avoir tué un buffle dans une forêt royale, le combat singulier fut ordonné entre eux ; un neveu de Chaudon combattit pour lui et il arriva que les deux adversaires furent tués ; « ce que voyant Chaudon prit la fuite pour se rendre à la basilique de Saint-Marcel, mais le roi s'écriant qu'on le prît avant qu'il n'atteignît le seuil de l'édifice sacré, il fut pris,

---

(1) *Lex romana*, tit. II, « De homicidiis ».

attaché à un poteau et lapidé (1) ». C'est donc que bien que Burgonde et coupable d'un délit plus grave que le vol, le chambellan, s'il avait pu se réfugier dans l'église, serait devenu impunissable. Des étrangers eux-mêmes profitent du refuge qu'offre l'Eglise : « Alors, dit Grégoire de Tours, arriva la fête de saint Marcel qui se célèbre en la ville de Chalon, dans le septième mois. Le roi Gontran s'y rendit. Après les saintes solennités, comme il s'approchait des autels sacrés pour y recevoir la communion, un homme vint vers lui, feignant d'avoir quelque chose à lui dire et comme il s'approchait du roi, il lui tomba un couteau de la main. Il fut aussitôt saisi... conduit hors de la sainte basilique, lié et livré aux tourments. Alors il confessa qu'il avait été envoyé pour tuer le roi, disant : Ainsi l'a voulu celui qui m'envoie (on sut plus tard que c'était la reine Frédégonde)... on le renvoya vivant après lui avoir infligé plusieurs châtiments, parce qu'on ne croyait pas qu'il fût permis de mettre à mort celui qu'on avait tiré de l'Eglise (2). » Les conciles qui sont les véritables législateurs en cette matière, ne font pas de distinction suivant les nationalités.

Ce n'est pas du reste le seul point du droit pénal sur lequel l'assimilation des deux races soit complète ; cette assimilation était naturelle, des nécessités politiques, en outre, en précipitèrent l'événement (3), et c'est la naissance d'un commencement de loi territoriale que Grégoire de Tours enregistre, lorsqu'il écrit en parlant de Gondebaud : « Burgundionibus leges mitiores instituit ne Romanos opprimerent (4) » ; le *Liber* attribue le même prix au

---

(1) Grégoire de Tours, *Histoire des Francs*, *loc. cit.*, t. II, p. 96.
(2) *Ibid.*, *loc. cit.*, t. II, p. 2.
(3) De Hubé, *op. cit.* — L. Stouff, *loc. cit.* — J.-E. Guétat, *Histoire élémentaire du droit civil français*, p. 72.
(4) Grégoire de Tours, *op. cit.*

noble romain qu'à l'optimate bourguignon (1), aux esclaves des deux nations (2); peu importe la nationalité de la victime, *cujuslibet nationis* (3), le meurtrier doit périr; mais peu importe également la nationalité du coupable : la peine est invariable (4).

Nous n'insisterons pas davantage sur le taux de la somme dont le paiement est exigé pour chaque délit; les nombreux exemples cités plus haut suffisent à en donner une idée; nous avons indiqué qu'il s'était élevé peu à peu; on a pu remarquer aussi qu'il varie avec la condition sociale de la personne lésée. Faut-il signaler comme une exception à cette règle, exception en tout cas difficile à expliquer, le paragraphe 6 du titre II : il assimile les esclaves du roi, victimes d'un meurtre, à l'ingénu : « Similiter de servis regiis secundum qualitatem personarum circa interfectores conditione servata. » C'est une anomalie qu'il serait possible de faire disparaître en lisant non pas *interfectores*, mais *interfectos*, comme le porte un manuscrit (5). C'est un problème à résoudre que nous laissons à de plus savants critiques.

A qui est payée la somme due par le coupable? Nous le savons déjà : en cas de vol à celui qui a été dépouillé, en cas de blessure à celui qui a été frappé, en cas d'homicide enfin aux parents de la victime : c'est la dernière trace de la solidarité d'autrefois, solidarité active seulement, c'est-à-dire que la famille qui profite de la somme versée comme prix de l'un de ses membres, n'est tenue en rien du délit commis par l'un des siens (6). On ignore les céré-

(1) *Liber constitutionum*, tit. XXVI, « De excussis dentibus ».

(2) *Liber constitutionum*, tit. X, « De interfectione servorum Burgondio et Romanus una conditione teneantur ».

(3) *Liber constitutionum*, tit. II, « De homicidiis ».

(4) *Ibid.*

(5) *Manuscrit de saint Paul en Carinthie* (F. de Bluhme), édit. Valentin Smith, 12e fascicule : « circa interfectos ».

(6) *Liber constitutionum*, tit. II, § 7.

monies de la loi salique, par lesquelles le débiteur principal, c'est-à-dire le condamné, fait passer sa dette sur la tête de ses parents. Il reste un seul cas où la famille conserve une importance anormale et constitue encore une sorte de tribunal domestique : lorsqu'une jeune fille a consenti à se laisser déshonorer par un esclave, elle doit être mise à mort ; toutefois, ajoute la loi, si ses parents s'opposent à l'exécution, elle échappera au supplice, mais elle deviendra l'esclave du roi (1). Ainsi la famille peut racheter la vie de la coupable en la livrant au roi, c'est à lui seul que peut être fait cet abandon noxal, c'est à lui que l'on fait réparation, car, à mesure que le groupement familial perd de sa cohésion et de sa force, le pouvoir public grandit : l'institution du *fredum* a été singulièrement perfectionnée ; pour chaque infraction, le délinquant doit réparer le mal qu'il a causé, il doit, en outre, payer une amende, car le roi a la garde de la paix publique : celui qui la trouble l'offense, aussi bien qu'il offense celui qui a été directement lésé ; ce bris de la paix mérite une punition : c'est la *multa,* l'amende.

La composition — on sait quel sens nous donnons maintenant à ce mot — est à la fois une indemnité et une peine, une indemnité parce qu'elle a pour but de réparer le préjudice causé, mais c'est aussi une peine parce que très souvent elle dépasse le montant du dommage ; par exemple, celui qui se sert d'un âne pendant un jour, sans autorisation du propriétaire, doit lui rendre l'animal avec un autre d'égale valeur (2) ; celui qui a volé avec violence doit rendre neuf fois la valeur de l'objet dérobé (3). Quant à l'amende, il est bien évident que c'est une peine : elle n'est pas constituée, comme dans la

(1) *Liber constitutionum*, tit. XXXV, § 2 et 3.
(2) *Liber constitutionum*, tit. CIV, « De asinis ».
(3) *Liber constitutionum*, tit. IX, « De inlatis violentiis ».

loi salique, par une partie du *wehrgeld* attribuée au fisc; elle en est toujours nettement distincte (1): la loi la prononce pour des cas de simple tentative qui n'ont causé préjudice à personne (2); on ne la rencontre pas lorsque la mort doit être infligée (3), car cette peine absorbe toutes les autres, par exemple en cas d'homicide, et même alors les parents de la victime ne reçoivent rien, ce qui prouve bien que la composition n'est pas seulement une indemnité. Enfin l'amende n'existe que lorsqu'il y a eu véritablement délit: ainsi celui qui a tué son agresseur ne paie que le prix de sa victime et rien n'indique qu'une partie en doive revenir au fisc (4), car celui qui a attaqué s'est mis hors de la paix du roi qui ne le protège plus. Il est plus difficile d'expliquer comment des faits très graves, comme le meurtre d'un esclave (5) ou certains vols (6), n'entrainent pas le paiement de l'amende, à moins d'admettre, comme Matile, qu'elle est quelquefois sous-entendue ou comprise dans la composition (7).

Son taux varie, comme celui de l'indemnité, avec la

---

(1) *Liber constitutionum*, tit. V, « De his qui flagello, fuste, calce vel pugno percutiunt », § 1er: « Si quis ingenuum hominem tali praesumptione percusserit, per singulos ictus singulos solidos solvat et multam in dominico inferat solidos VI. » — § 2: « Qui libertum alienum percusserit, per singulos ictus singulos semisses solvat, multae autem nomine solidos III... » — Tit. XII, « De raptibus puellarum », § 1er: « Si quis puellam rapuerit, pretium quod pro puella daturus erat, in novigildo cogatur exsolvere, et multae nomine solidos XII », etc.

(2) *Liber constitutionum*, tit. XXXVII, « De educto gladio »: « Quicumque spatam aut semispatam eduxerit ad percutiendum alterum et non percusserit, inferat multae nomine solidos XII... »

(3) *Liber constitutionum*, tit. II, « De homicidiis », § 1er. — Tit. IV, « De sollicitationibus et furtis », § 1er.

(4) *Liber constitutionum*, tit. II, « De homicidiis », § 2.

(5) *Liber constitutionum*, tit. X, « De interfectione servorum Burgundio et Romanus una conditione teneantur », § 2, 3, 4, 5.

(6) *Liber constitutionum*, tit. IV, « De sollicitationibus et furtis », § 3, 5, 6; IX, « De inlatis violentiis »; XXIX, « De superventoribus et effractoribus ». — Au contraire, on trouve l'amende prononcée par les tit. XXV, « De furtis et violentiis », et LXX, « De furtis », § 3 et 4.

(7) Matile, *Etudes sur la loi Gombette*, p. 42.

situation sociale de la victime : 6 solides pour celui qui frappe un ingénu, 4 pour qui frappe une personne de médiocre condition, 3 pour qui frappe un esclave (1) ; le meurtrier de l'esclave dont son maitre a fait choix pour son service intérieur ou pour l'accompagner à la guerre, paie 12 solides (2) ; de même que celui qui a ravi une jeune fille (3), celui qui s'est introduit dans une maison pour y faire naitre une rixe (4), celui qui avant l'audience aura diverti les gages fournis (5) ; celui qui s'est introduit violemment dans le jardin d'autrui paiera 6 solides (6), etc. Il est à remarquer que le chiffre de l'amende est toujours un sous-multiple de douze ; il est du reste impossible d'établir un rapport entre son montant et celui de la somme versée à la victime : il lui est quelquefois supérieur, par exemple l'ingénu frappé a droit à 1 solide par coup (7), le prince à 6 ; d'autres fois, il lui est de beaucoup inférieur (8).

C'est, en tout cas, une précieuse source de revenus pour le prince, et l'on comprend qu'il protège avec soin les officiers chargés de les recouvrer : ils portent le nom de *Wittiscalci*. Gondebaud est pour eux plein de sollicitude, il veut les sauvegarder efficacement ; aussi la composition que doit payer celui qui les frappe, celui même

(1) *Liber constitutionum*, tit. V, « De his qui flagello, fuste, calce vel pugno percutiunt », § 1er, 2, 3.

(2) *Liber constitutionum*, tit. X, « De interfectione servorum Burgundio et Romanus una conditione teneantur », § 1er.

(3) *Liber constitutionum*, tit. XII, « De raptibus puellarum », § 1er.

(4) *Liber constitutionum*, tit. XV, « De commotione litium », § 1er.

(5) *Liber constitutionum*, tit. XIX, « De ablatis pigneribus et fideiussoribus », § 1er.

(6) *Liber constitutionum*, tit. XXV, « De furtis et violentiis ».

(7) *Liber constitutionum*, tit. V, « De his qui flagello, etc. », § 1er ; tit. XXV, « De furtis et violentiis », § 1er.

(8) *Liber constitutionum*, tit. X, « De interfectione servorum... », § 1er. — Quelquefois aussi l'amende et la composition sont égales : *Liber constitutionum*, tit. XXXII, « De eo qui hominem inlicite aut sine causa ligaverit », § 1er, 2, 3.

qui les traite sans le respect dû aux représentants du roi, est égale à trois fois celle qui est exigée pour les mauvais traitements infligés à un homme libre : 3 solides par coup ; ceux qui leur ont arraché les gages saisis devront les rendre sur le pied de vingt-sept fois leur valeur à titre d'amende (1).

La perspective du lucre n'est, du reste, pas le seul motif de cette sévérité ; en un titre que nous avons cité, Gondebaud exprime l'idée que c'est un devoir pour lui d'écarter de ses sujets les dangers qui les menacent et les causes de discorde qui peuvent exister entre eux ; il a la garde de son peuple, il lui doit sa protection, sa paix ; c'est une obligation du prince et, durant tout le moyen âge et bien au delà, cette idée chrétienne bien plus que romaine subsistera. A une époque où les violences ne manquent pas, c'est au roi ou au duc ou au monastère que le faible aura recours ; on se mettra en leur garde spéciale, plus efficace encore que la garde générale dont la zone de protection est trop vaste pour être bien sûre. Déjà cette pratique apparaît : Grégoire de Tours, après avoir raconté que le duc Amale fut tué par une jeune fille dont il voulait abuser, ajoute : « Elle s'échappa, sortit de la maison et arriva dans la nuit à la ville de Chalon, située à près de 35 milles du lieu d'où elle était partie. Là, elle entra dans la basilique de Saint-Marcel et, prosternée aux pieds du roi, lui raconta tout ce qui lui était arrivé. Le roi très miséricordieux (Gontran), non seulement lui donna la vie, mais commanda qu'il lui fût remis un ordre d'après lequel il la prenait sous sa protection et défendait à aucun des parents du défunt de l'inquiéter en aucune manière (2). »

Ainsi, on le voit par ce passage, au déclin du royaume

(1) *Liber constitutionum*, tit. LXXVI, « De wittiscalcis ».
(2) Grégoire de Tours, *Histoire des Francs*, *loc. cit.*, t. II, p. 40.

burgonde, malgré les mesures énergiques de Gondebaud, malgré la sagesse de sa loi, malgré les multiples instructions adressées aux comtes, la violence n'est pas sortie des mœurs; les conciles ne cessent d'interdire aux clercs le port des armes (1); le roi Gontran lui-même s'écrie, après mille imprécations contre Théodore, évêque de Marseille: « Je sais qu'il a fait tuer mon frère Chilpéric, mais que nous ne soyons pas tenus pour des hommes si nous ne parvenons pas à venger sa mort dans le cours de cette année (2). » Les résultats obtenus ne correspondent donc pas aux efforts tentés: ce ne sont pas les lois qui font les mœurs, mais si l'on sort du domaine des faits d'où la brutalité n'a pas disparu, pour se cantonner dans celui du droit, l'on ne peut se défendre d'une certaine admiration en présence du progrès immense accompli. Grâce à l'Eglise et au droit d'asile, le droit de vengeance n'est plus qu'un lointain souvenir; la composition devenue obligatoire, subit un recul sous l'influence de la législation impériale, et les peines corporelles s'y substituent en nombre de cas; cependant, on la conserve lorsqu'elle paraît suffisamment exemplaire, mais combien modifiée; le rôle propre des parties s'évanouit presque, la loi prévoit tout: les circonstances de chaque délit, la somme qui devra être attribuée à la victime; au lieu d'une libre transaction sans contrôle, une sentence rendue au nom du roi, une réparation assurée et juste du dommage subi, une peine enfin que le juge applique, mais que la loi lui dicte; au lieu d'un vague *fredum,* une amende sans arbitraire,

(1) Summa conciliorum omnium: p. 47, Summa concilii Arelatensis, anno 314, c. III: « De his qui arma projiciunt in bello placuit abstinere eos a communione »; p. 294, Summa concilii Matisconensis, anno 582, c. V: « Quod si post hanc definitionem clericus. . cum armis inventus fuerit a senioribus ita coerceatur ut triginta dierum inclusione detentus, aqua tantum et modico pane diebus singulis sustentetur. »

(2) Grégoire de Tours, *ibid.*, t. I, p. 431.

le devoir pour les agents du prince de poursuivre d'office les délinquants, en sorte que, pour ainsi dire, l'action publique est née, l'individualisation commençante de la peine, une ébauche de loi territoriale, telle fut l'œuvre de Gondebaud. L'Eglise avait donné l'impulsion première ; la pacifique rencontre des institutions de l'empire et des habitudes burgondes avait fait le reste, et l'on demeure confondu de la vigueur de cette civilisation romaine qui, à son déclin, réussit à s'assimiler, à absorber un peuple, son hôte sans doute, mais aussi son envahisseur. L'évolution n'est pas complète, elle est en voie d'achèvement lorsque s'effondre le royaume qui avait atteint son apogée au temps de Gondebaud ; la mainmise des rois francs sur le pays, le démembrement qu'il subit ne permettront pas à la loi Gombette de lui survivre.

CHAPITRE III

De la chute du royaume burgonde au dixième siècle.

Disparition des lois burgondes au profit de la loi salique. — Infériorité de celle-ci. — Guerres et troubles continuels. — « Le temps où la justice fait défaut. » — Compositions pécuniaires civiles. — Les *securitates*. — Tentative de relèvement sous Charlemagne. — Inertie de ses successeurs. — La composition ressuscite en même temps que la vengeance.

Il semble cependant que l'application du principe barbare de personnalité des lois aurait dû permettre à la législation de Gondebaud de vivre aussi longtemps qu'il resterait trace du peuple pour lequel elle avait été établie ; et de fait, en 912, nous voyons encore un certain Ermengerius se réclamer, dans un acte de donation en faveur de sa femme, de la loi Gombette (1) ; mais il s'en faut que la réalité soit conforme à l'apparence : du Code burgonde, il resta surtout le souvenir et le fiancé du

(1) A. Bruel, *Recueil des chartes de l'abbaye de Cluny*, t. I, charte CLXXXIX. « Charta qua Ermengerius dat in sponsalitio dotanae sponse suae quasdam res in villa Vitriago et in aliis locis.., Infra istas terminaciones, parcione mea secundum lege mea Gundobada in mergingiva ad integrum tibi dono ad abendum... » (Avril 912.)

dixième siècle ne se doute pas que c'est l'usage seul qui règlemente le *mergingiva* et non le *Liber constitutionum* qu'il invoque sans le connaître (1).

En même temps que son indépendance, la Bourgogne avait perdu sa loi propre : non pas que celle-ci fut officiellement abrogée, mais elle s'évanouit pour ainsi dire, cédant au mouvement général de formation d'un droit commun (2). Qui eût défendu l'œuvre de Gondebaud? L'Eglise seule en était capable, mais elle ne tend qu'à favoriser la loi romaine : *Ecclesia vivit sub lege Romana*. Les rois francs semblent ignorer le *Liber constitutionum*. En 630, Dagobert publie en les corrigeant la loi des Ripuaires, celle des Alamans, celle des Bavarois (3); Charlemagne, en 798, donne une nouvelle édition de la loi salique (4); mais de la loi des Burgondes, il n'est plus question.

La noblesse n'existe pas encore peut-être, mais il y a des grands, les comtes, qui sont des fonctionnaires; par leur richesse, leur pouvoir, ils sont les premiers du pays; ils sont Bourguignons d'origine; mais entraînés déjà par le courant qui les porte à renier leur naissance pour mieux faire leur cour au maître, ils mettent leur orgueil à vivre sous la même loi que lui (5); leur platitude va jusqu'à immoler le dernier grand pouvoir resté entre leurs mains : en 626, Clotaire les assemble à Troyes et leur demande s'ils veulent créer un autre maire du palais à la place de Warnachaire mort récemment, et ils refusent unanimement (6). Ils acclament à l'envi

(1) Stouff, *op. cit*, p 9.
(2) *Ibid.*, p. 308.
(3) Baluze, *Capitularia regum Francorum*, t. I, col. 25 : « Dagoberti regis capitulare triplex : *Lex Ripuariorum*, *Lex Alamannorum*, *Lex Bajuvariorum* (circa annum DCXXX). »
(4) *Ibid.*, col. 281, « Pactus legis salicae, anno 798 ».
(5) Stouff, *ibid.*, p. 15.
(6) *Coll. des Mémoires*, t. II, Chronique de Frédégaire, p. 201.

Dagobert (1), et son voyage en Bourgogne avec tout l'appareil d'un grand justicier est un vrai triomphe. « Venu dans la cité de Langres, dit Frédégaire, il jugea avec tant d'équité tous ses sujets, tant les riches que les pauvres, qu'on ne douta point qu'il fût tout à fait agréable à Dieu. Aucune offre de présents, ni aucune acception de personnes n'avaient lieu auprès de lui, mais la justice seule le conduisait, car ce grand prince l'aimait uniquement. Ayant passé ensuite quelques jours à Dijon et à Saint-Jean-de-Losne, il mit tant de soin à rendre la justice à tout son peuple que, tout occupé de ce pieux dessein, il ne prenait ni aliment ni repos, attentif seulement à ce que nul ne s'éloignât de lui sans avoir obtenu justice (2). » Et la loi Gombette est déjà morte lorsque, beaucoup plus tard, Agobard vient lui donner le coup de grâce : « Abrogez, écrit-il à Louis le Débonnaire, cette loi cruelle qui autorise le duel, rattachez les quelques hommes qui la suivent encore — *cujus legis homines sunt perpauci* — à la loi des Francs ; ils n'en seront qu'anoblis (3). »

En fait, la requête d'Agobard était à peu près sans objet ; il suffit d'ouvrir le *Recueil des chartes de Cluny* pour s'apercevoir de la prépondérance prise par la loi salique (4). Or elle est, au point de vue qui nous occupe, manifestement inférieure à la loi burgonde ; si elle a réalisé des progrès sérieux sur les mœurs de l'antique Germanie, si elle soumet la vengeance à de certaines conditions de publicité, elle l'admet néanmoins (5) : un

(1) *Ibid.*, p. 202.
(2) *Coll. des mémoires*, t. II, Vie de Dagobert, p. 287.
(3) Migne, *Patrologie latine*, t. CIV : « Liber ejusdem (Agobardi episcopi Lugdunensis) ad praefatum imperatorem adversus legem Gundobadi et impia certamina quae per eam geruntur. »
(4) Cf. les chartes de ce recueil citées par M. Ridard dans sa thèse : *Essai sur le douaire dans l'ancienne Bourgogne*, p. 29, note 1.
(5) *Lex salica*, XLI, 4. — *Lex emendata*, LXIX, 1.

décret de Childebert II (1), il est vrai, punit de mort le meurtrier et ne lui laisse pas la ressource de la composition, mais seulement lorsque l'homicide a été *sine causa*, et c'est la porte ouverte à bien des crimes ; c'est à cette même date de 596 seulement qu'on supprime la solidarité familiale et les cérémonies de la *Chrenecruda* ; enfin le même décret avoue l'impuissance du pouvoir public à punir celui qui trouble l'ordre : il se contente de le mettre *extra sermonem regis*, de le livrer à la cruauté du premier venu : *sine lege moriatur*. Combien plus efficaces les dispositions de Gondebaud !

Si l'on ajoute à ces germes de désordre la faiblesse ou plutôt l'absence de gouvernement central, son incertitude, suite nécessaire de continuels partages territoriaux, on s'expliquera facilement les discordes, les violences, les guerres que la pauvreté des documents nous laisse entrevoir ; l'Eglise s'efforce de continuer son ministère de paix, mais en vain ; saint Léger, s'adressant au prince qu'il est chargé d'élever, lui dit : « Point de vengeance, parce qu'il est écrit que le soleil ne se couche point sur votre colère (2) » ; les efforts restent infructueux. Lorsque le saint évêque d'Autun arrive à sa ville épiscopale, il la trouve ensanglantée, déchirée par les factions ; toute la Province lyonnaise est en feu : Clovis II a relevé la mairie de Bourgogne, Flaochat élu cherche tout aussitôt à s'assurer l'irrévocabilité de sa charge, puis il soulève la province contre le patrice Willibald qui périt sous les murs d'Autun. L'anarchie arrive à son comble. « Les gouverneurs des provinces laissés sans frein se livrent à leurs dissensions et à leurs vengeances particulières, chacun

(1) Walter, *Corpus II*, 10, Decretio Childeberti regis, V : « De homicidiis vero ita jussimus observari ut quicumque ausu temerario alium *sine causa* occiderit vitae periculo feriatur et nullo pretio redemptionis se redimat aut componat. »

(2) Dom Pitra, *Vie de saint Léger*, p. 121, 125, 461.

juge, taxe, perçoit les impôts à son gré ; l'injustice provoque la résistance qui amène des violences nouvelles et plus acerbes, c'est partout une guerre de brigandages (1). »

L'arrivée de Dagobert en 628 « inspira une telle crainte soit aux évêques et aux grands du royaume de Bourgogne, soit aux autres ducs, qu'il y fut pour tous un sujet d'admiration ; il causa une vive joie aux pauvres et à tous ceux qui demandaient justice (2) ». Les biens d'Eglise sont à peine respectés : au temps de l'abbé Vulfechranne, l'évêque de Langres, Eronus, est obligé de solliciter du pape une bulle qui mette le cloître de Saint-Bénigne à l'abri des violences (3). Sous le règne de Clotaire, l'abbaye de Bèze, au milieu des furieuses dévastations des guerres civiles, perd jusqu'à ses archives (4). C'est proprement « le temps où la justice fait défaut (5) » ; il n'y a plus de pouvoir public capable de procurer l'ordre matériel, encore moins le respect des conventions particulières ; aussi les parties s'efforcent de les assurer en s'obligeant à payer, au cas d'inexécution, une somme au fisc, et comme il faut encore une sanction à cette clause pénale, qui, par ses termes mêmes, peut être regardée comme une véritable composition pécuniaire civile, on soumet d'avance celui qui s'y

---

(1) Dom Pitra, *op. cit.*, p. 307.

(2) *Collection des mémoires, loc. cit.*

(3) Garnier et Bougaud, *Chronique de l'abbaye de Saint-Bénigne de Dijon*, p. 62. « Tempore predicti Vulfechranni venerande memorie abbatis presidebat Lingonum ecclesie Eronus venerabilis episcopus qui... a summo pontifice Romane ecclesie petiit fieri decretum : in quo continetur... ut nullus audeat vim aliquam inferre in claustro vel in burgo ad hunc locum pertinenti ».

(4) Garnier et Bougaud, *Chronique de l'abbaye de Bèze*, p. 241. « Nam mortuo Amalgario duce, Francis inter se discordantibus et intestino furore inter se dimicantibus et terras suae potestatis bello plusquam civili vastantibus, contigit hoc monasterium rabiem talium perpeti et dampna rerum omnium sustinere, in tantum, ut etiam instrumenta cartarum et donationum... tollerent et in perditionem darent ».

(5) F. de Coulanges, *La justice dans le monde féodal*, in *Revue des Deux-Mondes*, 15 mars 1871, II, D'un temps où la justice fit défaut.

soustraira à tous les châtiments terribles des réprouvés célèbres, Dathan et Abiron, Judas et Caïphe (1); c'est ainsi que l'on remplace tant bien que mal les tribunaux civils quand les parties sont d'humeur pacifique ; mais la justice criminelle a disparu aussi, et c'est encore pis. « Chacun n'a pour se défendre que sa force propre, et ne peut attendre justice que de lui-même... la guerre n'est pas le privilège des seigneurs féodaux, elle est permise à toutes les classes... elle est devenue le seul recours des hommes et a pris dans la société la place que la justice a quittée; on se combat en ce temps-là, comme aujourd'hui on se fait un procès (2). »

Du reste, les adversaires peuvent transiger et ils n'y manquent pas; il n'est pas de formulaire qui ne contienne quelques exemples d'arrangement amiable à la suite d'un homicide. Nous n'avons pas de formules bourguignonnes; nous recourrons donc à Marculfe, parce qu'il est infiniment probable que son recueil fut en usage dans nos pays aussi bien qu'à Tours et à Angers, et aussi parce que nous retrouverons plus tard des actes qui nous rappelleront singulièrement ceux des temps mérovingiens :

« Securitas pro homicidio facto. Domino fratre illo ille. Dum et instigante adversario, quod non debueras, germano nostro illo visus es interfecisse, et ob hoc vitae

(1) Bruel, *Chartes de Cluny*, t. I, p. 10, charte XVIII, mai 845. « Et si quis contra hanc vendicione ista venire, dicere aut aliquid agere tentare voluerit, nec valeat evindicare quod repetit, sed insuper sit tibi culpabilis et impleturus una cum fisco tantum et alium tantum quantum ipsas res eoque tempore melioratas valere potuerent. » — P. 11, charte IX, 863. « Si quis vero, quod futurum minime esse credimus, si ego, aut ullus homo contradicione ista venire praesumpserit, non valeat vindicare quod repetit, sed deferat cui temptat una cum tercio fisco auri uncia una coactus componet. » — T. III, p 782, ch. 2760. « Si quis vero hanc cartam a me libenter factam aliquis persona scindere aut calumpniare praesumpserit, primitus iram Dei omnipotentis et sanctorum apostolorum omniumque sanctorum offensam incurret, sitque pars ejus cum Pilato et Herode et cum Juda traditore Domini et cui litem intulit auri L libras persolvat. »

(2) F. de Coulanges, *loc. cit.*

periculum incurrere potueras, sed intervenientes sacerdotes et magnificis viris, quorum nomina subtus tenentur adnexa, nos ad pacis concordiam ob hoc visi fuerunt revocasse, ita ut pro ipsa causa solidos tantos in pagalia mihi dare deberes, quos et in praesente per wadio tuo visus transolvisse, et nos ipsa causa per festuca contra te visus sum werpisse. Propterea, juxta quod convenit, hanc epistolam securitatis in te nobis conscribere complacuit ut de ipsa morte germano nostro nec a me, nec ab heredibus meis aut suis, nec de judiciaria potestate, nec a quemlibet nullo casu, ne refragatione aliqua aut damnietate amplius habere non pertimescas, sed in omnibus exinde ductus et absolutus appareas. Et si fortasse ego ipse aut aliquis de heredibus meis vel quicunque te ob hoc inquietare voluerit et a me defensatum non fuerit, inferamus tibi cum cogente fisco duplum quod nobis dedisti et quod repetit quis vindicare non valeat, sed praesens epistola securitatis a me facta permaneat, stipulatione subnexa (1). »

Fustel de Coulanges remarque « que ceux qui écrivent ces lettres ne parlent jamais d'un prétendu droit de guerre privée suivant la théorie toute moderne que l'on a construite sur le mot *faida*... qu'il n'est jamais question que de la poursuite judiciaire, que c'est à elle que l'on renonce en recevant la composition (2) »; ceci ne prouve pas que la vengeance n'ait pas existé et qu'on n'y ait pas renoncé par des transactions, mais ce n'est pas bien évidemment dans des formules officielles que l'on verra les parents de la victime renoncer à une pratique que la loi, si débile

(1) Baluze, t. II, *Marculfi formularum liber secundus*, col. 417, XVIII. — Cf. de Rozières, *Recueil général des formules usitées dans l'empire des Francs*, t. I, p. 290, 291, 293, 294, 483, 484 ; t. II, p. 568, 570, 571, 572, 573, 595, et DIII à DXI.

(2) F. de Coulanges, *Histoire des institutions politiques de l'ancienne France*. La monarchie franque, p. 505.

soit-elle, leur interdit. En admettant même, ce qui n'est pas tout à fait certain, que l'on ne transige que sur une action, cela dénote un pouvoir bien faible et bien peu capable de faire régner la paix, puisqu'il abandonne aussi complètement aux particuliers des faits qui intéressent l'ordre public avant tout.

L'on revient donc à grands pas vers l'état que nous a révélé Tacite; mais à ce moment la dynastie mérovingienne disparaît, une main puissante saisit le gouvernement: Pépin commence le grand travail, Charlemagne, qui, tout imbu des traditions romaines, va ressusciter l'empire, étend comme un réseau toute une hiérarchie d'administrateurs sur le pays; des commissaires royaux le parcourent chaque année; toutes les affaires convergent aux ministres du prince (1), c'est le régime de la centralisation la plus complète. Le prince par ses *missi* est partout à la fois, veut tout savoir: il fait de la paix publique sa chose; celui qui la trouble lui fait injure, et il doit être puni (2). Dans nombre de capitulaires apparaît cette préoccupation constante du maintien de l'ordre (3); les comtes sont chargés de l'action publique; ils sont même intéressés à la poursuite; ils gardent pour eux le tiers de l'amende payée par le coupable (4). Il faut enfin que la

---

(1) F. de Coulanges, *Le gouvernement de Charlemagne*, in *Revue des Deux-Mondes*, 1er janvier 1876.

(2) Baluze, t. I, col. 207. Capitulare Bajuvariorum, anno 788, I. « Ut bannum ipsius (regis) quilibet inruperit, componere debeat. »

(3) *Ibid.*, III. « Ut raptum vel vim per collectam hominum et incendia infra patriam nemo facere praesumat. Et qui hoc commiserit, sexaginta solidos in bannum nostrum componat. » — *Ibid.*, col. 209. Capitulare Aquisgranense, LX. « De pace et concordia servanda. » — *Ibid.*, col. 249. Capitulatio de partibus Saxoniae, anno 789, XXIX. « Ut universi comites pacem et concordiam adinvicem habere studeant. » — *Ibid.*, col. 423, anno 805, I. « De pace ut omnes qui per aliqua scelera ei rebelles sunt, constringantur. » — *Ibid.*, col. 501, anno 813, IX. « Ut pax sit et concordia inter episcopos et comites et reliquos clericos et monachos et laicos. »

(4) Baluze, t. I, col. 257. Capitulare de causis regni Italiae, V. « De compositionibus quae ad palatium pertinent si comites ipsas causas com-

guerre disparaisse (1); la composition cependant subsiste, mais elle est obligatoire : le coupable doit l'offrir, la famille ne peut la refuser (2). Enfin, comme il vaut mieux prévenir que punir, on interdit le port des armes aux clercs d'abord, puis à tous (3). Les peines pécuniaires, du reste, ne sont pas les seules, mais on réserve les châtiments corporels aux voleurs : « De latronibus ita praecipimus observandum (ut pro) prima culpa non moriantur, sed oculum perdant; de secunda vero culpa nasus ipsius latronis capuletur; de tertia vero si se non emendaverit moriatur (4). » Les

---

moverint ad requirendum, illam tertiam partem ad eorum recipiant opus. Et si per suam negligentiam remanserint, et missus dominicus ipsas causas coeperit inquirere, tunc volumus ut ipse comes illam tertiam partem non habeat, sed cum integritate ad palatium veniat. »

(1) Baluze, t. I, col. 423, anno 805, V. « Si faidosus quis sit, discutiatur tunc quis e duobus contrarius sit, ut pacati sint; et distringantur ad pacem etiamsi noluerint. Et si aliter pacificari nolunt, adducantur in nostram praesentiam. Et si aliquis post pacificationem alterum occiderit, componat illum, et manum quam perjuravit perdat et insuper bannum dominicum solvat. »

(2) Baluze, t. I, col. 362. Capitula data missis dominicis anno secundo imperii (802), XXXII. « Homicidia pro quibus multitudo perit populi christiani omni contestatione deserere ac vetare mandamus; quia ipse Dominus odia et inimicitias suas fidelibus contradixit, multo magis homicidia... Quapropter ne populus nobis ad regendum commissus hoc malo pereat, hoc omni disciplina devitare praevidimus; quia nos nullo modo placatum vel propitium habebit, qui sibi Deum iratum non formidaverit : sed saevissima districtione vindicare volumus in eum qui malum homicidii ausus fuerit perpetrare. Tamen ne peccatum adcrescat et inimicitia maxima inter christianos non fiat, vel suadente diabolo homicidia contingant, statim reus ad suam emendationem recurrat, totaque celeritate perpetratum malum ad propinquos extincti digna compositione emendet. Et hoc firmiter bannimus ut parentes interfecti nequaquam inimicitiam super commissum malum adaugere audeant, neque pacem fieri petenti denegare, sed data fide paratam compositionem recipere et pacem perpetuam reddere, verum autem nullam moram compositionis facere... » — *Ibid.*, col. 195. Capitulare anni 779, XXII. « De his qui pretium pro faida recipere et justitiam facere nolunt. »

(3) Baluze, t. I, col. 423. Capitulare anni 805, V. « De armis infra patriam non portandis, id est scutis et lanceis et loricis. » — *Ibid.*, col. 447. Capitulum anni 806, I. « Ut nullus ad mallum vel ad placitum infra patriam, id est scutum et lanceam portet. »

(4) *Ibid.*, col. 195. Capitulare anni 779, XXIII.

contemporains eux-mêmes sont choqués de cette anomalie.

Hirsutam capiat si forsan quisque capellam,
Stipite suspensus excruciatus obit.
Si furibundus, atrox, homines percusserit amens.
. . . .
Vile datur pretium tanti pro crimine facti
Aut nummi, aut pecudis,

écrit Théodulf, l'évêque d'Orléans (1). Néanmoins, l'on en reste aux vieux errements et c'est au meurtrier qu'est réservé le moyen d'échapper au supplice par la composition. C'est là, certainement, un point faible de la législation carolingienne ; il est incontestable, cependant, que Charlemagne, grâce à la discipline et à la centralisation qu'il avait introduites dans l'empire, pouvait espérer en avoir fini avec la guerre privée et le droit de vengeance ; et il en est si bien persuadé qu'il restreint le droit d'asile (2). Indirectement, il force le coupable à sortir du lieu saint où il s'est réfugié en interdisant de lui procurer la nourriture (3) ; le réfugié n'échappe pas, du reste, à tout châtiment : on doit le présenter au comte, et celui qui y manque encourt une peine (4). Le comte doit même, s'il en est besoin, exiger que le coupable lui soit remis ; il fera, à cet effet, trois sommations à l'évêque ou à l'abbé dans la juridiction duquel le délinquant a trouvé

(1) *De comparatione legis antiquae et modernae*, v. 47 et suiv. Cf. G. Monod, *Les mœurs judiciaires au huitième siècle*, d'après la *Paraenesis ad judices*, de Théodulf, *Revue historique*, XXXV, I, p. 1.

(2) Cf. C de Beaurepaire, *Essai sur l'asile religieux dans l'empire romain et la monarchie franque*, *loc. cit.*

(3) Baluze, t. I, col. 195. Capitulare anni 779, VIII. « Ut homicidae et ceteri rei qui legibus mori debent, si ad Ecclesiam confugerint, non excusentur, neque eis ibidem victus detur. »

(4) *Ibid.*, IX. « Ut latrones de infra emunitatem illi judices ad comitum placita praesentent. Et qui hoc non fecerit beneficium et honorem perdat. Et qui beneficium non habuerit, bannum solvat. Similiter et vassus noster si hoc non adimpleverit, beneficium et honorem perdat. »

asile ; si elles restent sans effet, il passera outre, s'emparera du délinquant par la force, et celui qui a refusé de le lui remettre encourt une amende ; mais si c'est dans les dépendances mêmes de l'église, et non plus seulement dans « l'immunité » que l'individu poursuivi a pénétré, on ne peut l'en arracher par la force, mais il devra, néanmoins, être soumis au jugement public (1). Le tribunal qui statuera sur son fait ne pourra prononcer ni la mort ni la mutilation : « Propter honorem Dei sanctorumque ecclesiae ipsius reverentiam, concedatur ei vita et omnia membra » ; mais il paiera une amende et sera banni : « Emendet autem causam in quantum potuerit et ei fuerit judicatum ; et sic ducatur ad praesentiam Domini regis et ipse eum mittat ubi clementiae ipsius placuerit (2). »

C'étaient là de sages dispositions qui conciliaient le respect dû aux choses saintes et l'intérêt public en empêchant l'asile de profiter sans distinction à l'individu qui a besoin de protection et au malfaiteur vulgaire ; mais il fallait, pour empêcher l'abus, la toute-puissante vigilance du grand empereur. Les mœurs restent ce qu'elles étaient : on redoute la justice des *missi dominici*, mais il est facile

---

(1) *Ibid.*, col. 383, anno 803. Capitula addita ad legem salicam, II. « Si homo furtum aut homicidium fecerit, vel quodlibet crimen foras committens infra immunitatem fugerit, mandet comes vel episcopo, vel abbati, vel vicedomino, vel cuicunque locum episcopi aut abbatis tenuerit ut reddat ei reum. Si illum contradixerit et eum reddere noluerit, in prima contradictione quindecim solidis culpabilis judicetur. Si ad secundam inquisitionem eum reddere noluerit, triginta solidis culpabilis judicetur. Si nec ad tertiam inquisitionem consentire voluerit, quicquid reus damnum fecerit, totum ille qui eum infra immunitatem retinet, nec reddere vult, solvere cogatur Et ipse comes veniens licentiam habeat ipsum hominem infra immunitatem quaerendi, ubicumque eum invenire potuerit. » — III. « De confugio ad ecclesiam. Si quis ad ecclesiam confugium fecerit, intra ipsius atria ecclesiae pacem habeat nec sit ei necesse ecclesiam ingredi et nullus eum inde per vim abstrahere praesumat ; sed liceat ei confiteri quod fecit et inde per manus bonorum hominum ad discussionem in publicum producatur. »

(2) *Ibid.*, col. 251. Capitulatio de partibus Saxoniae, anno 789.

de lui échapper, car la cupidité s'en mêlant, on préfère n'y point recourir : « Taisez-vous jusqu'à ce que les envoyés soient partis, disait-on, ensuite nous ferons justice entre nous (1). » Les *missi* eux-mêmes quelquefois n'étaient pas très fidèles à leur devoir, malgré les injonctions continuelles. L'empire revit, mais les traditions impériales n'existent plus guère de façon précise que dans l'esprit de Charlemagne lui-même ; il réussit à enrayer un instant le mouvement de retour à la barbarie primitive, mais son œuvre ne lui survit pas ; ses descendants n'ont pas son génie, sa force, ni son prestige, et quelques années après lui, les misères recommencent : « Propter cognitas vobis necessitates et nimias perturbationes quae in regno isto convenerunt », ainsi débute un capitulaire de 857 ; par les crimes qu'il essaie de réprimer, on juge de l'état du pays : « De his vero qui intra patriam residentes, rapinas exercent, domos infringunt, homines sine causa occidunt, trustes commovent aut alios damnant et opprimant, prata defensoria depascant, fruges aliorum devastant... » Les désordres se multiplient tellement que les pénalités humaines ne suffisent plus à les réprimer : « Ut unusquisque presbyter inbreviet in sua parochia omnes malefactores, videlicet raptores, rapaces, adulteros, incestos, homicidas, latrones et eos extra ecclesiam faciat, nisi poenitentiam agere voluerint (2)... » Les capitulaires s'échelonnent ainsi, prouvant par leur fréquence même leur inefficacité ; l'assemblée de Mersen a consacré l'organisation féodale en même temps que la déchéance du pouvoir central (3). En 862, l'assemblée de

---

(1) B. Zeller, *L'histoire de France racontée par les contemporains : Charlemagne et ses successeurs*, p. 120.

(2) Baluze, t. II, c. 95. Capitulare anni 857. Princip. c. III et VIII.

(3) *Ibid.*, t. II, c. 44. « Volumus ut unusquisque liber homo in nostro regno seniorem qualem voluerit in nobis et in nostris fidelibus accipiat », anno 847.

Pistes autorise la construction de châteaux destinés à protéger le pays contre les Normands, leur destruction est ordonnée deux ans après, mais qui obéit ? C'est l'époque des luttes épiques, quasi légendaires de Girart de Rossillon contre Charles le Chauve ; le vassal sans doute capitule en 870, mais qu'importe ? il a tenu l'empereur en échec, la poésie de vaincu qu'il est, le fera vainqueur et, grâce à lui, la féodalité qu'il incarne « comprend qu'elle a ébréché pour longtemps l'épée de Charlemagne (1) ». Le désordre est partout : en 878, le pape Jean VIII vient consacrer l'église de l'abbaye de Pouthières ; à Chalon, on lui vole plusieurs de ses chevaux ; à Flavigny, les gens qui le servent lui dérobent une écuelle d'argent (2) ; en 840, les moines de Saint-Bénigne perdent une grande partie de leurs biens (3) ; en 893, dit l'auteur de la Chronique, des maux innombrables sévissent de toutes parts (4), ce qu'il admire en Raoul, c'est sa sévérité à à châtier les malfaiteurs autant que le soin qu'il apporte à repousser les pirates normands (5) ; en 991, l'église de Cessey est pillée et détruite (6). La vie de Garnier, prévôt de l'abbaye de Saint-Etienne, nous fait connaître enfin un

---

(1) Mignard, *Histoire des premiers temps féodaux* à la suite de *Le Roman en vers de très excellent, puissant et noble homme Girart de Rossillon jadis duc de Bourgogne.*

(2) Mille, t. II, anno 878, p. 296.

(3) Garnier et Bougaud, *Chronique de l'abbaye de Saint-Bénigne de Dijon*, p. 93. « Unde factum est ut locus iste grave dispendium pateretur possessionum, que usque tunc temporis habuisse visus est, id est Masciacum in pago Lingonico, Posciacum et fontem Lagnis in pago Latiscensi, Visernacum in pago Tarnodorensi, Vulnonem in pago Senonico, amisit. »

(4) *Ibid.*, p. 115. « Exorta discordia inter Carolum et regni principes, lites et bella, rapine et incendia, innumera undique seviunt mala. »

(5) *Ibid.*, p. 123. « Qui (Rodulfus) adeptus regni solium et in malefactoribus fuit ultor severus et in coercendis hostibus ac tuendo regno sagacissimus. »

(6) *Ibid.*, p. 134. « Reddidit igitur sancto Benigno... ecclesiam in Saciaco sitam... sicuti eam possederat ab antiquis temporibus. Sed postea multis vicibus distracta et direpta a malignis hominibus. »

épisode bien significatif : « Idem itaque Robertus monarchiam regni solus obtinens, cum audisset in partibus istis quosdam existere qui circumquaque res alienas violenter rapientes, ut liberius impuneque retinerent, firmitates et castella nova sibi construxerant, cum copioso, ut regem decebat, exercitu, Miribellum (Mirebeau) ad expugnandum et diruendum advenit. Erat enim illud una ex mansionibus raptorum, quod et Deo favente, in brevi effecit (1). »

Ainsi, l'anarchie est complète ; les invasions sarrasines ont un moment éveillé le sentiment national, ont fait sentir la nécessité de l'union devant le péril commun ; une fois le danger passé, les guerres intestines ont recommencé, les efforts de Charlemagne ont été vains, son rêve de paix s'est évanoui. Malgré les *missi dominici* qui sillonnent le pays, malgré la centralisation très effective, les guerres se multiplient, c'est le « droit du poing », le *Faustrecht*, qui domine, et la composition arbitraire et privée regagne le terrain que la législation burgonde lui avait fait perdre ; le meurtrier rachète la vengeance comme au temps de Tacite : *Luitur etiam homicidium.*

---

(1) Archives du département de la Côte-d'Or, G. 125, fol. 60.

CHAPITRE IV

Du dixième au quatorzième siècle.

Guerres, violences et brigandages. — Réaction : extension du droit d'asile, la paix de Dieu et la trêve de Dieu. — Le mouvement communal. — Organisation de la justice d'après les chartes de communes. — Fixation du taux des amendes dues au seigneur et des sommes dues à la victime de chaque délit. — Impuissance de la notion d'action publique à se faire jour : interdiction au seigneur de poursuivre sans claim. — Caractère exceptionnel de la poursuite d'office. — La composition devient un moyen d'échapper aux chances du procès. — Reconnaissance officielle de ce nouveau rôle. — La réconciliation des parties, but du tribunal criminel. — Les règles de la composition. — L'Etat commence à la fin du treizième siècle à la battre en brèche.

L'on s'est peut-être exagéré les terreurs suscitées par l'approche de l'an mille (1); les circonstances cependant étaient bien propres à faire croire imminente la venue de l'antechrist: les calamités se succèdent sans relâche; après les Sarrasins, les Normands, puis les Hongrois s'abattent sur le pays ; les prodiges terrifiant se multiplient : une baleine se montre sur les côtes de France, le Vésuve lance à trois mille pas sa lave enflammée, il pleut des pierres, les comètes sillonnent le ciel, la terre reste

(1) Jules Roy, *L'an Mille.*

stérile, des maladies mystérieuses déciment les populations affolées, le désordre enfin règne dans les mœurs comme dans la nature; l'avarice envahit les cœurs, les guerres sont continuelles et les crimes atroces (1).

Tel est le tableau que présente de son époque le désolé Raoul Glaber, et c'est après lui ce que l'on rencontre à chaque page de l'histoire de Bourgogne. Il n'est pas rare de voir deux monastères voisins en venir aux violences : c'est le cas de Saint-Pierre de Bèze et de l'abbaye de Saint-Léger (2) ; dans le *pagus senonicus,* le bourg d'Aillant est en proie aux luttes de deux factions rivales; pendant trente ans, se succèdent les rencontres; un certain jour, onze combattants restent sur le terrain (3). Quant aux seigneurs, tout moyen leur est bon d'agrandir leur domaine et la guerre est le plus fréquemment employé. Du temps où toutes les villes avaient des juges et des lois, il ne reste que le souvenir lointain, presque fabuleux comme d'un âge d'or: la violence règne, elle est souveraine et la cupidité seule la contraint à fléchir quelquefois, car « un poignard d'or brise un mur de fer (4) ».

De l'excès du mal devait naître une réaction.

Elle se manifeste, tout d'abord, par le développement considérable que prend le droit d'asile ; Charlemagne l'avait amoindri, mais on s'aperçut bientôt qu'il était plus

(1) Rod. Glabri, *Historiarum libri quinque*, lib. II, cap. II, VI, VII, VIII, IX, X; Lib. III, cap. III; Lib. IV, cap. IV, 10-11. — Cf. Guigon, *La succession des bâtards dans l'ancienne Bourgogne*, thèse, Dijon, 1905, p. 41 et suiv.

(2) *Analecta Divionensia*, chronique de l'abbaye de Saint-Pierre de Bèze, p. 292. « Est ecclesia non multum distans ab hoc Besuensi loco in honore sancti Leodeogarii dedicata... Cujus loci monachi non minimas injurias et importunitates huic loco inferebant, terras nostras occupantes... quacumque poterant de nostris rebus locum suum ampliabant. »

(3) Raoul Glaber, *op. cit.*, lib. II, cap. X.

(4) Raoul Glaber, *op. cit.*, lib. IV, cap. I. « Quid non pertentat cecus amor habendi? Estque proverbium : « Aureo pugillo murum frangere ferreum. »

que jamais indispensable; aussi, à Dijon, un bon tiers du *castrum* antique est lieu de franchise; le cimetière, que son caractère religieux rend inviolable, devient énorme, démesuré; il entoure la plus grande partie de la ville de son anneau protecteur, les croix des chemins, elles-mêmes, sont proclamées un abri contre les violences. Quelques siècles plus tard, on s'apercevra des inconvénients de ces multiples refuges ouverts aux malfaiteurs, mais au moment où on les établit, on ne voit que leurs avantages et la sécurité qu'ils offrent: aussi l'on s'y précipite; c'est sur le cimetière que se tient le marché, on bâtit même des maisons dans son enceinte, c'est là qu'on rend la justice (1).

Mais l'asile ne suffit pas. Mieux vaut arriver à un état plus parfait, qui le rendra inutile. Au milieu des ruines, l'Eglise seule reste debout, édifice dont toutes les pierres ne sont pas d'uniforme beauté, mais imposant par sa cohésion traditionnelle et hiérarchique; le clergé est le seul corps social qui ne soit point désagrégé; c'est dans les monastères que se sont réfugiés les arts et les lettres et c'est là aussi, seulement, que l'on conserve avec un peu de pitié des grands maux dont souffre le petit peuple, la conception de l'ordre et de la paix publique; le clergé s'efforce de l'appliquer sur ses domaines; aussi l'on se voue à l'Eglise, corps et biens, pour avoir droit à sa sauvegarde: donnant, donnant; il faut donc que l'Eglise protectrice des faibles et victime elle-même des déprédations laïques, agissant à la fois conformément à sa mission et suivant son intérêt propre, seule capable de tenter une telle œuvre, intervienne pour imposer la paix en la présentant comme voulue de Dieu lui-même.

Le mouvement part de l'Aquitaine, gagne le pays

(1) E. Champeaux, *Les cimetières et les marchés du vieux Dijon*, p. 10, 28, 30, 35, 59.

d'Arles, puis la Bourgogne ; des conciles se réunissent, tous y courent pauvres et riches, clercs et laïcs, jaloux d'entendre ceux qui annoncent la fin de ces violences dont tout le monde est las ; c'est comme une voix venue du ciel que, tremblants encore des souvenirs de tous les désastres passés, les hommes croient entendre et voici ce qu'elle ordonne : on ne portera plus d'armes avec soi, car elles seront désormais sans utilité ; celui qui attentera aux biens d'autrui sera châtié sévèrement. Si quelqu'un enfreint les lois relatives au maintien de la paix, les portes de l'église ne s'ouvriront point pour lui donner asile, alors qu'aucun autre coupable n'y frappe en vain ; le clerc sera un vivant refuge pour celui qui voyage avec lui et sa présence seule mettra à l'abri des violences ceux qu'il accompagne (1).

D'enthousiasme, à Verdun, la Bourgogne jure le *pactum pacis*. En voici la teneur (2) : « Audite Christiani

(1) Raoul Glaber, *Hist.*, lib. IV, cap. v. « Tunc ergo primitus cepere in Aquitanie partibus ab episcopis et abbatibus ceterisque viris sacre religionis devotis, ex universa plebe coadunari conciliorum conventus... Dehinc per Arelatensem provintiam ac Lugdunensem, sicque per universam Burgundiam usque in ultimas Francie partes per universos episcopatus indictum est, qualiter certis in locis a presulibus magnatisque totius patrie de reformanda pace et sacre fidei institutione celebrarentur concilia. Quod etiam tota multitudo universe plebis audiens, letanter adiere maximi, mediocres ac minimi, parati cuncti obedire quicquid preceptum fuisset a pastoribus ecclesie ; non minus videlicet quam si vox emissa de celo hominibus in terra loqueretur. Terrebat enim universos clades preteriti temporis... » 15. « In quibus potissimum erat de inviolabili pace conservanda ut scilicet viri utriusque conditionis, cujuscumque antea fuissent rei obnoxii, absque formidine procederent armis vacui. Predo namque aut invasor alterius facultatis, legum districtione astatus, vel donis facultatum, seu penis corporis acerrime mulctaretur. Locis nichilominus sacris omnium ecclesiarum honor et reverentia talis exiberetur ut, si quis ad ea cujuscumque culpe obnoxius confugium faceret, inlesus evaderet, nisi solummodo ille qui pactum predicte pacis violasset ; hic tamen captus ab altare prestatutam vindictam lueret. Clericis similiter omnibus monachis et sancti monialibus, ut, si quis cum eis per regionem pergeret, nullam vim ab aliquo pateretur. »

(2) Nous reproduisons ce document d'après l'ouvrage du P. Chifflet : *Lettre touchant Béatrix, comtesse de Chalon, etc.*, Dijon, Chavance, 1656,

convenientiam pacis. Ecclesiam nullo modo infringam. Atria ecclesiæ non infringam, nisi propter ipsum malefactorem qui hanc pacem infregerit; et si ipsa atria infregero, nihil inde traham nisi malefactorem aut eius guarnimentum, me sciente. Clericum et monachum arma saecularia non portantes non assaliam : nec ambulantes cum eis sine armis, nec res eorum rapiam ; nisi talis praesentialiter eorum culpa fuerit ut rectam rationem habeam faciendi, et si culpa eorum praesentialis fuerit, non plus inde prendam, nisi caput forfacti et legem si convenit. Praedam non faciam de bove, de vacca, de porco, de vervece, de agno, de capra, de asino et asina et fasce quem portant ; de auca, de gallo et gallina, nisi pro accipitribus : et si propter eos accepero, emam illam duos denarios ; de equa disferrata et pullo eius indomito. Villanum et villanam, vel servientes aut mercatores non prendam, nec denarios eorum tollam, nec redimere eos faciam, nec suum habere eis tollam aut perdam, nec flagellabo eos. Mulum aut mulam, aut caballum aut equam, seu aliquam bestiam quae in pascuis fuerit, aut in eundo vel redeundo, vel in locis in quibus fuerint, nisi eos in meo damno invenero, non tollam ulli homini, et si invenero non occidam eos nec confundam : et si infra spatium octo dierum mihi emendare voluerit damnum quod mihi fecerit et legem si convenit, reddam ei. Mansiones non incendam, nec destruam, nisi inimicum meum caballarium cum armis intus invenero aut latronem ; et nisi castello junctæ fuerint quod in nomine castelli consistit. Vineas alterius non truncabo neque flagellabo, neque eradicabo, neque vindemiabo, nisi in illa terra quae mea

---

p. 187. C'est le seul auteur, croyons-nous, qui l'ait édité. On en trouvera une traduction partielle dans l'ouvrage de M. Petit (de Vausse), *Histoire des ducs de Bourgogne de la race capétienne*, t. I, p. 129. Le P. Chifflet lui donne comme rubrique : « Fragmentum concilii Verdunensis ad amnium Dubis et Araris confluentes. De pace Burgundiae et de prescriptione legum militiae praesertim equestris. Ex codice diuionensi pervetusto. »

est aut mea debet esse in dominio me sciente. Illos autem qui vinum aut annonas cum carro vel curribus, vel navibus, aut aliquam substantiam duxerint non assaliam nec quicquam eis tollam. Molendinum non destruam nec annonam quae in eo fuerit rapiam, nisi in hoste fuero et quasi in mea dominicata terra fuerit. Latronem publicum et renominatum non conducam illum, nec conscientiam, nec eius latrocinium, me sciente : et illum hominem qui istam pacem infregerit se sciente, et ad meum conductum venerit aut fuerit, non conducam illum postquam scivero : et si nesciens infregerit aut emendabo pro illo, aut emendare faciam infra spatium quindecim dierum postquam ad rationem missus fuerit. Caballarium ad carucam non assaliam, neque occidam... non effugiam... judicabit, aut illi homines quibus praeceperit et juste... am in civitati Lingonum aut in burgis, in hostadio habuero, liberque fuero, infra XV dies in hostadio me conducam : et de ipso hostadio cui ipse praeceperit nomine absolutionis nisi ipse propter aliam rem me detineret. In hoc breve scriptum... adtendam ego quamdiu vixero.

» (Hic deest unum saltem folium in codice antiquo : sequitur deinde finis actorum huius synodi, ut infra) :

» ...Sive de franchisiis, seu de comandis me sciente ; excepto per bastimentum et obsidionem castelli, et per hostem Regis, atque archiepiscopi Lugdunensis et Episcoporum quorum episcopatus supra descripsimus ; et Comitum, excepta cavalcata militum. Ita tamen ut in illis solum conductum accipiant. Et nihil mecum ad domum meam portabo, exceptis ferris in pedibus caballorum. Et salvamenta ecclesiae in supradictis hostibus non infringam, nisi mihi mercatum aut conductum victus vetaverint. A capite jejunii usque clausum Pascha, caballarium non portantem arma saecularia non assaliam, nec substantiam quam secum duxerit per exsortium tollam. Illos autem obsides qui propter hanc pacem firmandam missi fuerint, dum in captione loco obsidum venerint, non eos assaliam in eundo vel redeundo. Haec omnia supradicta adtendam usque ad praesentem festivitatem sancti Johannis Baptistae et ab illa usque in septem annis. Si Deus me adiuvet et isti sancto.

» EXCOMMUNICATIO. — Burchardus Lugdunensis Ecclesiae Archiepiscopus hoc pacis foedus in Concilio Verdunensi constituit, residentibus ejus episcopis; scilicet Walterio achiepiscopo Vesontionensi, Elmuino episcopo Eduensi, Lamberto episcopo Lingonensi, Gosleno Matiscenci, Gausfredo Cabilonensi, Hugone praesule Autissiodorensi, Beraldo Suessionensi. Qui simul omnes excommunicaverunt, ut qui hanc pacem ab hodiernodie non tenuerit et usque Beati Petri festivitatem non juraverit (exceptis his qui jam juraverunt) ecclesiam non intret cum Christianis, nec societatem habeat. Corpus et sanguinem Domini non recipiat, usquequo hanc pacem juret. Hoc sacramentum non praecipimus ut jurent nisi qui caballarii sunt et arma saecularia portant. Interfuit autem huic Concilio Udulricus in re honorabilis sacerdos, in spe Episcopus venerabilis. »

Rien n'avait manqué de ce qui peut assurer la parole des hommes et pourtant rien ne change : en cette même année 1033 (1), à laquelle on rapporte le concile de Verdun, on vit, au dire de Raoul Glaber, régner par tout l'univers, dans les églises comme dans le siècle, le mépris de la justice et des lois... plus de sûreté parmi les hommes et, selon la parole du prophète, l'on entassa les meurtres. Le vice fut bientôt en honneur dans toutes les classes, tandis que tombaient dans l'oubli les rigueurs salutaires d'une inflexible sévérité (2).

---

(1) E. Petit (de Vausse), *op. cit.*, t. I, p. 129. Certains historiens l'estiment bien antérieur *(ibid.)*

(2) R. Glaber, *op. cit.*, lib. IV, cap. IX, § 25. « Nec non et alia passim in orbe, cum in ecclesiasticis, tum etiam in rebus secularibus, multa

Ainsi les solennels serments de Verdun n'ont été qu'une vaine cérémonie : en 1034, l'abbaye de Bèze entre en lutte avec Hugues, évêque de Langres ; le prélat, après avoir destitué l'abbé Ulgerius, le remplace par Halinard, abbé de Saint-Bénigne ; celui-ci se rend à Saint-Pierre accompagné de ses moines, se saisit d'Ulgerius et l'emmène à Dijon avec plusieurs religieux ; puis il fait saccager l'abbaye, s'empare des ornements, des livres, du trésor. Mais Ulgerius s'échappe, parvient au château de Beaumont et réussit enfin à rentrer les armes à la main dans son monastère d'où il chasse Halinard (1) ; à Semur, c'est avec le seigneur de l'endroit que les religieux sont en hostilité (2). Vers le même temps, la Chronique de Bèze cite un certain Erembert, de naissance noble, que les chevauchées ont ruiné (3).

---

contra jus fasque patrata contigerunt... Et ut evidentius foret quod peccata terre celos pulsarent, sicut propheta clamat, propter creberrimas populi iniquitates : « Sanguis, inguit, sanguinem tetigit... » Exinde procedebant rapine et incestus, litigia cecarum cupiditatum, furta et adulteria inmanissima... » La date de ces faits est donnée au § 24 : « Anno igitur eodem, die dominice passionis, millesimo... » Cf. *Collection des mémoires relatifs à l'histoire de France*, par MM. Guizot. Raoul Glaber, p. 324.

(1) *Chronique de l'abbaye de Saint-Pierre de Bèze, loc. cit.*, p. 317. « Quapropter cum huic loco (Bèze) multas importunitates inferret (Hugo) et exactiones insolitas et domnus Ulgerius abbas nullomodo ei vellet adsentire, ipse Halinardum divionensem abbatem, huic loco constituit abbatem. Qui veniens cum suis monachis, per violentiam Hugonis episcopi domnum Ulgerium abbatem nostrum, cum quibusdam ex nostris monachis captos Divionem duxit ; suos autem monachos hic dimittens, non ad conservandum et aedificandum, sed ad destruendum et diripiendum quae intus erant, locum istum eis contradidit... Factum est autem dum domnus Ulgerius abbas ita Divioni haberetur, monachi illius qui ex hoc loco dispersi fuerant, notificaverunt ei, quatinus ad exeundum de monasterio se praepararet. Illi vero ei mittentes equos cum quibus aufugeret competenti loco collocaverunt. Quo comperto ipse de monasterio exiens, equos ascendit, cursuque perpete castrum illud, quod juxta nos est, Bellimontem dictum, expetiit. Unde ipse cum suis monachis, Divionenses, qui male locum istum invaserant, expugnans, vellent nollent, ad propria redire coegit. »

(2) E. Petit (de Vausse), *op. cit.*, t. I, p. 137.

(3) *Chronique de Bèze, loc. cit.*, p. 327. « Hic enim Ærembertus nobili ortus erat prosapia, secundum saeculi dignitatem, sed propter intestina bella,

Le concile de Verdun n'avait pas complètement interdit les guerres privées (1); c'était trop exiger cependant que de les vouloir même restreindre de façon sérieuse : on se contentera donc, puisque la paix complète ne peut être obtenue, d'établir des intervalles de trêve (2); on fera sa part à la guerre en lui réservant les trois premiers jours de la semaine; mais du mercredi soir jusqu'au matin du lundi suivant, il n'est permis à personne de commettre aucune violence; il est interdit alors de satisfaire quelque vengeance particulière ou même d'exiger caution. On redouble de sévérité pour celui qui enfreindra ces règles; il y va de la vie pour lui ou tout au moins, c'est l'excommunication qui l'attend (3).

La sanction est redoutable, les châtiments du ciel s'y ajoutent quelquefois (4), et cependant les mœurs ne s'adoucissent point : la tragique histoire de Dalmace de Semur, assassiné par son gendre le duc Robert, en est une

---

quae inter falsos christianos geruntur, pene ad neichilum redactus erat, ita ut beneficium, unde agimus vendere vellet. » L'acte où nous relevons ces lignes porte la date de 1043.

(1) Cf. plus haut : « Mansiones non incendam nec destruam nisi inimicum meum caballarium cum armis intus invenero... et nisi castello junctae fuerint quod in nomine castelli consistit... A capite jejunii usque clausum Pascha, caballarium, non portantem arma saecularia non assaliam. »

(2) Mansi, t. XIX, col. 552. Notae Gabr. Cossartii S. J. « Eam autem, de qua constituenda hic agitur minus caute nonnulli cum treuga Domini confundunt. Plenam perfectamque pacem his in conciliis fundare cogitabant episcopi : sed cum hoc non processisset, conati sunt, post annos decem saltem inducias obtinere, certis praescriptis in hebdomade diebus, quibus ab inferenda cuiquam injuria prorsus abstineretur. Et placuit universis, inquit Glaber, lib. V, cap. I, in gestis anni 1041, ut treuga Domini vocaretur. » — *Ibid.*, col. 591. « Concilia in diversis Galliarum locis pro instituenda treuga et pace anno Christi MXLI. Pacem et justitiam inter privatos statuere multis ante conciliis cum frustra tentassent episcopi, treugam tandem, hoc est aliquot dierum inducias statis temporibus recurrentes instituerunt. Quod hoc demum anno factum narrat Glaber, lib. V, cap. I.

(3) R. Glaber, *op. cit.*, lib. V, cap. I.

(4) *Ibid.*

preuve suffisante; elle montre bien en même temps jusqu'à quelles exagérations, édifiantes par un certain côté, mais cependant dangereuses, était poussé le respect du droit d'asile: deux soldats du duc ayant tué Joceran, le plus jeune fils de Dalmace, se réfugièrent à Cluny; l'abbé Hugues était frère de leur victime; il les accueillit néanmoins et « les protégea contre les vengeances de sa famille (1) ».

L'Eglise cependant ne se décourage pas: jusqu'au douzième siècle ses tentatives d'établissement de la paix se renouvellent en Bourgogne comme ailleurs; en 1060, les évêques de la région s'assemblent à Autun, y appellent le duc Robert, lui reprochent ses crimes et, grâce à saint Hugues, obtiennent qu'en présence d'une grande foule de peuple, il accorde la paix à l'Eglise (2). En 1113, une nouvelle réunion a lieu à Autun encore, sur l'initiative de l'évêque Etienne, pour établir la paix, mais dans son diocèse seulement; on convint même qu'un congrès aurait lieu tous les ans, mais on ne sait si ce programme fut jamais mis à exécution (3). L'année 1116 semble avoir vu

(1) E. Petit, *op. cit.*, t. I, p. 167. — H. Pignot, *Histoire de l'ordre de Cluny depuis la fondation de l'abbaye jusqu'à la mort de Pierre le Vénérable*, t. II, p. 29. — L'asile si libéralement offert par l'église n'était pas toujours respecté : « Omnium cognitioni clarum esse volumus quod Pontius de Besoeta pro violentia, quam irrogavit asylis sancti Petri, adyta violando, quando quendam Harduinum inde abstraxit, dederit ipsi sancto unum mansum amplissimum cum appendiciis suis in Luco... » (*Chron. de Saint-Pierre de Bèze, loc. cit.*, p. 365.)

(2) Mansi, t. XIX, col. 1039 : « Dux Burgundiae Rotbertus Haganonem Eduorum episcopum nimia infestatione gravabat variisque praedonum incursibus passim Burgundia laborabat. Ea propter episcopi Gaufredus Lugdunensis, Hugo Bisontinensis, Accardus Cabilonensis et Drogo Matiscensis Eduam convenerunt, magnique patrem consilii praedictum Hugonem Cluniacensem abbatem venire rogaverunt... Adveniens ipse dux, immo tyrannus, Eduam intravit. . tantam mox predicatio sancti (Hugonis) efficaciam habuit ut eo jubente, dux ipse sui mortem filii interfectoribus condonaret et ecclesia pacem reciperet. »

(3) Dom Plancher, *Histoire de Bourgogne*, t. I, Preuves, n° XLIX, anno 1113, Archives de l'église d'Autun. « Stephanus Dei gracia Eduensis

la dernière assemblée de ce genre : elle eut lieu en plein air aux environs de Til-Châtel et fut présidée par Guy, archevêque de Vienne, légat du Saint-Siège ; tous les abbés et chefs des églises de la province y furent convoqués ; les nobles et le peuple y accoururent en foule ; on avait dressé des tentes, et sous la plus grande d'entre elles furent déposées les châsses de plusieurs saints : ce fut le Plait de Dieu. « Le christianisme, dit le légat, a aboli le précepte de la loi mosaïque : œil pour œil, dent pour dent. La gloire du chrétien était jadis, lorsqu'on l'avait frappé, de s'offrir à de nouveaux coups sans recourir à la peine du talion ; mais maintenant, les chrétiens persécutent leurs frères, ils déchirent comme des vipères l'Eglise, leur mère. Soldats non du Christ, mais du diable, ils pillent les couvents, dispersent leurs dépouilles, dilapident les biens des pauvres et se précipitent ainsi aux abîmes de l'enfer (1). »

Encore une fois on jura la paix, mais comme ceux qui

---

episcopus post electionem suam Hugonem ducem et Willelmum comitem Nivernensem de constituenda et tenenda pace curiosus convenit et ut pax per totum episcopatum suum statueretur et teneretur, cum illis firmande pacis diem constituit. Statuta die Episcopus, Dux et Comes et alii quam plurimi amatores justitie Eduam convenerunt ; pacem quam Dux monachus antea statuerat, sacramentis firmaverunt et si quandoque frangeretur, ut in festo sancti Nazarii ad restituendam pacem annis singulis Eduam convenirent, statuerunt. »

(1) Labbé, *Sacrosancta Concilia,* t. X, col. 811, et Mansi, t. XXI, col. 157. « Huic vero placito Dei (sic quippe vulgari dicitur consuetudine) praestitus fuerat locus a Besuano distans burga ter quaternis fere stadiis, juxta villulam scilicet, quam Lucum nuncupavit antiquitas... Facto conventu praesidentibus venerabilibus viris Guidone scilicet archipraesule Viennensi et praefato Jocceranno, imperato silentio, surgens praedictus Archipontifex : Jamdudum, ait, dilectissimi, satis compertum fuerat ab initio Christianismi Mosaïcum illud obsolevisse praeceptum : Oculum pro oculo et dentem pro dente ; cum Christicolis magis gloriosum esset non solum non rependere talionem, verum etiam percutienti maxillam praebere et alteram, et auferenti tunicam dimittere et pallium, nunc vero diverso nimium more Christiani non patiuntur, sed inferunt fratribus mala. Proh pudor ! ecce sui ecclesiam persequuntur et quam tueri proprio cruore ab exortibus sacrae fidei debuerant, miserabiliter invadunt et affligant. Lacerant plane filii matrem vipereo more quam praeducem ad syderea

l'avaient précédé, ce serment reste stérile ; tout aussitôt après, les guerres et les brigandages recommencent (1).

Cependant les efforts de l'Eglise vers un idéal qu'elle ne put atteindre ne laissèrent pas de porter quelques fruits; c'était déjà beaucoup d'avoir formulé ce que tous sentaient de façon confuse : le besoin de sécurité; grâce à elle, on reconnut aux bourgeois et aux serfs le droit de se réunir, de s'associer pour assurer la tranquillité commune. Les évêques, plus particulièrement garants de la paix, organisèrent à cet effet des communes diocésaines, sorte de confédération des gens de toute condition liés par un serment et à laquelle ils recouraient contre tout infracteur de la paix publique ; ils mirent même sur pied des milices prêtes à courir où besoin serait pour rétablir l'ordre ; c'est ainsi que l'on voit des *milites divionenses* chasser les religieux de Saint-Seine du village d'Ahuy qu'ils avaient envahi sans droit, et en rendre la disposition à l'abbaye de Saint-Etienne (2). Et l'on peut vraiment dire

---

deberent comitari palatia. Ecce, inquam, milites non Christi, sed diaboli, religiosorum incursant conventicula, diripiunt spolia, auferunt cibaria, totosque pauperis pro Deo conversationis violenter extorquent sumptus... haec non ad coeleste cui suspiramus regnum, sed ad tartaream quam devitamus, pertinent... His aliisque patratis virtutibus .., jurata pace ad imperium praesulum finitur placitum. »

(1) E. Petit, *op. cit.*, t. I, p. 318, anno 1117. Guerre entre les sires de Frolois et Gui, seigneur de Mont-Saint-Jean. — T. II, p. 14, anno 1133. Lutte à main armée entre l'abbaye Saint-Etienne de Dijon et les religieux de Saint-Seine. Les exactions et les violences sont continuelles. — *Ibid.*, p. 97, 106, 153, 158, 162, 188, etc. — Cf. aussi D. Plancher, *loc. cit.*, Preuves, n° LXL. Donation faite par le duc Hugues III du nom à Saint-Bénigne pour réparation d'injustices. En 1155, le duc de Bourgogne assiste au concile de Soissons, une paix de dix ans y fut solennellement jurée, mais elle ne fut pas gardée. Petit, *ibid.*, p. 119. — Sur l'état troublé de l'Eglise d'Autun aux douzième et treizième siècles, cf. A. de Charmasse, *Cartulaire de l'église d'Autun*, première et deuxième parties, introduction, p. XXXVIII à L.

(2) Garnier, *Chartes de communes et d'affranchissements en Bourgogne*, introduction, p. 60. — Pérard, *Recueil*, p. 105. — En 1098, Norgaud, évêque d'Autun, voulut contraindre l'abbé Hugues à faire partie, lui et sa ville de Flavigny, de la commune jurée des diocèses de Chalon et d'Autun. Hugues résista et finit par triompher. *Chron. de Verdun.* — Labbé, *Nova Bibliotheca*, I, 244, cité par Garnier, *ibid.*

que l'idée première du régime communal procède directement de ces associations diocésaines; il s'en faut du reste que le clergé se soit en général montré favorable à l'établissement des communes (1), mais il est incontestable que l'organisation embryonnaire des associations jurées de paix dut singulièrement faciliter leur épanouissement; c'est peut-être grâce à ces associations que naquirent ces libertés, confirmées en 1183 par le duc Hugues III lorsqu'il accorda une charte à la capitale de son duché (2). Dès 1076, Hugues Ier avait convoqué à Bèze ses barons pour prévenir l'abus de l'autorité dans ses successeurs. « Il dispensa, dit Courtépée, six d'entre les hauts barons de l'obéissance au duc qui ferait violence à la liberté des assemblées ou qui enfreindrait les usages communs (3). » Mais c'était là une garantie contre l'arbitraire, plus propre à engendrer l'anarchie qu'à ramener l'ordre.

La commune, plus efficace, est tout d'abord une sorte d'union de secours mutuel : « Infra Banleucam Divionis alter alteri secundum suam opinionem auxiliabitur et nullatenus patietur quod aliquis alicui eorum auferat aliquid vel de rebus ejus aliquid capiat (4). » Tous ses membres sont solidaires les uns des autres et l'injure faite à l'un d'eux sera vengée par tous les autres : « Si ipsum homi-

---

(1) Courtépée, *Description du duché de Bourgogne*, t. I, p. 134. — Aug. Thierry, *Lettres sur l'histoire de France*, p. 241, lettres XXII et XXIII. *Histoire de la commune de Vézelay*. — Il faut remarquer cependant qu'à chaque instant, l'on voit des évêques prendre des communes sous leur sauvegarde, par exemple celle de Dijon. (§ 38 et pièces XVI, XVII et XVIII, *in* Garnier, *Chartes de communes et d'affranchissements*, t. I, p. 12, 25 et 26.)

(2) Garnier, *Chartes de communes*, t. I, p. 1. « Salva libertate quam antea habebant. »

(3) Courtépée, *loc. cit.*, p. 121, 128.

(4) Garnier, *Chartes de communes*, t. I : charte de Dijon, § 1er ; de Beaune, § 1er ; t. II : de Montbard, § 1er ; de Seurre, § 24 ; de Semur, § 6. — Toutes ces chartes sont plus ou moins imitées de celle de Dijon ; lorsque nous renverrons à celle-ci, on pourra donc s'y reporter en même temps.

nem qui injuriam fecerit capere potuerint, de corpore suo vindictam capient (1)... » La paix doit régner dans l'intérieur de la commune, aussi la participation y est obligatoire : « Universi homines infra villam Divionis et extra infra banleucam commorantes in cujuscumque territorio morentur jurent; qui vero jurare noluerit, illi qui juraverunt de domo ipsius et de pecunia ejus justitiam facient (2). » Elle peut rejeter hors de son sein ceux qui troublent sa tranquillité, et personne, hormis le duc et le sénéchal de Bourgogne, ne peut l'obliger à recevoir celui qu'elle a chassé (3). La commune est donc maîtresse chez elle; même, comme un seigneur, elle a le droit de guerre (4); les villes bourguignonnes, du reste, en usèrent peu et l'on ne rencontre point chez nous de ces guerres bourgeoises si fréquentes dans le nord de la France (5).

Mais la commune est surtout une association de défense contre les exigences du seigneur : de tous côtés, on délimite strictement ses droits ; il ne pourra prendre à crédit chez ses vassaux pendant plus de quinze jours, le service militaire ne devra être exigé pendant plus d'un certain temps, quelquefois très court, etc. (6).

L'on s'efforce surtout de restreindre les droits de justice ; il n'est pas de communauté qui n'en obtienne l'abandon, pour partie du moins, au profit de son maire et de ses jurés, au détriment du prévôt ; le seigneur se réserve bien quelques cas, les plus graves ; à Dijon, par exemple, le vol en récidive, le meurtre et le rapt, mais sauf les amendes et l'exécution des criminels confiée au prévôt ducal, cette

(1) Garnier, *ibid.*, Dijon, § 5.
(2) Garnier, *ibid.*, Dijon, § 14.
(3) Garnier, *ibid.*, Dijon, § 8.
(4) Garnier, *ibid.*, Dijon, § 12.
(5) Cf. Dubois, *op. cit.*, p. 45.
(6) Garnier, *ibid.*, Dijon, § 2-33. Le service militaire est dû pendant quarante jours par les habitants de Dijon.

exception n'entre jamais en vigueur (1), en sorte que la totale justice appartient aux habitants. En même temps l'on met un terme à l'arbitraire qui présidait à la perception des amendes ; la quotité jusqu'alors en était réglée par le bon plaisir et il est à penser que les seigneurs durent plus d'une fois abuser d'un facile moyen de se créer d'importants revenus (2). Il est cependant certain que déjà existaient à cet égard des règles coutumières que les chartes de communes ne firent que préciser, car l'on ne saurait expliquer autrement le choix presque général des deux sommes de 65 sols et de 7 sols comme taux extrêmes.

On rencontre, en effet, ces deux chiffres de façon courante ; ainsi à Dijon, Beaune, Montbard, Semur, etc., l'*infractio castri* ou l'*infractio chemini* entraîne le paiement de la grande amende, et elle est de 65 sols (3) ; c'est aussi ce que devra verser à Saulx-le-Duc le coupable d'injure, à moins que — les exemples de ce caractère, pour ainsi dire alternatif, sont assez fréquents — il ne jure avoir agi dans un mouvement de colère, auquel cas l'amende s'abaisse à 3 sols (4) ; à Chagny et à Marigny-le-Cahouët, le coup se paie 7 sols et le sang 65 (5) ; à Salmaise, le fait de « férir ou de battre sans sanc » se paie 7 sols « et dou sanc queneu est l'amende jugée sexante et cinc soz (6) ». A Argilly, si quelqu'un coupe un hêtre

(1) Garnier, *ibid.*, Dijon, § 24, 25 et la note 1.

(2) A. de Charmasse. *Cartul. de l'église d'Autun*, première et deuxième parties, p. 261. « Item super eo quod dicebat se esse in saisina justiciandi, per tantum tempus quod sufficit ad proprietatem acquirendam, delinquentes in claustro Eduensi, hoc modo quod quando inveniuntur extra claustrum delinquentes in claustro et bona dictorum delinquentium gentes ducis capiunt eos et levant emendas pro delicto in claustro perpetrato, quamvis capitulum emendam suam levaverit pro eodem delicto. » — Cité par Seignobos, *Le régime féodal en Bourgogne*, p. 249.

(3) Garnier, *ibid.*, t. I, Dijon, § 26, 29.

(4) Garnier, *ibid.*, t. II, Saulx-le-Duc, § 4.

(5) Garnier, *ibid.*, t. II, Chagny, p. 94 ; Marigny-le-Cahouët, p. 160, § 8.

(6) Garnier, *ibid.*, t. II, Salmaise, § 6.

dans la forêt ducale, il lui en coûtera 65 sols (1). A Dijon, celui qui se sert de fausse mesure paie 7 sols s'il jure avoir été de bonne foi, 65, s'il refuse le serment (2) ; à Saulx-le-Duc, du « sanc fait d'armes esmolues », le seigneur a 65 sols (3). Lorsque les deux champions s'accordent avant que le combat judiciaire ne soit terminé, le duc perçoit 32 sols et 6 deniers, mais lorsque la lutte a lieu, le vaincu paie 65 sols (4). A Sagy, enfin, le port d'armes est puni d'une amende de 7 sols (5).

En beaucoup de localités, du reste, le taux change par suite de réductions qu'accordent les seigneurs : ainsi, à Chanceaux, « est accordé pardevant nos des amandes de ceux qui forferont, que cil qui fera four en la ville par lou que il doive amande de soixante cinq sols par l'usaige de Borgoigne, ils seront quitte pert vingt sols de la monnoye courante par Borgoigne et de l'amande qui monteroit à sept sols, il sera quitte pour trois solz de la dite monnoye (6). » De même à Tart : « Li admande qui est taxée à soixante cinq solz, ceux de Tart-la-Ville en sont quictes par trente et deux solz et doibvent les admandes qui ne montent plus hault de sept solz ne son admoindées de rien (7). » L'on s'explique dès lors la variété des chiffres que l'on rencontre : à Saint-Jean-de-Losne celui qui frappe du poing ou de la paume ne verse que 5 sous ; à Talant et à Argilly, le tarif est le même et celui qui a fait sang paie 10 sols (8) à Molesme ; « le cox sans cuir percier » entraîne une amende de 5 sols, et le « sans

(1) Garnier, *ibid.*, t. II, Argilly, § 13.
(2) Garnier, *ibid.*, t. I, Dijon, § 30.
(3) Garnier, *ibid.*, t. II, Saulx-le-Duc, § 5.
(4) Garnier, *ibid.*, t. I, Dijon, § 22, 23.
(5) Garnier, *ibid.*, t. II, Sagy, p. 328.
(6) Garnier, *ibid.*, t. II, Chanceaux, § 2.
(7) Garnier, *ibid.*, t. II, Tart, § 3
(8) Garnier, *ibid.*, t. II, Saint-Jean-de-Losne, § 3 ; t. I, Talant, p. 498 ; t. II, Argilly, § 8.

de cuir percié » de 20 sols (1). A Ampilly-le-Sec » pour sang fait de main, de pied ou en boutant l'un et l'autre ou de petites verges... les coulpables payeront 5 sols (2) » ; à Montaigu, au contraire, l'amende s'élève à un taux exorbitant ; elle est de 6 livres 10 sols en cas de menace et de 15 livres en cas de coup.

C'est là la part du seigneur ou de la commune, ce que nous avons jadis appelé le *fredum :* il est à noter que c'est moins une peine en certaines circonstances que le rachat d'une condamnation plus grave ; ainsi l'habitant de Dijon qui vole pour la première fois paie 65 sols (3) ; c'est seulement un moyen de sauver sa tête, dont il peut faire usage, et au quatorzième siècle, nous verrons, en parcourant le *Papier rouge,* qu'il faut pour jouir de ce privilège, le réclamer ; à Molesme le coupable a la même faculté : « Se aucuns trait son cotel sus autre, il paiera XX sols d'amande, se il an fiert, il paiera XX livres *ou* le poin (4) ». A Sagy, l'adultère est puni d'une amende de 60 sols, à moins que les deux coupables ne préfèrent courir nus par la ville (5).

Ces détails rappellent singulièrement l'époque lointaine où la vengeance privée s'exerçait librement : la seule différence, c'est que l'*ulciscendi jus* des mains du particulier est passé au pouvoir public ; comme il est le plus fort, il impose sa loi au délinquant, il l'oblige à satisfaire, mais il lui laisse le choix entre deux alternatives ; c'est une première forme sous laquelle nous retrouvons la composition pécuniaire : comme jadis en payant, on apaisait une famille blessée dans l'un de ses membres, par le même

(1) Garnier, *ibid* , t II, Molesme, § 11.
(2) Garnier, *ibid.*, t. II, Ampilly-le-Sec, § 13.
(3) Garnier, *ibid.*, t. I, Dijon, § 24.
(4) Garnier, *ibid.*, t. II, Molesme, § 11.
(5) Garnier, *ibid.*, t. II, Sagy, p. 328.

moyen, maintenant, on échappe aux rigueurs de la justice seigneuriale ou communale.

Il ne faudrait pas croire néanmoins que l'Etat se soit complètement substitué aux parties (nous verrons tout à l'heure que le rôle du particulier est, au contraire, prépondérant) ; mais, cependant, on a soin souvent de fixer d'avance les dommages-intérêts que devra payer le coupable à celui qu'il a lésé ; et c'est presque un chapitre de la loi Gombette que l'on croit parcourir en lisant les chartes de certaines communes. Qu'on en juge : si le sang a coulé, dit le paragraphe 21 de celle de Dijon, l'amende sera de 7 sols et le blessé en aura 15 (1) ; à Buxy, la moitié de l'amende prononcée est acquise au plaignant (2) ; à Auxonne, on distingue très bien, à propos des délits ruraux, la peine et la réparation civile, mais celle-ci n'est pas fixée d'avance : le propriétaire de la bête échappée qui a gâté les récoltes « doit rendre le domaige et la pergie que monte à IIII deniers se ce est chevaux et se ce est beste armelaine II deniers, se ce est pors, I denier. Se ele i est menée, cel cui ele est doibt rendre lou domaige et la pergie et la loi qui monte s'il est jors III sols et s'il est nuiz LXV sols (3) ». A Seurre, « de cellui qui aura fait le sanc », le blessé recevra 15 sols ; il y faut joindre « les costemens de la garison de la playe, les despens, les dépars et les domaiges que il fera ou aura pour ce » ; la somme due de ce fait sera arbitrée par les échevins, mais invariablement, le seigneur perçoit 65 sols (4) ; ainsi les proportions admises par les lois barbares où le *fredum* n'est ordinairement que le tiers du *wehrgeld*, se trouvent renversées et la somme la plus forte est dévolue au fisc. Le paragraphe 14 de la même charte fait ressortir la même

(1) Garnier, *ibid.*, t. I, Dijon, § 21.
(2) Garnier, *ibid.*, t. I, p. 313.
(3) Garnier, *ibid.*, t. II, Auxonne, § 8.
(4) Garnier, *ibid.*, t. II, Seurre, § 6, 7.

situation : l'individu qui frappe « de coutiaul, d'espée ou d'aultre glaive... sans col mortel », ou qui « rue pierre ou baston ou aultre chose irrement », doit payer d'amende 15 livres ou 65 sols suivant le cas, et seulement 15 sols au féru ; il devra, il est vrai, prendre à sa charge les soins nécessaires (1). A Saulx-le-Duc, « cil qui fait sanc d'armes esmolues » verse 65 sols au seigneur et « à cellui qu'il aura féru, ses amendes ainsi comme il y affiert et de pierre et de baston aussi (2) ». A Pontailler la part du souverain et celle de la victime sont égales, chacun d'eux recevra 7 sols ; mais de plus il faudra verser « au navray... ses coust et ses despens et de journées selon son mestier au dit des quatre jurés (3) ». A Leffond, la charte n'accorde rien au blessé que s'il l'a été « d'armes esmolues », et le coupable ne lui doit rien de plus que ses dépens, tandis qu'il donne 30 sols au seigneur et 6 deniers au maïeur (4). La charte de La Marche entre dans de minutieux détails. Qui frappe d'armes émolues ou seulement en menace, doit 32 sols 6 deniers au seigneur, 12 deniers au maire et « au navré, rendre les dommages au dire de quatre prud'hommes jurés et payer le médecin » ; les coups portés sans armes sont punis d'une amende de 7 sols et 8 deniers qui se partagent ainsi : le seigneur en a 7 sols, le maire 8 deniers, et le navré 3 sols, et celui qui frappe doit payer le médecin et les dommages au dire de quatre prud'hommes. Un soufflet coûte à celui qui l'a donné 5 sols d'amende et, de plus, 3 sols qu'il verse à celui qu'il a frappé ; qui frappe du poing paie 18 deniers, « de quoy les 12 deniers seront au seigneur et les 6 deniers seront au dit maire et le frappé en aura 3 sols » ; l'amende pour un coup de pied est de 32 sols et demi pour les coups

(1) Garnier, *ibid.*, t. II, Seurre, § 14.
(2) Garnier, *ibid.*, t. II, Saulx-le-Duc, § 5.
(3) Garnier, *ibid.*, t. II, Pontailler, § 11.
(4) Garnier, *ibid.*, t. II, Leffond, p. 397.

sans sang, et de sang coulé, de 18 deniers, mais le frappé reçoit toujours 3 sols (1).

La répétition de ce chiffre de 3 sols dus à la victime, sans que l'on s'arrête au plus ou moins de gravité des coups reçus, donne à penser qu'il s'agit ici plutôt d'une peine privée que d'une réparation civile ; la caractéristique de celle-ci, en effet, est de correspondre exactement au préjudice subi et il faut remarquer que la charte distingue soigneusement de ces 3 sols les dommages du navré, estimés au dire de quatre prud'hommes, et aussi qu'elle parle de l'amende du frappé (2) : c'est la preuve que malgré la retenue par le fisc d'une part relativement considérable sur la somme versée par le délinquant, la notion d'action publique n'existe pas encore.

Gondebaud avait en quelques cas obligé ses comtes à poursuivre d'office la répression des délits ; Charlemagne en avait fait un devoir à ses fonctionnaires, mais, au onzième siècle comme au temps de Grégoire de Tours (3), c'était en réalité au particulier qu'incombait le soin de réclamer, s'il lui semblait bon, le châtiment de celui qui l'avait dépouillé ou blessé. Il n'est pas douteux cependant que beaucoup de seigneurs s'attribuèrent le soin de poursuivre d'eux-mêmes les malfaiteurs ; du reste, ils ne s'ins-

---

(1) Garnier, *ibid.*, t. II, Lamarche-sur-Saône, § 11.

(2) *Ibid.*, § 32 : « Et si aucun met main ou pied sur le maire ou sur aucun des quatre prud'hommes, il me doit soixante sols d'amande et l'*amande du frappé* sera jugée par le maire et les quatre prud'hommes. »

(3) Grégoire de Tours, *Histoire des Francs*, in *Coll. des mémoires*, t. I, p. 321. « En ces jours là, des voleurs entrèrent par effraction dans la basilique de Saint-Martin... Ils emportèrent beaucoup d'or et d'argent et des voiles de soie... Ceux qui avaient commis ce crime s'étant rendus à Bordeaux, il s'éleva entre eux une querelle et l'un d'eux en tua un autre. Le fait s'étant découvert par ce moyen, on retrouva ce qui avait été volé... ; la chose ayant été annoncée au roi Childebert, il ordonna qu'ils fussent enchaînés et conduits en sa présence ; mais alors... j'envoyai au roi une lettre de prière pour qu'il ne fît pas mourir ces hommes, *puisqu'ils n'étaient pas accusés par nous à qui en appartenait la poursuite.* Il reçut favorablement ma demande et leur accorda la vie. »

pirèrent pas seulement de l'idée, élevée en somme, d'un devoir de protection à remplir à l'égard de leurs vassaux, mais aussi et cela paraît plus probable, du désir d'augmenter en même temps que le nombre des condamnations, les émoluments de leur justice (1). La même tentative, au quatorzième siècle, aboutira parce qu'elle émanera d'un pouvoir affermi et organisé, s'appuyant sur une doctrine solide et sur une raison d'utilité publique meilleure encore; mais, aux douzième et treizième siècles, elle était prématurée; on ne vit point les avantages, mais seulement les abus qu'elle traînait après soi : les arrestations arbitraires, les amendes devenues des rançons; aussi partout éclate le désir de revenir à la pratique exclusive de la poursuite privée; mainte charte communale spécifie que la plainte de la partie lésée sera la condition première et nécessaire de tout procès criminel, comme de nos jours, il faut une assignation pour engager un procès civil : « Si aliquis aliquam injuriam fecerit homini qui hanc communiam juraverit et clamor ad juratos inde venerit... » dit le paragraphe 5 de la charte de Dijon; le paragraphe 7 en est la reproduction presque identique : « Si mercator in istam villam ad mercatum venerit et aliquis ei aliquid fecerit injurie... si jurati inde clamorem audierint... » Même condition inscrite encore au paragraphe 21 : « De sanguine violenter facto, si clamor inde fiat et probatio (2)... » C'est encore l'idée de la nécessité du *claim* qui fait dire au paragraphe 28 : « De raptu erit in dispositione vel arbitrio meo, si mulier in tantum clamaverit quantum a legitimis hominibus audita fuerit qui hoc probare possent (3). » La charte de Talant est plus explicite encore : « Qui de pugno vel palma percusserit si inde

---

(1) Seignobos, *op. cit.*, p. 249.
(2) Garnier, *ibid.*, t. I.
(3) Garnier, *ibid.*, t. I, Dijon, § 28

clamor exierit, quinque solidos persolvet ; si clamor non exierit, nichil. Qui sanguinem fecerit, si clamor exierit, decem solidos persolvet; si clamor non exierit, nichil (1). » La charte de Seurre consacre le même principe : « Cilz qui sont de ceste commune de tort ou de meffait que on leur ait fait ou qu'on leur faict, ne se plaindront se ils ne veullent ; ne l'en ne les en doit on contraindre (2). » On rencontre des articles semblables dans les chartes de Mâcon (3), de Cuiseaux (4) : celle-ci mérite d'être citée à ce point de vue, paragraphe 8: « Item, volumus et concedimus quod nos vel successores nostri aliquod ab aliquo, ratione delicti, non levemus, nisi prius inde clamor fuerit factus. »

Mais le même paragraphe, et la chose vaut la peine qu'on s'y arrête un instant, ajoute : « Exceptis delictis pro quibus delinquens incidit in penam et voluntatem domini. » Ainsi il y a des faits que le seigneur a le droit de poursuivre sans qu'une plainte ait été préalablement déposée ; ce sont ordinairement ceux dont il se réserve la connaissance ; il s'attribue en même temps le droit de se saisir de leurs auteurs : ainsi à Saulx-le-Duc : « li sires ne doibt mettre main en homme de la franchise, se n'est pour meurtre ou por larrecin (5) » ; à Chaussin, le seigneur renonce au droit d'arrêter aucun de ses hommes, à moins qu'il ne se soit rendu coupable d'un crime entraînant la pendaison (6). De même « le sire de Tard ne peut, ne ne doibt efforcer les hommes de Tard la Ville et du chasteau, s'ils ne font le forfaict par quoy ils doibvent

---

(1) Garnier, *ibid.*, t. I, Talant, p. 498.

(2) Garnier, *ibid.*, t. II, Seurre, § 20.

(3) Canat de Chizy, *Documents inédits*, p. 6, Mâcon. « Et se plainte ni est, il ne doit rien. »

(4) Canat de Chizy, *Documents*, p. 69, Cuiseaux, § 8.

(5) Garnier, *ibid.*, t. II, Saulx-le-Duc, § 15.

(6) Garnier, *ibid.*, t. II, Chaussin, § 1er.

perdre un membre ou héritage (1) ». A Véronnes, « Nuns des dis borjois ne doit estre mis en prison, ne retenuz se il peut donner soffisans plaiges por droit faisant, se il n'est pris por murtre ou por larrecin ou por rat ou por tel fait de que il doit perdre la vie ou membre (2). » Enfin la plainte est inutile lorsque les coupables ont été pris en flagrant délit : « Item, pour chacune amande maindre et pour sang fait de main, dit la charte d'Ampilly-le-Sec, de pied ou en boutant l'un et l'autre ou de petites verges, se clameur en est faite ou se les combattants sont prins par le sergent de la ville ou par le maire, les coupables payeront 5 sols (3). » La charte de Saint-Thibault, reproduisant celle de Mont-Saint-Jean, déclare que le seigneur ne pourra faire pendre personne, « exceptis his qui in maauria vel in adulterio, vel in homicidio vel in furto deprehensi fuerunt (4) ». C'est la même règle qu'en Beauvaisis formule Beaumanoir lorsqu'il écrit en parlant de l'individu pris sur le fait : « Ne convient pas que nus s'en face droite partie contre luy... car tel fet qui sunt si apert doivent être vengié par l'office du juge, tant soit que nus s'en face partie droitement (5). »

---

(1) Garnier, *ibid.*, t. II, Tard, § 20.

(2) Garnier, *ibid.*, t. II, Véronnes, § 11.

(3) Garnier, *ibid.*, t. II, Ampilly-le-Sec, § 13.

(4) Garnier, *ibid.*, t. II, Saint-Thibaut, § 4. — Autres exemples de poursuite d'office en cas de flagrant délit : Garnier, *ibid.*, t. I, Dijon, § 4 : « Si decanus Divionis aliquem implacitaverit nisi clamor ante venerit vel forefactum apparuerit, non ei respondebit ; si tamen testem habuerit contra quem accusatus se defendere non possit, emendabit. » — Beaune, *ibid.*, § 4 : « Si archipresbyter Belne... » — Châtillon, *ibid.*, p. 333 : « Item si aliquis hominum predictorum canonicorum qui apud Castellionem manserit, in furto, in adulterio, in rixa, sive in falsum mansurando deprehensus fuerit, praepositus Ducis et maior episcopi, sine ulla acclamatione facta, ad abbatem vel ejus prepositum eum adjudicabunt. » — Garnier, *ibid.*, t. II, Montbard, § 4 : « Si decanus Montisbarri... » (le reste comme à Dijon et à Beaune). — Quelquefois aussi l'arrestation est admise lorsque le forfait commis n'est pas rachetable par une composition. (Garnier, *ibid.* t. II, Verdun-sur-le-Doubs, § 12.)

(5) Beaumanoir, VII, 12, cité par Esmein, *Histoire de la procédure criminelle en France*, p. 49.

L'action publique, on le voit, ne s'exerce qu'exceptionnellement ; quelquefois l'on use de subterfuge pour arriver à poursuivre d'office, tout en sauvegardant le caractère accusatoire de la procédure : c'est ainsi qu'à Chalon, le duc Hugues IV rend la plainte obligatoire en cas de crime capital (1) ; mais il semble que ce faux-fuyant ait été peu employé et en réalité c'est la partie seule qui reste maîtresse de l'action ; on pousse si loin le scrupule que lorsqu'un individu soupçonné d'un crime a été emprisonné, comme nous avons vu plus haut que le seigneur le peut faire, on s'en tient là ; l'instruction, comme nous dirions aujourd'hui, n'est possible en l'absence de tout accusateur que si l'inculpé veut bien s'y soumettre : « Item il est de costume par toute Borgoigne que enqueste qui est faite contre aucun de fait criminaul ne vaut riens, se cils contre cui li enqueste est faite, ne s'est mis en enqueste ou se cil contre cui li enqueste est faite ne vient devant lou juge (2)... » Ce ne sont pas là des règles particulières à la Bourgogne ; le *Livre de jostice et de plet*, Beaumanoir les formulent presque dans les mêmes termes que notre coutume (3) ; on les retrouve partout, parce qu'elles sont les conséquences logiques du monopole de la poursuite laissé au particulier.

Cette organisation judiciaire devait de toute nécessité produire un résultat que l'on a peu remarqué : étant donné que la partie lésée peut, à son gré, se plaindre ou s'abstenir, l'idée lui viendra immédiatement de tirer profit de sa situation, tout en évitant la chance toujours

---

(1) Garnier, *ibid.*, t. II, p. 297.

(2) Bouhier, *Œuvres de jurisprudence*, t. I, p. 190. Autres coutumes générales du duché de Bourgogne avec les locales de la ville de Dijon, § XLIII.

(3) *Livre de Jostice et de Plet*, XIX, 45. « Enten que nus n'est dampnez par enqueste s'il ne s'y met. » — Beaumanoir, XXXIV, 21. « Il doit estre arresté par la justice et mis en prison jusqu'à un an et jour à peu de manger et boyre, s'il n'offre dedans ce à soustenir l'enqueste du pays. » — Cf. Esmein, *op. cit.*, p. 51 et 53.

douteuse d'un procès: l'accusation ne va pas sans risque; la preuve est souvent difficile: « Et se ciz qui t'apele ne le puet prouer, dont voit on bien que il t'a mis en plait à tort, si le doit amender à toi et au seignour (1). » C'est l'amende de faux claim: le procès criminel en somme n'est encore qu'un combat où les deux parties sont sur le pied d'égalité parfaite: « Et à celui qui encolpe l'autre est li premier jugement. Et doit-on iuger primièrement de sa parole. Et se il puet prouer par loial tesmoins ou par loials proeue ce dont il l'a encolpez, si passe. Et puis iuge on enqui meisme la parole de l'autre; si passe qui miex proeue (2). » Cette amende de faux claim doit empêcher bien des poursuites de se produire; elle n'est pourtant pas très considérable : à la Marche elle est de 18 deniers (3), à Leffond de 6 seulement (4); à Sagy (5) et à Branges (6) cependant, elle monte à 3 sols; à Chagny à 7 sols (7) ainsi qu'à La Roche (8); le taux ordinaire est de 13 deniers (9), mais il faut penser, en outre, aux dommages-intérêts qu'il faudra payer à celui dont on n'aura pu établir la culpabilité (10) et aussi au combat réel, celui-

---

(1) Marnier, *Ancien coutumier de Bourgogne*, chap. XXIV. « Comment ciz que on apele de larrecin se doit deffendre. »

(2) *Ibid.*, chap. XXX, De bataille. « Et puet faire mettre pleige à celui qui se plaint et à celui de qui en se plaint ». (Ch. de Seurre, Garnier, t. II, p 208.)

(3) Garnier, *ibid.*, t. II, Lamarche, § 21.

(4) Garnier, *ibid.*, t. II, Leffond, p. 397.

(5) Garnier, *ibid.*, t. II, Sagy, p. 398.

(6) Canat de Chizy, *Documents inédits*, Branges, § XIX.

(7) Garnier, *ibid.*, t. II, p. 94.

(8) Canat de Chizy, *ibid.*. Laroche, § XIII.

(9) Garnier, *ibid.*, t II, Seurre, § 4.

(10) Canat de Chizy, *Documents inédits*, franchises de Cuiseaux, § X. « Si autem clamator clamorem suum prosequens in probatione defecerit, debebit domino tres solidos pro clamore et clamatus, pro injuria sibi facta, debet habere competentem emendam et sumptus quos fecit in lite, arbitrio bonorum virium *(sic)* burgensium taxandos, prout est superius expressum. »

là, que l'on aura peut-être à affronter (1); on ne se montrera donc pas très pressé d'entamer un procès où l'on court tant de risques et l'on préférera une transaction à laquelle le coupable ne se refusera pas, que souvent même il sollicitera : nous retrouvons donc la composition pécuniaire et, cette fois, telle que nous l'avons vue déjà.

Les exemples que l'on en peut citer sont rares : ceci s'explique facilement ; ce que l'on s'est attaché à conserver, ce que l'on a copié et recopié, ce sont les titres de propriété, les constitutions de rentes perpétuelles dont un jour ou l'autre on pouvait être appelé à prouver l'origine : mais à quoi bon garder des actes sans utilité dès que leurs auteurs avaient disparu ? où pourrait-on les retrouver ? les plus anciens registres de justice de Bourgogne datent du quatorzième siècle, les tabellions dont les minutes plus tard nous fourniront tant de documents, ne sont pas encore institués. Pourtant il est indiscutable que la composition existe au treizième siècle ; c'est une conclusion qu'impose le raisonnement et que viennent confirmer de façon péremptoire les deux actes que l'on va lire (2) :

---

(1) Marnier, *loc. cit.*, chap. XXVII. « Coment ciz que on apelle de traison se doit deffendre. Tu es traite et ie t'apele de traison. Se ciz est en court si doit dire : Vos mentez, de quoi m'apelez vous traître ? — De cest chose, dit ciz. — Par foi de ce me deffenderai ie ainsi comme ie deuerai, et ensi comme li cours et droit iugerait. — Si dit li iugement que il s'en doit deffendre par I homme. Se il ha dit par auenture à l'apelez : Vous en mentez et ie m'en deffenderai vers vous, si li iuge on que il s'en doit deffendre vers lui cors à cors. »

(2) Les originaux de ces deux pièces sont conservés aux archives du département de l'Yonne. M. Quantin les a publiés sous les nos 349 et 530 de son *Recueil de pièces pour faire suite au Cartulaire général de l'Yonne*. On nous objectera peut-être que ces documents proviennent tous deux de la ville de Sens qui n'était pas comprise dans les limites du duché de Bourgogne, nous avons cependant cru pouvoir les utiliser, étant donné la rareté des actes de ce genre à l'époque qui nous occupe et la proximité de la capitale de l'ancien *pagus senonicus* et de notre province. L'existence de transactions semblables en Bourgogne est d'autant plus plausible qu'aux quatorzième et quinzième siècles nous en rencontrerons d'assez fréquents exemples ; admettrait-on leur apparition brusque par une sorte de génération spontanée sans lien avec les compositions des époques antérieures ?

« Omnibus presentes litteras inspecturis officialis curie archidiaconi Senon. in Domino salutem. Noverint universi quod Johannes dictus Folez in manu nostra fiduciavit se redditurum viro venerabili abbati sancte Columbe Senon. decem libras paris. terminis subnotatis, pro compositione necis defuncti Joberti de Capella, hominis ipsius abbatis, facta cum Petronilla quondam uxore ipsius defuncti, liberis ipsorum defuncti et Petronille et heredibus ipsius defuncti : videlicet pro ipsa Petronilla quadraginta solidos infra quindenam postquam ipse abbas acceptaverit dictam compositionem ; sexaginta solidos infra festum Omnium Sanctorum proximo venturum ; et pro dictis liberis residuos centum solidos a festo Omnium Sanctorum proximo venturo in annum. De dicta autem compositione firmavit observanda et de denariis ut dictum est, reddendis, Bernardus frater ipsius Johannis. Racrius de Granchiis, Johannes Cherpins, Fromundus Praz et Christianus Gretauz coram nobis ad petitionem dicti Johannis, erga dictum abbatem per fidem suam se plegios obligarunt. Actum die sabbati post Brandones, anno Domini M° CC° vicesimo septimo. »

Ainsi, en suite d'un meutre, il n'est pas question de poursuite, de jugement, de condamnation, ni de peine : l'official intervient, il est vrai, mais non point pour jouer son rôle de représentant du ministère public ; il est simplement le mandataire de l'abbé à qui le crime a causé préjudice : on transige avec celui-ci comme avec la famille de la victime, on s'arrange, il n'y a pas de tribunal, on n'indique même pas que le coupable soit justiciable de l'abbaye, c'est en un mot, et l'on ne peut mieux dire que l'acte lui-même, une composition.

Le second document est peut-être plus significatif encore :

« Omnibus presentes litteras inspecturis, magister Petrus, Senon. curie officialis, in Domino salutem. Notum facimus quod in nostra presentia constituti Jobertus dictus Gibez, Odo Troillarz, Johannes, Adelina uxor sua, filii dicti Odonis, Guillelmus Burioz et Ysabellis uxor sua de Pontibus super Vannam, recognoverunt quod cum esset inter ipsos ex parte una, et homines inferius nominandos ex alia, contentio, videlicet Galterum de Monte Gerini, forestarium de Hoschiis, Stephanum Desret, Galterum lo Bonacier, Sanadinum filium Benedicti Tisonet a... Theobaldum Huboot et Huguenetum de Varolliis, homines ut dicitur ecclesie sancti Remigii Senon. videlicet de nece defunctorum Johannis dicti Angeli et Milonis filii dicti Johannis Gibet; tandem de contentione illa fuit inter homines primo nominatos et uxores predictas et alios homines secundo nominatos amicabiliter compositum per dominum Nicholaum de Manoto militem, baillivium Senon. sicut homines primo nominati coram nobis recognoverunt et per illam compositionem predictam dicti homines primo nominati et uxores predicte quitaverunt in perpetuum, coram nobis, homines secundo nominatos et eorum heredes et ecclesiam sancti Remigii Senon. et abbatem et conventum eiusdem loci de tota contentione predicta, et etiam omnem racorem et odium que habebant erga ipsos, remiserunt. Coram nobis dicti homines et uxores primo nominati, ratione vel occasione necis dictorum defunctorum remiserunt coram nobis hominibus secundo nominatis et eorum heredibus et abbati et conventui predictis. Et pro compositione et quitatione, sicut predictum est factis, dicti homines et uxores primo nominati coram nobis recognoverunt se a dictis abbate et conventu sancti Remigii Senon. quinquaginta libras paris. et quadraginta solidos turon. in pecunia numerata habuisse et decem et octo sextarios bladi; de quibus denariis predictis et de dicto blado dicti homines et uxores primo nominati se, coram nobis, tenuerunt a dictis abbate et conventu pro pagatis, et de quibus ipsos abbatem et conventum et eorum ecclesiam quitaverunt in perpetuum, coram nobis. Et promiserunt fide data in manu nostra, ipsi homines primo nominati et uxores primo nominate, quod contra predictas solutiones et quitationes per se vel per alios non venient in futurum. Et recognoverunt quod hec faciebant spontanei, non coacti et quantum ad hoc se supposuerunt juridictioni curie Senon. Actum anno Domini M° CC° quadragesimo nono, mense februarii. »

Véritablement aucun ne fait défaut des caractères que nous avons relevés dans la composition des temps barbares : la solidarité familiale même est aussi forte que jamais ; elle s'étend au delà des liens du sang, puisque l'abbaye est responsable du meurtre commis par ses hommes, comme elle a droit à être indemnisée de leur mort, souvenir peut-être des liens indissolubles du chef et des membres du clan, ressuscité par le régime féodal. La transaction est libre, car le bailli y intervient bien moins en sa qualité de magistrat que comme un simple particulier recommandé, par son caractère et son rang, aux parties comme arbitre de leur différend ; il faut noter, en effet, que c'est bénévolement qu'elles recourent à lui, qu'il ne juge pas — il n'est pas saisi par une plainte et reste indifférent tant que le débat ne lui est pas soumis — mais qu'il concilie ; néanmoins sa présence quasi officielle, malgré tout, témoigne que la composition est considérée comme licite : nous avons déjà signalé l'assimilation du procès criminel au procès civil : l'on va jusqu'au bout, et comme l'on transige sur un droit de propriété, sur une banalité, ou un droit de justice contesté, l'on transige sur un vol, une injure, une bature ou un assassinat ; le pouvoir public reste aussi impassible dans un cas que dans l'autre.

Bien plus, il reconnaît officiellement ces conventions : la charte des franchises de Cortevais, par exemple, n'admet la plainte en cas de querelles que lorsque l'intervention pacifique des voisins aura été inutile : « Si homines inter se querelam habuerint, antequam clamor fiat, per se vel per vicinos ad pacem vel concordiam redduci possunt (1) .. » De même à Branges (2), « les habitans pour injure leurs faicte pourront compromeectre et prandre quatre de lez bourgeois de bon conseil pour les appoincter ».

Le but auquel on vise est bien plutôt la réconciliation des parties que le prononcé d'une condamnation ; ceci est surtout sensible dans le très ancien coutumier déjà cité publié par Marnier. A chaque instant, même lorsque le procès est engagé, quelquefois au moment où les parties se préparent au combat qui décidera la solution du litige, on voit entrer en scène des personnages qui s'efforcent d'arriver à l'*effaitement :* ce sont tantôt des prud'hommes, tantôt les conseils des plaideurs, même le seigneur en personne ; ils s'interposent entre les adversaires sur leur demande, comme à Douai, les Paiseurs (3) ; lorsqu'il y a eu par exemple accusation de larcin, « quand vient au cops férir, tes consaus doit parler à ton contraire ou à son consel en tele manière : Bealz sire, quar vous metez sor home ou sor notre bon consel. — Ore se metent sor lor consel. — Si doit dire lor consel : Nos disons en nostre dist et à droit du champ comme devant du desloiautement, de devant tu dois plaidoez vers le seignours par l'us de sa court, du desloiautement dont tu l'as en coupé. Et si disons pour pais hauoir, que tu iuroies que tu set rien de vérité, et le dois iurez sor sains, et li serrement soit sur nos du faire et du laissier (4). »

---

(1) Canat de Chizy, *Documents inédits*, p. 33.

(2) *Ibid.*, p. 55.

(3) Espinas, *Les guerres familiales dans la commune de Douai aux treizième et quatorzième siècles. Les trêves et les paix* in *Nouvelle revue historique de droit français et étranger*, 1899.

(4) Marnier, *Ancien coutumier de Bourgogne*, chap. XXIV. « Comment ciz que on apele de larrecin se doit deffendre. »

Le serment de l'accusateur qui ne peut faire sa preuve le dispense encore du combat lorsqu'il a « appelé quelqu'un de traison ». Le duel judiciaire va commencer, mais on veut accorder les parties : on leur conseille de s'en rapporter au dire de prud'hommes ; ceux-ci alors font jurer à celui qui a inculpé l'autre qu'il l'a fait sans raison ; ils l'obligent à lui payer une certaine somme et en même temps demandent à l'accusé de lui pardonner (1).

Ce n'est là qu'un arrangement conclu entre deux plaideurs dont l'un s'est lancé sans preuve dans une action où il succombe ; mais voici la véritable transaction sur un crime réellement commis et notoire : « Se ce est de murdre, dit le chapitre XXVII, que il li ha mort son père ou son frère ou son parent, si deuiegne ses homs et li doit iurez leauté et cil lui, et por le mort doit faire chanter XX messe ou C ou CC; ensi est li acordance de mort et de vif (2). » La satisfaction donnée à la famille n'est pas pécuniaire ; la victime elle-même, ceci par suite du développement logique des idées chrétiennes, reçoit sa part de la composition ; ce sont deux caractères nouveaux, mais qui ne changent pas l'essence de l'acte : il descend bien directement des conceptions germaniques — on paie un homme tué par l'hommage d'un autre homme au lieu de le payer par son prix — et des *securitates* des temps postérieurs ; même on retrouve le serment de paix réciproque qui les termine ; il présente plus d'une analogie avec l'asseurement que nous rencontrerons bientôt.

---

(1) *Ibid.*, chap. XXVII. « Comment ciz que on apelle de traison se doit deffendre... Ore est à cos férir ; puis les vuent acordez et lor dit-on que il s'en metent sor home. — Si dient li prodome, pour pais faire, que li apelez de la traison remaigne toz ; et pour remetre celui en loiautéz que il ha des loiauté, doit iurez sor sains que pour ce ne l'en ha apelez que il le seust ne veist. Et si doiuent dire li prodome que il li donoit aucune chose ou il deuiegne ses homs. Et quant ce vient à iurez, li prodome li prient que il li pardonoit. »

(2) *Ibid.*, chap. XXVII.

Si l'on veut se faire une image plus précise de la façon dont les choses se passent, on n'a qu'à lire le chapitre XXIX du même coutumier (1). La scène tout entière y est décrite et prend un aspect tout à fait vivant : un crime vient d'être commis et l'on connaît son auteur ; tout aussitôt, comme aux temps primitifs, la famille de la victime va chercher à se venger et le meurtrier fera bien de se tenir sur ses gardes : « Ciz qui l'ha mort, se doutera de l'autre part du peire et du frère de celui que il hauera mort. » Pour échapper aux représailles dont il est menacé, il fera intercéder pour lui différentes personnes : « Si vandra ciz qui l'aura mort as amis de celui, ou au prodome, ou au seignour, et lor prierai que ils prioient por lui de pais. Et cil ou li sire dirons à ses amis : Ce est ensi avenu. Il n'en pot mais, ce poise lui et grant duel en ha. Si en estera volentiers à l'us de Borgoigne. Encore vaut miex mals que pis ; et se li uns de vous encontre l'autre et l'ocist, si vaudra encore pis. Metez vous en effaitement puisque il le veult amendez. » Les deux parties comparaissent et l'on s'efforce de pacifier leur différend ; il se peut du reste que les membres de la famille lésée ne se montrent pas très disposés à accepter l'arrangement, mais alors le seigneur parle de façon impérative, car il défend ses intérêts propres : « Beals amis, dit-il, cis est mes homs, se il s'en fuit pour paour de toi et ie le pert, ie te le demanderai. Puisque il le te vuet amendez, il ne t'en puet faire autre chose. » Les parents du mort pourraient prétendre à des conditions exorbitantes ; aussi on ne leur laisse pas le soin de traiter l'affaire directement : « Et cil puet dire : Je ne m'en meterai pas sur home, se ie ne sais premier coment. Et se li sire li dit : Tu ne le saueras ia, quar se il estoit à ta voluntez, pais ne seroit iamais faite. Mais

(1) Marnier, *ibid.*, chap. XXIX. « Quand on apele aucuns murdriez, comment il se doit deffendre. »

prent II de tez amis ou III, et ciz preigne des siens, et ie serai par dessus, et ferons bone pais entre vous. » Enfin « vient on à effaitement qui est tex par l'us de Borgoigne et à droit que il doit rendre à celui, se il en ha le pooir, C sols et I denier pour hauoir pais. Et se il n'en ha le pooir, on le doit mener selonc son pooir et si doit deuenir ses homs, ce est à enfans du mort se il les ha et lor done ensement l'amende. — Ore doit-on à l'arme du mort son det, ce est, se il est tex homs XXX deniers et faire chanter XXX messe, ou mains ou plus selonc son pooir et selonc ce que li mort valoit, et si donner pour s'arme; et si doivent iurer feauté li uns à l'autre; ne si ne doit estre despuis en plait li uns contre l'autre, ne ne doit consentir à faire mal li uns à l'autre. »

Qu'est cela, sinon la composition conservée sans modification aucune ? Même ici, ce n'est plus à son action que renonce la famille lésée, c'est à la vengeance elle-même. Un changement s'est produit et il est étrange, car il constitue un véritable recul : le *fredum* a disparu ; on ne parle pas, dans le passage que nous venons de citer, de l'amende due au seigneur ; au cas, du moins, où il sert d'arbitre, il ne perçoit rien, à moins cependant que la victime n'ait été son homme, mais ce que le meurtrier lui paye alors, il ne le verse pas à titre de peine, c'est simplement la réparation du préjudice subi et, comme la somme versée à la famille, celle qui est dévolue au seigneur est arbitrée par les prud'hommes (1) ; il suffit donc que la partie se déclare satisfaite, et tout est terminé. La composition est officielle et légale tout en étant arbitraire et privée ; la pratique en est constante : lorsque deux individus se sont battus, les prud'hommes interviennent

(1) Marnier, *ibid.*, chap. XXIX. « Et se li mors est homs au seignor il li doit enqui amendez et au seignour ensement. — Et se li sires li demande, il li doit dire : Biaulx sires, il ne poi mais, il le fit sor mon cors deffendant ; il en serai volentiers en votre merci, à l'esgart de prodomes. »

encore et déclarent qu'on doit rendre à celui qui a été frappé ce qu'il a dépensé pour se faire soigner (1) ; le désir de concilier est tel que les coups non apparents ne donnent droit à rien (2) ; quant aux coups réciproques, ils se compensent : « Se un vilains fiert un autre... et se cil se revenge soit poi soit auques, li cop sont li uns contre l'autre (3). »

La part de la famille ou de l'individu lésé est ordinairement déterminée tantôt *a priori* comme nous l'avons vu en cas de meurtre, tantôt par le montant des frais exposés ; le délinquant rend les « couts et loials grieues » qu'il a occasionnés, et quelquefois aussi l'équivalent du salaire des journées de travail que la victime a perdues par suite de sa blessure ; mais cet équivalent sera arbitré au plus juste : « On doit savoir, dit le Coutumier, que de bataille n'amende riens li uns à l'autre se il ni a coustez, si comme de plaie saner, si comme il est dit dessus, se chevaliers n'est ou naturals chasez (4). » « Et quant vient à l'amendez des coustes et des grieues et des iornée ou solement des iornée, on ne les doit pas rendre par esme, encore deist-il que il heust gaaignié C sols ou plus, por ce ne li rent on fors que ce que on voit par raison que on done le ior à I telz hourier comme il est, et à droit iugement ne rent on fors que loias coustes et loials grieues (5). » Quelquefois même l'on n'aura droit qu'à une réparation toute morale, sorte d'amende honorable.

---

(1) Marnier, *ibid.*, chap. XXX, De bataille. « Ore dit lor consel : metez vos sor ces de notre consel ? Se il si mettent li prodome vont d'une part et dient que se les costes sont tex que il ha mis chatel en lui garir on li doit rendre selonc ce que il ha mis pour hauoir sa mor. »

(2) Marnier, *ibid.* « Et se li cops n'est apparans et nus ne tesmoigne que il i ha chatel, si dient li prodome et par droit : que des cops soit comme deuant et soie amis comme deuant et vers le seignoir s'acordouent. »

(3) Marnier, *ibid.*, chap. XXX, § II.

(4) *Ibid.*, § III.

(5) Marnier, *ibid.*, chap. XXIX, § II.

La part du seigneur, au contraire, est arbitraire (1); ce régime est antérieur à la révolution communale qui réagit contre lui et réussit, en précisant comme nous l'avons vu le taux des droits de justice, à entraver le mouvement qui aurait peut-être abouti à une naissance plus rapide de l'action publique; il fut, du reste, ralenti, plutôt qu'arrêté : l'amende de la partie passe d'abord avant celle du seigneur, à Mâcon, par exemple (2). Mais à la fin du treizième siècle, les droits du souverain s'affirment : ainsi, tandis qu'en 1187, le duc, en cas de sang violemment versé, perçoit 7 sols et le blessé 15 ; on voit dans les *Consuetudines ducatus* que la proportion est renversée; le *wehrgeld*, si l'on peut encore employer ce mot, augmente : la victime a droit à 21 sols, mais la part du duc grossit bien autrement, elle s'élève jusqu'à 65 sols (3).

Peu à peu, le rôle de l'Etat grandit, il se développe tous les jours davantage; au siècle suivant, l'action publique vers laquelle depuis si longtemps et si lentement l'on s'achemine, apparaîtra. Dès 1297, on rencontre un exemple, mais encore isolé, d'intervention du duc dans la poursuite: J. de Grignon, chevalier, fils de Marguerite, dame des Laumes, avait été accusé de la mort de Hue de Saigny ; il avait été condamné par contumace, sur l'initiative non du pouvoir public, mais des parents de la victime, conformément aux principes de la procédure accusatoire ; cependant, lorsque plus tard les amis du meurtrier s'efforcèrent de faire la paix avec les amis du

(1) *Ibid.*, chap. xxx, § 11 « Se uns vilain fiert uns autre et cil ne se reuenge, il li amende le cop à sa merci, et li sire y prent sa loy. — Et se cil se reuenge... li cops sont li uns contre lautre et li sire i reprent sa loy. »

(2) Canat de Chizy, *Documents inédits*, Mâcon, § xxiv. « Item en la cité de Mascon n'a que does esmandes, l'une dou seigneur et l'autre de partie; cele du seigneur ne se doit lever tainque partie ait la sien. »

(3) Bouhier, *op. cit.*, *Consuetudines generales antiquae Ducatus Burgundiae*, § L. « Emenda sanguinis Domino est de sexaginta quinque solidis et parti laesae de XXI solidis. »

défunt, le consentement du duc fut nécessaire, et il l'accorde à condition que « pour l'amende publique et notoire » soixante livres de terre lui soient assises en la terre qui fut au père de J. de Grignon (1). Nous verrons cependant que l'action publique ne sera véritablement instituée que bien des années plus tard ; il est néanmoins intéressant de relever cet indice qui décèle sa naissance proche.

Avant de parvenir à ce grand événement, il est bon peut-être de jeter un regard en arrière ; il suffit de rappeler d'un mot l'époque lointaine de la vengeance privée non seulement autorisée, mais obligatoire : on s'aperçoit vite des inconvénients de cette procédure sommaire et dangereuse ; on tente de la réglementer : ainsi naît la composition pécuniaire dont nous n'avons cessé depuis lors de relever les traces. Gondebaud en conserva le principe, les deux éléments *fredum* et *wehrgeld,* mais toucha de bien près la notion de peine moderne ; cependant, après la chute de son royaume, l'anarchie renaît, la composition redevient ce qu'elle avait été en Germanie : libre, arbitraire et privée. Un temps, Charlemagne ressuscite les traditions impériales, mais après lui, les guerres et les désordres sont portés au comble ; alors l'Eglise, par les lieux d'asile qu'elle multiplie, par la paix et la trêve de Dieu essaie de procurer la sécurité ; ses efforts sont vains. Le mouvement communal à ce moment se dessine : la justice s'organise ; la charte de chaque ville est un véritable petit Code fixant pour chaque délit l'amende à payer au seigneur, l'indemnité à verser à la victime (souvenir peut-être du *fredum* et du *wehrgeld* barbares) ; il ne faut plus de guerres, mais comme jadis la vengeance ne pouvait être exercée que par l'individu lésé,

(1) Archives départementales de la Côte-d'or, B. 10488. — Cité par Petit, *op. cit.*, tome VI, pièces justificatives, n° 5345.

maintenant, c'est à lui seul qu'incombe la charge d'intenter le procès criminel, c'est l'idée fondamentale : la poursuite — et les gens de la commune voient là une précieuse liberté — est essentiellement privée ; aussi tout naturellement, logiquement, la composition subsiste : autrefois le meurtrier rachetait le droit de vengeance, maintenant, il rachète le droit de poursuivre, bien que la vengeance ne soit pas abolie ; la transaction en matière criminelle est aussi licite qu'en matière civile ; elle se fait publiquement, officiellement, devant le tribunal par l'intermédiaire de prud'hommes, quelquefois du seigneur lui-même.

Faut-il apprécier ce système ? Le pouvons-nous, même, imbus que nous sommes des idées modernes d'ordre public ? N'était-il pas le seul possible à l'époque où il fonctionna ? Les contemporains, en tout cas, malgré que son efficacité nous apparaisse douteuse, semblent s'y être attachés et ce n'est pas sans lutte, nous le verrons, que l'Etat, au siècle suivant, réussit à dépouiller, incomplètement du reste, le particulier du monopole de la poursuite criminelle.

CHAPITRE V

Quatorzième et quinzième siècles.

Caractère de cette époque. — La guerre privée, privilège des nobles, et sa confirmation en 1315. — Survivance du rôle primitif de la composition. — Le duc simple arbitre entre les belligérants. — La trêve. — Situation du non-noble : survivance des deux idées de vengeance et de solidarité familiale. — L'asseurement, sa procédure et ses règles. — La garde, ses règles. — La poursuite d'office. — Les gens du duc, leurs fonctions. — Apparition du procureur du duc au quatorzième siècle. — Faiblesse de l'action publique à ses débuts, imprécision de la notion de peine, rôle prépondérant joué souvent encore par le particulier dans la poursuite. — Affermissement de l'Etat ; la composition est obligée de se dissimuler sous l'apparence de disculpations. — Problème soulevé par le consentement de la partie à la grâce octroyée par le prince alors que les lettres de rémission semblent lui ouvrir l'action civile seulement. — Solution : égalité primitive du particulier et du prince, qui prend ensuite la première place ; souvenir que gardent de la première époque les formules notariales. — Effort de l'Etat pour parachever l'évolution.

L'époque à laquelle nous arrivons est une époque de transition : la guerre privée, restreinte aux nobles, va disparaître à la fin du quinzième siècle ; contre les violences dont on est las se développeront deux puissants instruments de protection : l'asseurement et la garde ; en même temps, l'action publique apparaît ; tels sont les nouveaux éléments de paix sociale que nous étudierons tout d'abord.

Nous nous demanderons ensuite ce que devient la composition pécuniaire : on devine déjà que son caractère privé, libre et arbitraire de jadis, va se trouver en but à toutes les attaques. Admettra-t-on encore après la disparition de la procédure accusatoire que le sort du délinquant dépende tout entier du bon plaisir de la victime ? C'est autour de cette question que va s'engager la lutte entre l'Etat et le particulier. A qui restera la victoire ? La réponse fera l'objet de la seconde partie de ce chapitre.

Et tout d'abord si l'ón se demande ce qui subsiste de la guerre privée, on apprend qu'en droit, sinon en fait — car les violences, nous l'avons vu, sont universelles — elle est le privilège des nobles : l'Eglise était parvenue dans une certaine mesure à la réglementer et à la restreindre, non à la supprimer ; la royauté avait repris son œuvre et, surtout sous les règnes de Louis IX, le saint roi ennemi de l'injustice, et de Philippe le Bel, le roi légiste, avait tâché de mâter enfin cette féodalité turbulente et dangereuse, dont les luttes continuelles ruinaient le pays ; les ordonnances s'étaient multipliées, toutes visant au même but : en 1245, proclamation de la Quarantaine le Roy ; en 1257, interdiction des guerres seigneuriales ; en 1260, réglementation des duels ; en 1268, abolition du droit de se racheter dont jouissait le meurtrier habitant de Tournay ; en 1269, même réforme en Gascogne ; en 1283, suppression des joutes et des tournois ; en 1296, prohibition des guerres privées tant que dure la guerre du roi ; en 1303, en 1304, en 1306, renouvellement des mêmes défenses (1) et, même en 1308, le roi était allé jusqu'à mander au bailli de Sens, que les paysans aient à courir sus aux nobles qui s'aviseraient de guerroyer (2).

---

(1) *Recueil général des anciennes lois françaises, passim.*

(2) Boutaric, *Notices et extraits*, p. 194-195, cité par Ch. Dufayard, *La réaction féodale sous les fils de Philippe le Bel* in *Revue historique*, t. LIV, année 1894.

Les seigneurs de France et ceux de Bourgogne en particulier, ne s'étaient pas vus sans déplaisir contraindre à une vie quasi pacifique ; leur mécontentement s'augmentait de la pensée que toutes ces mesures avaient été inspirées par ces gens de petit état que Philippe le Bel avait appelés autour de lui pour faire d'eux les premiers du royaume ; aussi à la mort du roi l'irritation était à son comble : la noblesse se promit alors de reconquérir, au besoin par la force, ses anciennes prérogatives et de toutes, la plus regrettée : le droit de guerre. Cependant comme il fallait agir à coup sûr et avec ensemble, l'on ne précipita rien : dans les premiers mois de l'an 1314, Jehan, sire de Leuzey, Robert de Châtillon, le sire d'Antigney, d'autres encore promettent solennellement d'aider le roi dans la subvention qu'il demande à la noblesse ; la demande est exorbitante, mais l'on n'est pas prêt, il faut bien se soumettre. Puis des bruits de révolte courent, l'on se ravise et, quelque temps après, les mêmes seigneurs signent une lettre des plus violentes par laquelle ils font savoir à tous « que en ce que le roi vouloit lever d'eux et de leurs hommes et en toutes autres choses déraisonnables que le diz roi ou autre leur voudra faire ou ha ja fait, ils ont juré et promis tous ensemble de se défendre les uns les autres ». Ils faisaient en même temps connaître leurs griefs et plus de soixante familles nobles, trente-deux couvents ou chapitres, onze villes de la province s'associaient à ces doléances ; on créa même une commission centrale siégeant à Dijon et l'on s'allia à la noblesse insurgée aussi de Champagne, de Tonnerre, de l'Auxerrois et du Forez. Devant une coalition qui dressait en face de son trône presque tous les seigneurs du royaume, Louis X céda (1) ; il reconnut d'abord que « depuis le temps de

(1) Nous ne faisons ici que résumer l'article de M. Dufayard déjà cité : *La réaction féodale sous les fils de Philippe le Bel.*

Monseigneur saint Louis, son besayeul, les franchises, les libertés, les usages et les coustumes anciennes de Bourgogne ont esté enfrainctes en plusieurs cas et en plusieurs manières (1) », et il s'engagea à les rétablir. Il les rétablit en effet, déclarant sur leur demande « que le dit noble puissent et doient user des armes quant leur plaira et que ils puissent guerroier et contregagier. Nous leur octroïons, ajoute le roi, les armes et les guerres, en la manière que il en ont usé et accoutumé anciennement et fera l'en savoir au païs comment il en ont usé et accoutumé à user anciennement. Et selon ce que l'en trouvera, nous leur ferons garder et si de guerre ouverte, li uns avoit prins sur l'autre, il ne seroit tenu du rendre, ne dou recroire, se puis la deffence que nous sur ce leur avons faite ne l'avoient pris (2). » Peut-être Louis X cherchait-il par le moyen d'une enquête à faire traîner les choses en longueur ; il n'y réussit pas, on ne sait même si des commissaires furent nommés à fin de rechercher les usages abolis ; la noblesse en somme avait atteint son but : elle put dès lors guerroyer à peu près à sa guise et le droit lui en fut si bien reconnu qu'un article de la coutume le consacra : « Nulz ne puet faire guerre ne retenir diffiances se il n'est nobles. Autrement est amendable à voulenté (3). »

(1) *Recueil des édits, déclarations, lettres patentes, etc., concernant l'administration des Etats de Bourgogne*, Dijon, Defay, 1784, p. 16.

(2) *Ibid.*, p 17.

(3) Bouhier, *Anciennes coutumes du duché de Bourgogne*, § CVIII. — Ce que Bouhier a publié sous le titre d'*Anciennes coutumes du duché de Bourgogne* n'est qu'une compilation de textes tirés de quatre manuscrits, connus sous le nom de Manuscrit de Beaune (n° 24), Manuscrit de Troyes (n° 204), Manuscrit de Dijon (A F. 216), Manuscrit de Montpellier (n° 286), et aussi des *Coutumes anciennes*, des *Coutumes éprouvées à Dijon et en toute Bourgogne* et des *Consuetudines ducatus*. M. Champeaux, refaisant en sens inverse le travail de l'illustre président, a dressé un tableau indiquant la source de chacun des paragraphes de la compilation. (*Nouvelle revue historique de droit français et étranger*, année 1906, p. 669.) Nous donnerons chaque fois que nous nous référerons à l'œuvre de Bouhier les indications correspondantes données par M. Champeaux. Ainsi le § CVIII précité se trouve au folio 164 du Manuscrit de Beaune précité.

Rien d'étonnant donc à ce que, entre nobles, l'on retrouve la composition : deux seigneurs en guerre l'un contre l'autre sont exactement dans la situation de deux Etats belligérants ; ils ne reconnaissent au-dessus de la leur aucune souveraineté ; ils continuent donc les hostilités comme bon leur semble ; quelquefois aussi, ils signent un traité de paix où l'on stipulera des indemnités de guerre ou des réparations morales : comme dans les temps primitifs, la prestation fournie est le rachat du droit de représailles auquel l'un des adversaires est amené à renoncer par l'intervention d'amis communs ; et comme jadis aussi l'arrangement conclu étend son effet, non seulement aux chefs, mais à tous les membres des familles ennemies, on n'oserait dire aux deux armées, mais aux deux clans. Un traité de ce genre, conclu en 1389, entre Jehan de Baissey et Jehan de Saulx en suite de la mort de Guillaume de Baissey, mérite d'être cité :

En nom de Nostre Seigneur, amen. L'an de l'incarnacion d'icellui courrent mil trois cent quatre vins et nuef, le dimenche que l'en chante en sainte église Quasimodo, XXVe jour du mois davril. Comme descort et débat fut mehu entre Jehan de Baissey escuier, frère de feu Guillaume de Baissey et plusieurs de ses amis, d'une part. Et Jehan de Saulx aultrement dit le Loupvet escuier et plusieurs de ses amis d'autre part, pour cause du trespas de feu ledit Guillaume de Baissey, jaidis escuer frère de moy ledit Jehan de Baissey, lequel Guillaume ay esté mort par la coulpe de moy ledit Jehan de Saulx. Nous lesdits Jehan de Baissey et Jehan de Saulx, parties dessus dites. Savoir faisons à tous ceulx qui verront et orront ces présentes lettres, que par le moyen de pluseurs seigneurs nobles nos amis et en espécial de nobles et puissants seigneurs, nous, Jehan de Vergey seigneur de Fouvens et seneschal de Bourgongne et de Mons. Jaque de Vergey son frère seigneur d'Autrey, esleus en ce de nous lesdittes parties, nous avons traitté et accordé, traittons et accordons entre nous en la manière qui s'ensuit : C'est assavoir premièrement que pour bien de paix garder et norrir entre nous et les amis de l'une partie et de l'autre de nous, je le diz Jehan de Saulx doy faire venir le corps de feu le dit Guillaume de Baissey en l'abbaye de Cisteaulx sur ung charriot encompaingnié de deux religieux de ladite abbaye. Item suis et serai tenuz je le diz Jehan de Saulx de bailler au sieur bailli deux torches qui seront portées ardens après le corps de feu ledit Guillaume en lui menant en lad. abbaye de Cisteaulx. Et le corps d'icelluy feu Guillaume estant en lad. abbaye, je lediz Jehan de Saulx suis tenuz de faire à faire l'obsèque d'icelluy Guillaume et le divin office pour le remède de l'âme de luy bien et solemnellement selon qu'en tel cas appartient par l'abbey et couvent de lad. abbaye de Cisteaulx. Item serai et suis tenuz je lediz Jehan de Saulx d'à eulx administrer ou faire administrer boire et mainger selon l'estat du dit feu Guillaume et la puissance de moy lediz Jehan de Saulx, c'est assavoir de deux ..... de ..... appartenans es diz religieux. Item et avec lesdiz religieux est accordé que s'il advient que XV prestres surviennent à l'obsèque dudit feu Guillaume, je lediz Jehan de Saulx suis tenuz d'eulx donner boire et mangier par la manière que es dessusdiz religieux et à chascun desdiz XV prestres, donner ou faire donner deux gros viez tournois d'argent. Item suis tenuz je lediz Jehan de Saulx de bailler et délivrer à l'abbé et au couvent de lad. abbaye de Cisteaulx seixante livres de cire pour le luminaire dudit trespassey, desquelles huit torches seront faittes d'une partie et du demeurant les cierges. Item suis tenuz de faire venir le corps dudit feu Guillaume audit lieu de Cisteaulx dedeans la feste Saint Remy prochainement venant ; et le jour que se fera l'obsèque dudit Guillaume, je lediz Jehan de Saulx suis et seray tenuz de le faire savoir audit Jehan de Baissey XV jours devant et avecques ce, suis tenuz je lediz Jehan envoyer quérir le corps dudit feu Guillaume dedeans temps deu, afin que ledit Jehan de Baissey y soit ou envoie pour veoir s'il sera menez audit lieu de Cisteaulx par la manière que dessus est divisée. Item suis tenuz je le diz Jehan de Saulx de paier, bailler et délivrer aux dessusdiz Mons. Jehan de Vergey et Mons. Jaque de Vergey chevaliers, la somme de huit vins francs d'or du coing du Roy notre seigneur et de juste pois le landemain de la feste de la Nativité de Notre Seigneur prochainement venant ; c'est assavoir par especial audit Mons. Jehan de Vergey ou à son certain commendant par luy à ce commis et au chastel de Fouvens pour les baillier et délivrer audit Jehan de Baissey ; et à Mons. Guichart de Sainct Seigne chevalier ou à leurs commendens à ce commis et pour les mettre et convertir au proffit du remède de l'âme dudit feu Guillaume par ledit Jehan de Baissey et ses amis. Et parmy ce, nous les dessusdiz Jehan de Baissey et mes amis et ledit Jehan de

Saulx sommes demeurés et demeurons en paix et amour de tous les descors et débats qui entre nous estoient à cause de ladite mort dudit feu Guillaume. Item est encore accourdé que après ce que ledit obsèque sera fait, je lediz Jehan de Saulx suis et seray tenuz de venir à Diion et crier mercy audit Jehan de Baissey et aux amis dudit feu Guillaume à cause de la mort d'icelluy Guillaume. Item et feray amende pour ce audit Jehan de Baissey et à ses amis par la manière que les dessusdiz messires de Vergey aviseront et les amis desdiz de Baissey et je lediz Jehan de Saulx. Et touttes les choses dessus dites ainsy passées, faites et accomplies par lesdiz seigneurs de Vergey, je lediz Jehan de Baissey, frère dudit feu Guillaume de Baissey louheroy et en passeray lettres et quittances audit Jehan de Saulx de ladite mort et meffait dudit feu Guillaume et ottroyerai qu'il ait et puisse avoir sur ce sa grâce du Roi notre seigneur et de Mons. le Duc de Bourgongne. Item sur ce, ottroyerai et consentirai je lediz Jehan de Baissey que bonne paix soit et demeurat entre mes amis et les amis dudit Jehan de Saulx. Et avec ce, je me feray et fais fort en ceste partie de tous les amis charnelx dudit feu Guillaume qui aucune chose vouldroient demander audit Jehan de Saulx à cause de ladite mort et meffait dudit feu Guillaume de Baissey, etc. (1).

Il est inutile de reproduire les longues formules qui terminent l'acte ; il reçut du reste sa pleine exécution : Jehan de Baissey fait, en effet, savoir que le même jour « à Diion, en la présence de Mons. Jehan de Vergey, de Mons. Guillaume de Vienne et Mons. Jehan de Blaisey, seigneur de Mavilley, Mess. Guichart de Saint Seigne chevalier, de maistre Drehue Felise saige en drois, conseiller Mons. le duc de Bourgongne et de pluseurs autres », vint « personnellement ledit Jehan de Saulx mehu de bon propos et de certaine science, lequel m'a crié mercy et fait amende et à mes amis et dudit feu Guillaume de Baissey de la mort d'icelluy feu Guillaume telle comme il a esté avisée par ledit Mons. Jehan de Vergey, par moy et mes amis et par ledit Jehan de Saulx et ses amis ». La somme de huit vingts francs d'or fut aussi versée, à Jean

(1) Archives départementales de la Côte-d'Or, B. 11308, fol. 11.

de Baissey, séance tenante pour partie par l'intermédiaire de maître Drehue Felise, mandataire du sire de Vergy; dix-neuf francs d'or restant à payer, Jehan de Saulx donna comme pleige de sa dette Guillaume le Puillet de Dijon; ils furent versés à la Pentecôte suivante. La plus grande partie de la somme du reste ne sortit point de l'escarcelle du meurtrier: il avait des débiteurs qu'il délégua; c'étaient Soier de Gant, seigneur de Tanay, qui versa en son nom quarante francs; Guillaume, seigneur de Montot, Odot de Changes près de Mirebeau, Philippe Pestot d'Etaules et Hugues le Bouretet, demeurant à Oirains, qui payèrent vingt francs chacun (1).

Ainsi, l'on transige d'un crime: pas de poursuite, pas de peine, la composition continue entre les nobles à tenir son rôle primitif: elle sert à éviter la guerre; on paie le préjudice causé à la famille de la victime; le mort lui-même reçoit satisfaction; en l'espèce, on lui octroie des funérailles solennelles et des prières d'une importance conforme à son rang; c'est l'antique *wehrgeld* qui reparaît; l'État du reste a aussi sa part; malgré la liberté absolue des parties, il faut que le coupable obtienne sa grâce du roi et du duc de Bourgogne : on s'engage à la lui procurer, mais on ne doute pas qu'elle ne lui soit impartie: le rôle du souverain est tout à fait accessoire (2); le séné-

---

(1) *Ibid.*, B. 11302, fol. 181.

(2) L'intervention du roi et la nécessité de demander sa grâce peuvent probablement s'expliquer en l'espèce par ce fait que la mort de Guillaume de Baissey avait été plutôt un assassinat, un véritable crime que l'épisode d'une guerre régulière; car alors les deux parties traitent sans qu'aucun représentant d'un pouvoir quelconque soit invoqué: en 1343, Henri de Conflandel accusait le sire de la Rochelle de l'avoir pris en dehors de bonne guerre et proposait de prouver son dire par gage de bataille; l'affaire fut portée devant le duc Eudes. Le sire de la Rochelle répondait qu'il n'y avait lieu à gage de bataille et donnait comme une des quatre raisons qu'il invoquait « que puis le temps dessus dit que le dit Mons. Henry afferme estre pris, il acordit audit seignour de la Roichele et en furent faictes lettres ». Le duc ordonna une enquête dont nous ignorons le résultat. Archives départementales de la Côte-d'Or, B. 287.

chal, le plus haut des fonctionnaires ducaux, est présent à l'accord, mais il est là comme simple particulier, et l'on ne parle point d'une amende, ni d'une réparation quelconque à faire au duc.

On ne voit pas non plus que les seigneurs ennemis soient jamais contraints de conclure la paix : le 23 novembre 1377, Jean de Saint-Antoine, Jean de la Ronce, écuyers, et neuf autres de leurs complices s'emparèrent d'Ithier de Flogins, chevalier, dans sa maison forte de Flogins et l'emmenèrent hors du royaume. A l'époque de cet attentat, la poursuite d'office s'exerçait depuis longtemps, nous le verrons tout à l'heure; cependant, le procureur reste impassible; c'est entre les parents et amis du prisonnier et ses ravisseurs que s'engage la discussion, les uns soutenant que la prise était injuste, les autres qu'elle était valable : on prend jour pour se rencontrer à Dijon, non point devant le conseil ducal, mais dans une hôtellerie; les gens de loi n'ont rien à faire en semblable occurrence; le seul fonctionnaire qui apparaisse, c'est Hugues Colin, sergent général du duc, demeurant à Verdun, entre les mains duquel les délinquants jurèrent d'être fidèles au rendez-vous; ils y manquèrent du reste (1) :

L'an LXXVII le venredi XIXe jour de février environ heure de tierce. En la présence, etc., furent personelment en l'escriptoire de moy tabellion, etc., en la ville de Diion Jaquot de Flogins escuier frère de Mons. Ithier de Flogins chevalier, Mons. Estienne de Flavigny maistre de l'ostel Mons. le Duc, cousin dudit Mons. Ithier, dirent que comme icellui Mons. Ithier chevalier eust esté le lundi jour de feste saint Clément darrènement passé, prins de nuyt en sa fort maison dudit Flogins par Jehan de Saint Anthoine, avec li Jehan de la Ronce, Valon de Pourlan, le petit Guiot de Pourlan, Guillaume de Branchemin, Guillaume le

(1) Archives départementales de la Côte-d'Or, B. 11288, fol. 16. Cité partiellement par Simonnet, *Documents inédits pour servir à l'histoire des institutions et de la vie privée en Bourgogne*, p. 117.

Chevrelut (?), Jehan le Put de Chilley, le bastart de Chilley, Hugues de Mitrey, Guillaume de Bailley escuiers, Huguenot de Saint Anthoine et plusieurs autres complices et aidans dudit Jehan de Saint Anthoine et l'eussent mené prisonnier hors du royaume par force et sans deffiances pour quoy les dessusdiz amis et parens dudit prisonnier disoient et maintenoient contre les dessus nommez que malvaisement et faussement l'avoient prins et emmené, iceulx disans le contraire et que bien et deuement l'avoient prins. Sur quoy eust esté entre lesdites parties prinse et acceptée journée à Diion au juefdi précédent ce présent jour de hui, en l'ostel de l'Estoille aux quelx jour et lieu ledit Valon de Pourlan devoit venir lui VIe des dessusdiz et li faire fort pour ledit Jehan de Saint Anthoine et tous les autres dessus nommez et illec monstrer que bien et deuement ledit chevalier avoit esté prins ou faire excusacion souffisante ou rendre et délivrer ledit prisonnier. Et ce promisent comme gentilz hommes en la main de Gauthier d'Arthey escuier et Hugues Colin demorant à Verdun, sergent général de Mons. le Duc, si comme lesdis Gauthier et Hugues relatèrent et certifièrent par leurs seremens en la main dudit tabellion et en la présence que dessus. Et afin que lesdis Valon et ses complices peussent venir plus seurement à lad. journée les dessusdiz amiz dudit chevalier promisent de faire avoir, leur dite partie avisée, un sauf conduit de ma dame la duchesse, laquelle chose ils ont faite et leur ont envoié ledit sauf conduit par ledit sergent qui porta icellui et bailla audit Valon VIII jours avant ladite journée, si comme il a certiflé par son dit serement, liquelz amiz dudit prisonnier à ladite journée et lieu se soient comparuz et venus et eulz logiez oudit hostel afin de y trouver ledit Valon et y furent et attendirent tout ledit jour et la nuit aussy. Et encor au jour de hui les attendent pour ce que aux diz jour et lieu icellui Valon n'est venus, ne comparus si comme il ont affermé. Pour ce est-il que d'abondant, les dessusdiz amis dudit prisonnier se présentent en tant comme ils peulent et se offrent de faire avec ledit Valon en nom dudit Jehan de Saint Anthoine, lui Valon et les autres que il volroit amener avec lui ce qu'il devroient faire et qu'il appartenroit au cas selon les choses dessus dites ou cas que ledit Anthoine y seroit. Sur quoy il me requisent instrument soubz le seel Mons. le Duc présens Henri de Lixeu et Jehan Pontet demorant à Diion, clerc. Et en oultre, ledit sergent certifie comme dessus que le juefdi du matin, avant soleil levant, il encontra ledit Jehan de Saint Anthoine, Hugues de Mittrey, le bastart de Chilley et ledit Valon de Pourlan et le petit Guiot de Pourlan, lesquelz il congnut bien et advisa et plusieurs autres avec eulx, lesquelz il ne advisa point qui emmenoient ledit chevalier et fut en la ville de Pierre près de la rivière de Doux. Et encor dit que ledit Valon et plusieurs autres dessusdiz ont requis qu'il leur aidast à pourchasser leur paix par devers lesdiz amiz. Et après ce esdiz jour et heure lesdiz amis dudit chevalier en l'ostel à l'Estoille dessusdit, en la présence de moi et des tesmoings dessoubz escrips dirent et offrirent que devant. Et Thevenote, femme Symon le Germenot, sire dudit hostel et Guillaume fils dudit Symon, qui gouvernent icelluy hostel en l'absence dudit Symon, qui est à présent à Paris, dirent et affermèrent que audit jour de hier, ne aussi au jour de hui, il ne veirent en leur dit hostel ne ailleurs ledit Valon, ne personne de par lui et ne sceurent ne oyrent que icelli Valon, ne autres de par li demandassent pour les diz amiz, mais iceulx amiz dessus nommez vindrent et furent dès mercredi précédent en leur dit hostel et illec ont esté logiez et dormi de nuit lesdiz mercredi et jeuefdy et ledit jour de hui et pareillement lesdiz Gauthier et sergent tesmoings que il y ont esté avec lesdiz amis continuelment et n'ont point veu ledit Valon ne autres de ses diz consors. Tesmoings Jehan Sarpillot, Joly de Verdun et Hennequin Buconman demorans à Diion.

Comment l'affaire se termina-t-elle ? Simonnet dit vraisemblable qu'une transaction fut conclue, grâce à l'intervention des officiers du duc de Bourgogne. En réalité, on l'ignore ; mais l'on peut remarquer que c'est aux parties seules qu'incombe le soin de ramener la paix entre elles ; la famille lésée n'a pas de moyen de contraindre Jehan de Saint-Anthoine et ses complices à se rendre à son appel ; le pouvoir n'intervient pas dans le différend.

Le souverain ne garde cependant pas toujours la même indifférence : quelquefois il s'interpose, mais alors il n'agit pas en vertu de son pouvoir de justicier, il n'est qu'un simple arbitre (1) ; sa décision ne s'impose pas, il

(1) Quelquefois aussi cependant il parle en maître : « Le duc de Bourgogne ayant appris qu'ayant depuis peu mandé un certain nombre de gens d'armes de son pays de Bourgogne pour venir au service du Roy avec luy contre ses ennemis d'Angleterre qui pour lors avoient dessein de luy nuire aussi bien qu'à son royaume, lequel dessein ils n'ont pas encore

faut que les parties d'abord s'adressent à lui pour clore leur débat et ensuite qu'elles ratifient sa sentence; il ne prononce pas une peine, il ne parle même pas de grâce à obtenir : le souverain s'efface, il ne reste qu'un conciliateur auquel on a volontiers recours à cause de son élévation au-dessus des deux belligérants. En 1371, Humbert de Rougemont, venant des noces de Philippe le Hardi, fut pris et dévalisé par Jean de Blaisey qui « par longtemps retint prisonnier et translata de prison en autre le corps dudit Mons. Humbert ». Il y a apparence du reste que

---

quitté, Huguenin de Montjeu, écuyer, son pannetier et quelques autres gentilshommes ses parents et voisins estans de compaignie et tous en chemin pour le venir joindre, à cet effet montez et armez souffisamment ainsy qu'il convenoit à leur estat, arrivez près de Polenay les Flavigny en Auxois, quelques-uns de leurs valets estoient sortis de leur logis pour aller chercher de l'avoine pour leurs chevaux et sans qu'ils fissent aucun dommage. Katerin de Serin son eschanson, accompagné de deux ou trois personnes s'adressa à un des valets dudit de Montjeu abreuvant son cheval en la rivière, le batit à coups d'épée et le fit maltraiter à coups de bâton si durement qu'il en fut longtemps alité et en danger de mort ; que ledit Huguenin et sa compagnie mortifflés extrêmement de laisser ainsy derrière un tel valet et choquez en oultres d'une telle insulte, furent d'un commun accort au nombre d'environ vingt hommes d'armes devant la maison de vénerie appartenant audit Katerin, dont ils trouvèrent le pont et la porte fermée ; qu'ayant demandé aux gens dudit Katerin qui leur parlèrent où il estoit et leur ayant dit qu'ils estoient venus là pour savoir de luy mesme la raison pour laquelle il avoit maltraité leur valet et leur avait ainsy insulté, il leur avoit esté répondu qu'il n'y étoit pas, quoy quil leur eut esté assurré qu'il y estoit, à quoy ils avoient répondu de dire à leur maître de prendre garde à luy et qu'il se tint pour assuré qu'il leur payeroit cette insulte, ne pouvant digérer cette injure, eux étants à son service et mandement, après quoy, ils se retirèrent ; que le dit Huguenin depuis estant à Ostun, avoit receu à l'occasion de cette affaire lettres de son oncle, le seigneur de Chevigny par lesquelles il l'assurait que ledit Katerin s'estoit mépris, que ce n'estoit pas à luy qu'il en vouloit et qu'il avoit pris ses gens pour ceux du conte de Joigny, que s'il vouloit luy donner et convenir d'un jour pour le veoir et parler ensemble là dessus, il s'en rapporteroit à ce qu'il décideroit, ledit Katerin le voulant bien prendre de son coté pour arbitre ; qu'en conséquence, ledit Huguenin pour parer à toutes les mauvaisessuites de cette affaire, avoit écrit à sondit oncle qu'il acceptoit volontiers l'expédient proposé pour la terminer et qu'il se trouveroit le dimanche avant la mi-aout à Chevigny, ce qu'il fit en effet, y ayant été accompagné du sire de la Porcheresse et de ses enfans, de Guil-

Jean de Blaisey n'avait agi de la sorte qu'en représailles de la mort de son cousin Garnier de Blaisey, à laquelle les Rougemont n'étaient peut-être pas étrangers. Quoi qu'il en soit, « plusieurs débats furent meus tant par devant nous, dit le duc dans ses lettres, comme ailleurs entre lesdites parties et aucuns de leurs amis, sur lesquelx icelles parties se soient submises du tout en nostre bonne volonté et ordonnance et ayent promis pour eulx et pour leurs diz amis, tenir tout ce qui par nous en seroit dit et ordonné ». Faisant droit à leur requête, le duc « désirants

---

laume de Loiges et de Jean dit Loison intéressés en l'affaire, mais inutilement parce que ledit Katerin ni personne pour luy ne s'y présenta; qu'en conséquence comme les lettres dudit sieur de Chevigny portoient que ledit Katerin avoit pris les gens dudit Huguenin pour ceux du conte de Joigny, ledit Oyson qui avoit la charge et gouvernement des gens dudit comte lorsque le fait estoit arrivé, estoit alé chez ledit Katerin pour savoir de lui la raison de l'insulte qu'il avoit eu volonté de faire aux gens dudit comte comme le portoient lesd. lettres dudit de Chevigny, qu'alors ledit Katerin luy avoit répondu que si ledit seigneur de Chevigny avoit escript cela de luy, il en avoit impunément menti et qu'il estoit prêt d'en combattre en tous lieux. A quoy ledit Oyson respondit qu'il estoit hors de gages et que le dit seigneur de Chevigny ne se combattroit pas avec luy. A quoy le dit Katerin avoit répondu qu'il s'en combattroit au meilleur de ses parents qu'il voudroit eslire et qu'il porteroit dommage audit Huguenin en corps et en biens en toutes les manières qu'il pourroit. Le duc de Bourgogne, dis-je, ayant appris cette querelle, voulant en arrester les suites fâcheuses et prévenir toutes voyes de fait entre les parties, dont il pouvoit arriver de grands dommages et inconvéniens à ses sujets, et détruire tous mauvais exemples, par lettres de Paris du 11 septembre 1404, manda à son bailli d'Auxois ou à son lieutenant de deffendre ou faire deffendre de sa part auxdits sieurs de Chevigny, de Montjeu et autres d'un costé et audit Katerin et autres d'autre part, sur peine de désobeïssance et d'encourir son indignation perpétuelle, de n'en point venir les uns contre les autres par voyes de fait pour vuider leur querelle et desbat dessus dit; et ce fait de les adjourner tous sous peine d'amende arbitraire à son proffit à comparaître devant luy dans la première quinzaine qu'il sera arrivé en Bourgogne afin de les juger et afin qu'il le puisse faire plus aisément, il luy ordonne d'informer appellé à ce le procureur dudit bailliage, de tout ledit fait et d'envoyer audit jour close sous leurs sceaux l'information qu'ils auront faite et afin que vue ycelle et aprèz en avoir oui le rapport, il puisse plus surement alors juger cette affaire. » — Anno 1404, Bibliothèque nationale, collection de Bourgogne, t. LVIII, p. 119. Nous devons la communication de ce document à l'obligeance de M. Champeaux.

paix et bonne amour entre les dites parties et tous autres » prononçe « paix et accord final entre les dites parties et les amis d'une partie et d'autre tant sur les débats dessusdits et les circonstances et dépendances d'yceulx comme sur autres quelxconques et que pour tout le temps passé, il et leurs dits amis soient et demeurent quittes à toujours et leurs amis l'un envers l'autre ». La sanction du crime commis ne sera point une peine publique, ce sera une véritable peine privée, si bien que le duc lui-même approuve le droit de vengeance qu'on s'attendrait plutôt à lui voir proscrire : « Et avecque ce avons dit et prononcié que pour amande audit Mons. Humbert, led. Mons. Jehan de Blaisey sera et demourra par un jour tant seulement, prisonnier en la maison de nostre amé et féal le seigneur de Ray ami dudit Mons. Humbert. » Une clause bien bourguignonne termine l'acte : « Et si led. Jehan de Blaisey donra boire en notre présence à ycellui Mons. Humbert et lui priera que doresnavant ils soient et demeurent bons amis ensemble. » La réconciliation est parfaite : « lesquelx dit et pronunciation lesd. parties ont rattifiez et eu aggréable et par paix et amour ont donné boire l'un à l'autre en notre dite présence (1). »

On peut penser du reste que la ratification par les parties dut tendre à devenir simplement une formule ; à la fin du quatorzième siècle surtout, le duc a des moyens sûrs de faire respecter sa volonté ; mais il n'en fut peut-être pas toujours ainsi et il semble bien ressortir de quelques actes que la décision du prince ne s'imposait nullement à ceux qui recouraient à son arbitrage (2).

---

(1) Dom Plancher, *Histoire de Bourgogne*, t. III, Preuves, p. XXX, pièce XLIV.

(2) *Ibid*, t. II, Preuves, p. CCLXXV, anno 1343. « Nous Loys cuens et sires de Nuechatel façon savoir à tous que nous de certain propos et plaine science pour l'onour et la révérence de très excellent et noble prince,

En somme et de façon générale, la liberté des nobles est complète(1): ils peuvent guerroyer quand et comme bon leur semble; ils sont souverains à ce point de vue : le pouvoir central à cet égard n'existe pas pour eux, mais si rien ne les limite dans leur chevauchée, rien non plus ne les protège que leur épée : ils se sont mis d'eux-mêmes dans cette situation des peuples primitifs où chacun est

---

nostre très chier et redoubté signour, Mons. Eudes de Bourgoigne, conte d'Artois et de Bourgoigne, palatin et sires de Salins, la pronunciacion et l'ordenance faite à Grey et rapportée par ledit Mons. le Duc en escripts soubs son seel de et sus les riotes et guerres qui estoient entre Mons. Henry conte de Montbeliard et signour de Montfalcon d'une part, et nous d'autre, par la forme et manière que pronuncies sont et rapportées et escriptes, nous ratiffions et approuvons et emologuons pour nous et pour nos aidans, complices et subjez et promettons en bonne foi de tenir fermement et non venir encontre pour nous, ne par autruy, ne consentir que autres y viegne. En tesmoing de laquelle chose nous avons baillées aud. Mons. le Duc ces présentes lettres saellées de nostre grant sael pendant. Donné à Beaune le mardy huitave de feste saint Martin d'yver, lequel mardy nous estoit assignez d'estre à Beaune pardevant Mons le Duc pour rattifier lad. pronunciacion et ordenance, l'an mil ccc quarante et trois. » — Le duc n'est du reste pas seul à servir d'arbitre entre des seigneurs qui guerroient : voici un acte d'arbitrage qui date de 1370 : « Thiebaut du Pont escuiers confesse que comme Jaquemarz fils Monseigneur Hugue de Pontailler chevalier, et li, haussient certain descort entre eulx sur certaines chouses que li ungs demandoit à l'autre et il soit ensuit que ce pendent li diz Jaquemars ait fait aucun domaige au dit Thiebault tant en son corps comme en ses biens, li diz Thiebault de sa certaine science, sanz force et sanz contrainte, confesse que tout ce que pour le dit Jaquemars li ay esté fait, il ay faict de bonne guerre et de léaul qu'il avoit à li et avoit cause du faire, et avec ce dudit descort se descharge à l'ordenance et dit de nobles hommes mons. Eude seigneur de Villefrancon chevalier et Jehan le Guespat d'Arc sur Tille escuier comme arbitres arbitrans, etc »

(1) Il ne faudrait cependant rien exagérer ; la royauté fit toujours tous ses efforts pour restreindre les guerres seigneuriales et toutes ses ordonnances ne restèrent pas lettre morte : en 1316 même, le sire d'Antigney, se présentant à la tête d'une forte troupe d'hommes d'armes devant la ville de Langres, fut arrêté par ordre du roi (Ch. Dufayard, *op. cit*) ; les concessions de 1315 étaient donc peut-être plus apparentes que réelles. En 1356, une guerre « régulière » éclate entre Thomas de Vantoux et Jean de Maisey ; ce dernier fut fait prisonnier : il reconnut avoir été « justemant pris » et s'engage à demander au roi pour Thomas et ses complices « quitance et absolution perpétuele ». Archives départementales de la Côte-d'Or, B. 11248, fol. 16.

son propre gendarme ; cet état peut avoir des charmes, mais présente aussi bien des inconvénients et si amoureux que l'on soit de la guerre — on a dit et répété qu'avec la chasse, elle était la seule « distraction » du seigneur féodal — il est des temps auxquels elle est mal venue : le noble peut être contraint par un voyage ou par d'autres circonstances à renoncer momentanément aux combats ; comment se protéger soi, sa famille et tous ceux desquels le château est le retrait ? S'adresser au duc, au roi, c'est possible, mais on préfère ne point leur donner motif d'intervention et le plus souvent on traite avec celui dont on a à craindre des représailles : on conclut une trêve. La trêve a plus d'un rapport avec l'assurement dont nous parlerons plus loin ; mais plusieurs différences l'en séparent : tandis que l'assurement est imposé par les officiers du souverain, la trêve est libre ; le bris d'assurement amène celui qui s'en est rendu coupable à subir une peine que lui inflige un juge ; la violation de la trêve au contraire n'ouvre pas de recours devant les tribunaux ; la coutume de Bourgogne n'en parle pas ; elle est comme un produit spontané de la situation de la noblesse où le « droit du poing » domine : lorsque l'on conclut une trêve, on la termine par une clause pénale : celui qui la violera paiera telle somme ; ce ne seront point du reste les officiers de justice qui l'y contraindront : plusieurs seigneurs se portent cautions pour l'un d'entre eux et se font ses garants. Ce ne sont point des juristes qui ont inventé cela : sous n'importe quelle latitude, on rencontrerait des règles semblables destinées à remplacer la justice absente, à procurer la paix qu'aucun pouvoir social n'assure. Au moyen âge, c'est précisément là la situation de la noblesse : elle aime la guerre, même c'est sa fonction et non seulement son passe-temps ; mais à certains jours, le noble comme tout autre a besoin de paix ; la coutume ne lui donne pas de moyen de se la procurer, il invente la trêve. On appréciera mieux peut-être ces réflexions après avoir lu l'acte suivant ; il date de 1392 :

Messires Guillaume de Vergey sire de Mirebeaul, Messires Guillaume de Marigney, Messire Guillaume sire d'Aigremont, Messires Hugues de Pontoillier, Messire Estienne de Musigney, Messires Guillaume de Digone, Messire Guillaumes de Blaisey, Jehan de Voudenay signour de la Loiges et Jehan d'Etrées se sunt estaublis ploiges jusque à la somme de mil mars d'argent pour Henry de Vantoux et à sa requeste en la main de Monseigneur Eudes de Saulx, signour de Vantoux, que lidiz Henry ne panray sur ledit signour de Vantoux ne sa famme, ne lour anfanz tant comme père et mère vivront, ne sur le signeur de Villefrancon ne sur lour hommes, ne que par occasion de la prise à ly faite de par ledit signour de Villefrancon....., ne dommaige ne viendray es diz père et mère, ne signour de Villefrancon, ne à lour..., ne que lidiz Henry ne feray, ne feray faire, ne ne se mettray en campaigne qui forface ne veult forfaire sur lesdiz père et mère, anfanz et signour de Villefrancon ne sur lour complices. Et ou cas que lidiz Henry feroit le contraire des chouses dessusdites ou aucunes diceles, li dessus nommez seront meheuz en la peigne dessusdite toutefoiz et quantefoiz que il forferoit ou feroit forfaire sur aux ou sur l'un d'aux. Et seroit ycelle [peigne] acquise à ceaux sur lequel ou sur lesquelx il forferoit. Et promettent lidiz ploiges [par leurs] sairemanz et sur l'obligacion de touz lour biens présenz et avenir, faire et procurier envers ledit Henry que il hauray ferme et aggréable toutes les chouses dessus dites et de paier la peigne ou cas que lidiz Henry en vanroit au contraire, ensamble touz dommaiges, missions et despans que li dessusdiz hauroient ancourru, desquelx lidiz ploiges veulent que il feussent mehuz par leur saimple sairement et venir tantost que li dommaige saroient faiz et que il saroit venuz à lour cognoissance ou que il lour seroit signifiez en lour domicille, en hostaiges en la ville de Diion en hosteler hun chascun selon son estat, saulx que lidiz messire Guillaumes de Vergey n'y viendroit pas, mas il saroit tenuz d'anvoier, et l'ay promis, hun chevalier ou deuz escuiers, ne ne pourront partir de ladite ville jusques à tant que il haussient paié ladite peigne. Et promettent ancor lidiz ploiges par lour diz sairemanz et sur ladite obligacion, toutes les chouses dessusdites tenir, garder, accomplir et non venir au contraire, non obstant aucunes autres convenances, lettres, quittance au contraire de cestes présentes convenances faites ou à faire à aux de par lesdiz mairez, anfanz et signour de Villefrancon par cestes adnulley ou amoindry, mas renuncent lesdiz ploiges à touz autres contraires convenances et quittances faites et affaire à aux de par lesdiz mares, anfanz et sire de Villefrancon. TT. Renouhars de la Tournelle escuier, Jehan de Saulx baillif de la Montaigne, Regnaul de Ysoure, Symon de Chaunes et Mons. Odart de Ruilley (1).

Quelle est à côté du noble, la situation du non-noble ? Au non-noble, la guerre n'est pas ouverte; si le gentilhomme « trait couteaul ou espée sur aucun » en dehors de lutte régulière, il encourt l'amende arbitraire; mais « autre chose de cellui qui n'est pas gentilhomme », la peine qui l'attend est bien plus grave : « car il pert le poing ou soixante-cinq librez (2) ». Les violences de toutes sortes ne manquent pas néantmoins ; car partout survivent les deux antiques notions de vengeance et de solidarité familiale : sur la recommandation du seigneur de Veaulx-Saint-Julien, Perrin Gentilhomme avait pris un certain Perrenot Gagnepain « pour demeurer avec lui et apprendre aucune chose du mestier de cousturier ». Tout alla bien au début, mais l'apprenti, au bout de peu de temps, devint « coustumier de mener vie dissolue, tellement que pluseurs disoient audit Perrin en le blasmant en ce qu'ilz se demeuroient merveillés de ce qu'il tenoit avec lui ledit Perrenot en son service ». Tant et si bien que ce « ruffien publique » fut congédié ; mais il revint et parlant à un certain Breton son ancien camarade d'atelier, « lui dist pour faire desplaisir audit Perrin s'il vouloit aler tirer la boule et qu'il n'oseroit car il estoit subgect ». Piqué, le Breton laissa là la couture et fut tirer la boule, mais à sa rentrée reçut congé de son patron ; tout aussitôt, il alla trouver son ami Perrenot et lui conta sa mésaventure,

(1) Archives départementales de la Côte-d'Or, B. 11247, fol. 58 v°

(2) Giraud, *Essai sur l'histoire du droit français au moyen âge*, t. II, *Coutume de Bourgogne*, § 60.

sur quoi « icellui Perrenot mehu de mauvais couraige et en intencion d'avoir noise et débat avec ledit Perrin vint icellui jour de lundi, environ neuf heures du matin, devant l'ouvroir dudit Perrin et aux personnes des serviteurs d'icellui Perrin et en son absence, dist de couraige impétueux telles ou semblables paroles : « Où est ce sanglant filz de p... bastard, ajousté : Je renye Dieu se je te treuve le filz de p... tel qu'il est et sa bastarde de femme ; je les turay quelque part que je les treuve », vociférant par surcroît « que s'il treuvoit le dit Perrin, il lui mettroit ses trippes sur les quarreaulx ». Perrin averti, sans perdre un instant, « envoya son nepveu par devers Bertrand qui a espousié la sœur de sa femme et lui manda de appourter son espée », l'instruisit du cas et le « pria que s'il rencontroit ledit Perenot, il lui voulsit abatre ung bras ou une jambe » ; Bertrand ne manqua pas à sa mission, blessa Perrenot à la cuisse, empêcha cependant son beau-frère de l'achever à terre, ne faisant ainsi que retarder de peu la mort du malheureux apprenti « qui trespassa le mardi après, environ huit heures du soir (1) ». D'autres fois c'est à une fête de village qu'une rixe éclate entre jeunes gens de deux bourgs voisins tant que des morts restent sur le terrain (2). On prend cependant de multiples précautions pour éviter de semblables scènes : à Dijon, la police municipale veille à la sécurité des rues ; à maintes reprises, le corps de ville interdit le port des « espées, dagues, armes, ne autres bastons (3) » ; en 1470 même, on

(1) Archives départementales de la Côte-d'Or, B². 361.

(2) *Ibid.*, B. 11466.

(3) Archives municipales de Dijon, B. 142, fol. 2 v°, anno 1399. « Le venredi après la saint Jehan Baptiste, délibérez est que l'en face crier et publier que nuls ne porte couteaulx parmy Dijon. » — *Ibid.*, B. 144, fol. 35 v°, anno 1402 : « Délibérez est... que l'en crie que nulz ne soit si hardiz de porter couteaulx, espées, ne dagues, senon gens de justice et qui fera le contraire, il paiera XX solz d'amende à la ville et si perdra son coutel, espée ou dague lequel sera brisié en leur présence... Item que chascun

saisit chez les habitants « les arbelettes et autre artillerie » qu'ils détiennent (1) ; on ne tolère pas la résidence dans la commune des gens qui sont connus pour être « rioteux et de mauvais gouvernement (2) ». Mais tant de mesures préventives ne suffisent pas : les noises, batures et navrures continuent ; le bourgeois autant que le noble est exposé à quelque malencontre et comme la justice municipale ou seigneuriale est impuissante à l'en protéger, il recourt à l'asseurement ou à la garde.

« L'asseurement, dit M. Esmein (3), n'était pas autre chose que la promesse solennelle qu'une personne donnait à une autre de s'abstenir de toutes violences envers elle. Cette promesse une fois donnée ne pouvait être retirée et si elle était violée, cette violation constituait un crime capital. »

L'asseurement ne peut plus être étudié chez nous qu'au

---

hostelier face savoir à ses hostes que si tost comme ilz seront arrivez en lour hostelz, qu'ilz leur dient que ostent leurs cousteaulx, espées et dagues et les laissent à l'ostel jusques ilz s'en aillent ou ilz les perdront, et se les hostes ne leur dient, ils en demorent en dengier de justice. » La même année Vienot le Bamboillet de Mairey-sur-Tille est arrêté, « pour ce que il fut trouvé par Hugues de Veranges eschevin de la ville, armé d'une cote et d'un jaques ». — Archives municipales de Dijon, B. 147, fol. 4 r°, anno 1407 : « Déliberez et que l'en crie que nulz ne porte espées, couteaulx et dagues, ne armemens par la ville, par jour, ne par nuit, à peine de les perdre et d'estre amendables arbitrairement. » — Prescriptions analogues en 1421 (Archives municipales de Dijon, I. 3), en 1446 (*ibid.*), en 1458 (*ibid.*, I. 138).

(1) *Analecta divionensia*, Correspondance de la mairie de Dijon, publiée par J. Garnier, t. I, p. 119.

(2) Archives municipales de Dijon, B. 138, fol. 12 r°, anno 1395 : « Déliberez est... que attendu les privilèges de la ville qui dient que une personne qui a fait omicide ne peut demeurer en lad. ville de Dijon, se n'est de la licence de mess. les maire et eschevins, et il est ainssin que Perenot Pahuet a commis ung cas d'omicide dont il a sa grâce, que l'en li deffende la commune. » — Archives départementales, B². 362 (Papier rouge), anno 1426 : « Maistre Jehan exécuteur de la haulte justice à Dijon a esté banni à tousiours de la ville... pour ce que le dit maistre Jehan est homme sédicieulx, rioteulx, noiseulx et homme de malvais gouvernement et tel que ses voisins ne povoient avoir paix à lui. »

(3) Esmein, *Cours d'histoire du droit français*, 3e édition, p. 249.

point de vue historique, mais il n'a pas disparu de toutes les législations. Les Etats-Unis d'Amérique le connaissent encore : lorsqu'un citoyen a quelque raison de « se douter » d'un individu, il cite devant le juge celui sur qui portent les méfiances ; celui-ci promet de ne point attenter au demandeur et — ceci est un élément que nous ne rencontrerons pas en Bourgogne — dépose une somme assez forte qu'il perdra s'il manque à sa promesse, sans préjudice, bien entendu, d'autres peines s'il y échet. Les lois criminelles françaises ont cru devoir adopter un autre système ; est-il plus efficace ? ce serait question à poser aux statisticiens ; retenons simplement la facilité avec laquelle la très ancienne institution que nous allons étudier, s'adapte aux besoins d'un peuple très jeune.

L'asseurement apparaît en Bourgogne au treizième siècle : dès 1223, on voit Henri de Vienne, fils du comte de Mâcon, promettre d'observer le dimanche de la mi-carême, huit jours avant et huit jours après, l'asseurement donné par le comte de Champagne entre lui, Etienne, comte d'Auxonne, Jean, comte de Chalon, et Joceran le Gros, d'autre part (1) ; en 1262, Huet, fils du seigneur de la Perrière, reçoit asseurement de Renier d'Estan, damoiseau, par-devant Henri de Cousances, chevalier, pour lors bailli de Mâcon dans les assises tenues à Couches (2) ; on trouve des exemples analogues en 1270 (3) et 1280 (4) ; mais simple usage né de la nécessité, l'asseurement dont Beaumanoir donne les règles de façon si précise, reste ignoré de la coutume de Bourgogne jusqu'au quatorzième siècle. Nous verrons, en effet, dans un instant que le fait qui donne lieu à l'asseurement, c'est la menace ; or,

---

(1) Bibliothèque nationale, lat. 5992, fol. 155, cité par M. Petit, *op. cit.*, IV, pièces justificatives, n° 1738.

(2) *Olim*, t. I, p. 167, II.

(3) *Ibid.*, p. 828, XXX.

(4) *Ibid.*, t. II, p. 160, XXI.

dans les plus anciens coutumiers du duché, et particulièrement dans la coutume locale de Dijon, l'effet de la menace est autre : elle fait présumer, en cas de crime, la culpabilité de celui qui l'a proférée : « Item il est de costume par toute Borgoigne, que se aucuns fait menaice à aucun de son corps et de ses biens ; et maulx ou domaiges viegne à celi qui ha esté menaciez, et sur ce cils qui haura faite la menaice, soit traiz en cause par-devant lou juge, se cils qui ha faite lai menaice, nie ladite menaice, et cils cui l'on a menacié, puet prover ladite menaice, li juges tanra et haura pour prové ce qui haura esté faiz à celui qui haura esté menacié (1). » La perspective d'une telle facilité de preuve devait certainement empêcher l'auteur des menaces de passer au fait ; l'asseurement devait être néanmoins plus efficace.

Sa procédure est facile à suivre (2) : un individu a été menacé, ou tout au moins il a des raisons de *se doubter* de quelque personne : il pourra tout d'abord conclure avec elle un arrangement auquel aucun représentant du pouvoir ne s'immiscera ; ce sera un asseurement privé, quelque chose de très analogue, pour ne pas dire identique, à la trêve des nobles ; le bris de cet asseurement du reste est puni comme celui de l'asseurement conclu avec intervention judiciaire ; mais le plus souvent un officier public interviendra pour donner plus de poids à la garantie demandée ; il forcera même la promesse de paix, car si l'individu cité par celui qui redoute de sa part quelque mauvais dessein « dénie à assurer, tout avant œuvre, la menace prouvée, il en doit être contraint par prise de corps jusques il l'ait assuré ».

---

(1) Bouhier, *Autres coutumes générales du duché de Bourgogne, avec les locales de la ville de Dijon*, § 45.

(2) Cf. Bouhier, *Anciennes coutumes du duché de Bourgogne*, tit VII, *Des gardes, sauvegardes et asseuremens*, § 38 et 39, manuscrit de Beaune, fol. 64, 174, 175.

Une collectivité menacée peut demander l'asseurement comme un individu : ainsi l'on vit, en 1423, les habitants de la terre et châtel de Beauvoir « jurer sur sains évangiles de Dieu qu'ils avoient cause juste et raisonnable d'eulx doubter de Messire Jehan de Cusances, seigneur de Belvoir, de Girart son fils présent et de leurs officiers en la terre de Belvoir » et la Cour ducale défendre au seigneur et à ses gens « qu'ils n'attemptent à leurs personnes, ne à leurs corps et biens et à ceulx de leurs femmes sur peine d'asseurement enfreint (1) ».

S'il n'y a pas eu de menace, l'asseurement ne peut être imposé, néanmoins, par mesure de précaution, l'on recommande à l'individu convoqué par le demandeur et « sur griefves peines que à ses biens, ne à son corps ne forface, ne attempte indeument ». C'est un simple avertissement : peut-être y eut-il tendance à un certain moment à faire donner asseurement, même en ce cas ; en 1315, en effet, les nobles eurent soin de demander dans le troisième article de leurs doléances « que l'en ne contraigne eux, leurs homes, ne leurs sougés, à donner asseurement en guerre ouverte, ne en autre cas se la menace n'est connue et prouvée (2) ».

Qui peut contraindre les parties à l'asseurement? La coutume est muette sur ce point ; il est facile de remédier à son silence : nous avons vu le bailli de Mâcon — officier royal — en 1262, présider à la promesse de paix échangée entre Renier d'Eslan et Huet de la Perrière (3) ; les officiers du duc, comme ceux du roi, sont les premiers à remplir cette fonction judiciaire et tout d'abord les baillis : ainsi, en 1365, « Marye femme Henriot Richart de Chasteillon sur Seine asseure et donne asseurement de elle

(1) Archives départementales de la Côte-d'Or, B. 11403, fol 204.
(2) *Recueil des édits*, t. I, ordonnance d'avril, 1315, p. 16.
(3) *Olim, loc. cit.*

et des siens selon la coustume du pais à Audrier de Lisle, demourant audit Chasteillon pardevant le bailli de la Montaigne (1) ». Les officiers d'un moindre rang, les châtelains peuvent également recevoir l'asseurement : en 1356, Philibert du Croul paie une amende pour avoir battu un individu qu'il avait assuré devant « le chastellain des Plainches en la vierie d'Ostun (2) » ; en 1353, le receveur ducal perçoit vingt écus de Jehan de la Crose de Montcenis « pour ce que après les asseuremant donné devant le Chastellain de Moncenis à Jehan Chateret de Moncenis ai mis la main au dit Jehan (3) » ; la même année, « Quaichart li Munier de Chalon pour ce qui avoit féru hun homme emprès le assecurement donné pour li en la court du Chastellain de Chalon (4) » paie quarante écus ; « Huguenin fils Guillemin au Thomas par soy et Philibert son frère par ce qu'il havoient assailli Guillaume de la Fontayne après ce que devant le chastellain de Brancion il haivent assehuré » paient cinq écus (5), etc. A côté des fonctionnaires ducaux, le maïeur de Dijon use du même pouvoir ; on trouvera dans Simonnet (6) une lettre par laquelle Jehan Aubert, bourgeois, requiert le maire qu'il lui plaise « à luy faire asseurer incontinent » certains parents de sa femme qui s'étaient plusieurs fois « perfourciez de luy battre et vilener. » On peut remarquer en passant que l'intéressé demande à être assuré « selon la coustume général de Bourgoingne et non pas selon la coustume local de Dijon » ; nous avons déjà expliqué comment dans la première, la menace prouvée amenait forcément l'asseurement et comment dans l'autre

(1) Bibliothèque municipale de Dijon, fonds Baudot, n° 37, fol. 7.
(2) Archives départementales de la Côte-d'Or, B. 2283.
(3) *Ibid.*, B. 2278.
(4) *Ibid.*
(5) *Ibid.*
(6) Simonnet, *op. cit*, p. 140.

elle ne faisait que faciliter la preuve au plaignant ; il n'est pas étonnant que Jean Aubert se détermine ainsi qu'il le fait, d'autant que, d'après la coutume locale, l'auteur des menaces, présumé auteur des voies de fait, n'avait qu'à affirmer sous serment son innocence pour échapper à toute poursuite et que, si le demandeur persistait dans son accusation, il ne pouvait la prouver que par le duel.

La possibilité de recevoir l'asseurement des parties n'est pas un privilège des échevins dijonnais : en 1459, un arrêt du grand conseil de Bourgogne, réglant les débats survenus entre le procureur du duc et la mairie d'Auxonne, reconnaît « que quant à baillier les asseurements à ceulx qui se doubteront et requerront es mectes (limites) de l'eschevinaige de la ville d'Auxonne, les diz mayeur et eschevins les donront (1) ». Quant aux seigneurs ils s'étaient fait attribuer le même droit en 1315 (2).

L'asseurement une fois donné, pas toujours de plein gré, l'auteur des menaces a en quelque sorte l'offensé sous sa garde ; il répond de ce qui lui adviendra par son fait et même par celui des siens : ce sont la plupart du temps deux familles représentées chacune par un de leurs membres qui sont en présence : « Assecuravit de se et suis talem et suos », est la formule la plus fréquemment rencontrée. Toutefois l'on n'est garant que de ceux que l'on a sous sa dépendance et, dit la coutume, « s'il y en a aucuns des siens qui soient plus grands qu'il n'est ou qu'ils ne obéiront point à lui, ou qu'ils ayent une autre haine pour autre cas que celui n'a qui donne l'assurement, il les pourroit excepter au donner l'assurement. Toutes voyes, ils les faudroit nommer par nom et dire les causes (3). » Cette règle était déjà suivie en 1280 :

---

(1) Garnier, *Chartes de communes et d'affranchissements*, t. II, p. 45.
(2) *Recueil des édits*, t. I, ordonnance du 17 mai 1315, art. 27, p. 27.
(3) Bouhier, *loc. cit.*

Hugueninus de Burgundia assecuravit de se et suis Othonem de Biere militem et suos, a dicta assecuracione exclusis quorum inferius nomina scripta sunt, videlicet : Comite Burgundie et Regerio ejus fratre, comite Vienne et suis fratribus, domino Henrico de Peugny et ejus liberis, domino de Vergni et ejus fratribus, domino de Lonvi et ejus liberis, Guillelmo de Melloto et ejus fratre, Johanne de Chalon, domino de Bello Videre, Theobaldo et ejus liberis, et juravit predictus Ugueninus quod maliciose non excepit predictos ab assecuracione predicta et ad sex septimanas Magdalene tenetur significare dictus Ugueninus ballivo nostro Matisconensi apud Matisconem quos de predictis poterit ponere in dicta assecuracione et quos interim in dicta assecuracione non poterit ; tunc ibidem forjurabit (1).

En somme l'asseurement est, suivant la définition donnée plus haut, une simple promesse de paix à laquelle le plus souvent le pouvoir public intervient, mais simplement pour prêter au particulier son pouvoir coercitif : les échevins ou les officiers ducaux, pas plus que la commune ou le prince dont ils sont les représentants, ne s'engagent à quoi que ce soit, car l'asseurement est une garantie et toute garantie suppose des charges que le souverain, ni la ville ne tiennent à s'imposer : une fois la promesse échangée, leur rôle est terminé, à moins cependant qu'elle ne vienne a être violée : alors on dit que l'asseurement est brisé ; c'est un crime capital s'il s'en est suivi meurtre ou vol ; il est simplement puni d'une amende arbitraire au cas contraire ; il est inutile de revenir sur les exemples donnés plus haut.

A côté de l'asseurement et née du même besoin de sécurité, l'on rencontre la garde : ce n'est plus une promesse de paix entre deux particuliers ; c'est l'acte par lequel le souverain ou, de façon plus exacte et plus large, un puissant personnage prend sous sa protection un individu qui redoute quelque violence : la surveillance

(1) *Olim*, t. II, p. 160, xxi.

que le pouvoir exercé sur le pays ne suffit pas, pense-t-on — et de fait on a raison — à défendre ses habitants : on s'adresse donc au prince et en échange de la sûreté qu'on lui demande, on se donne à lui pour ainsi dire, et non seulement soi-même, mais sa femme, ses enfants et tout ce qu'on possède.

L'origine de la garde est fort ancienne : nous en avons cité un exemple bourguignon remontant au règne de Gontran ; elle n'est pas encore connue alors sous le nom qu'elle portera plus tard : on la désigne par les mots de *salvamentum, commendatio, commendatum* (1) : elle est exercée non seulement par le duc, mais par tous ceux, ecclésiastiques ou laïcs, sur la force desquels on peut compter ; au onzième siècle par exemple, une famille abandonne tous ses biens à l'abbaye de Bèze en échange de la protection et de l'asile qu'elle lui demande (2), et ce n'est point là un fait isolé. Les couvents s'adressent souvent à un noble grand propriétaire et chef de vassaux à qui l'on assure des terres ou des redevances, moyennant quoi il se fait le gardien du monastère ; « produit naturel des mœurs, seule garantie de sécurité au milieu de la société féodale (3) », la garde est un moyen d'échapper aux volontés d'un seigneur trop exigeant ; c'est ainsi qu'en 1278, les hommes de l'abbaye de Bèze, espérant mieux de l'inconnu, se retirent à Lux et à Spoy et implorent alors le duc de Bourgogne qui les prend en sa garde

(1) Garnier, *Chartes de communes et d'affranchissements*, introduction, p. 252.

(2) *Analecta divionensia*, Chronique de l'abbaye de Bèze. « Charta de Bustello. Notum esse volumus presentibus et futuris quod Fulbertus et Berengerius, fratres recedentes de Bustello, pro inimicitiis quas vicini eorum contra eos exercebant, dederunt alodium ipsius vici Bustelli sancto Petro et seipsos et omnem posteritatem suam commendaverunt perpetualiter eidem sancto, una denerata cerae omni anno, tam virum quam mulierem. »

(3) Seignobos, *Le régime féodal en Bourgogne*, p. 130, 186.

pour six ans, du consentement de Guy de Til-Châtel, seigneur des terres où les réfugiés étaient établis (1).

La garde alors n'a pas des contours extrêmement arrêtés : elle ne se sépare pas très nettement du conduit plus spécial aux marchands et aux voyageurs ; c'est en ce sens qu'il faut comprendre la charte communale d'Auxonne : « Se aucuns des hommes d'Auxone, dit-elle, vuet home de fors qui se dotoit mener en la vile por aucun affaire, il doit querre lou conduit au preost et es conses et qui sor lou conduit à li faroit outrage, il paieroit la loi au regart des conses (2). » Lorsque Eudes III met la commune de Dijon sous la sauvegarde des principaux seigneurs du duché, il déclare que s'il viole la charte, il consent à leur abandonner le conduit de ses hommes (3) ; il semble bien que ce ne soit là qu'un synonime de garde et le doute disparaît si l'on considère qu'en 1280, Philippe de Vienne, priant le duc Robert de « protéger les Lombars en leur usure », emploie simultanément les deux mots : « Recipiatis in vestra salva et secura protectione, custodia et conductu (4). »

Quoi qu'il en soit, l'institution fort ancienne se dégage de toute obscurité au quatorzième siècle ; alors les documents abondent et tout d'abord les *Anciennes coutumes de Bourgogne* nous fournissent des renseignements intéressants par leur précision (5) : le paragraphe 35 de

(1) Garnier, *Chartes de communes*, t. II, p. 539.

(2) *Ibid.*, t. II, p. 31.

(3) *Ibid.*, t. I, p. 22. « Ut ipsi homines meos infra munitiones suas recipiant et ipsos cum rebus suis conducant, si ab institutis communie divionensis resiliero » — Comparer *Gallia christiana*, t. IV, preuves, pièce 85, anno 1197 : « Charta fundationis Ecclesiae Collegiatae B. Mariae Salionis in dioecesi Lingonensi. Ego Guido, dominus de Saux... praeterea concessi eis quod si aliquis canonicorum in conductu suo aliquem acceperit, nec a me, nec ab hominibus meis, nec ab aliquo supra quem potestatem habeam conductus infringetur. »

(4) Pérard, *Recueil*, p. 548.

(5) Bouhier, *Anciennes coutumes du duché de Bourgogne*, titre VII déjà cité, § 35, 36, 37, 40, 41, 42, 43, manuscrit de Beaune, fol. 118, 174, 175, 119.

la compilation de Bouhier nous apprend qu'il existe deux espèces de garde : la garde générale et la garde spéciale. « Les généraux font que nous sommes tous en la garde du Prince... De telles gardes enfraintes n'a point accoutumé de suir le prince, ne de demander, ni avoir amende de garde enfrainte, s'il n'estoit que l'on eut prins un de ses hommes et translaté en autre pays que en Bourgoigne. » Ceci permet d'expliquer comment la coutume d'un pays qui admet l'idée de souveraineté peut, en même temps, permettre la guerre privée : la garde générale découle de cette souveraineté, elle s'étend à tout le pays, mais le couvre seulement d'un réseau très lâche, puisque le prince ne se considère comme atteint que si l'on « mène prisonnier hors le duchié » : alors le coupable est condamné à payer une amende ; les *Coustumes et stilles gardez ou duchié de Bourgogne* nous en donnent un exemple : « Guillaume de la Chappelle prist ung homme ou grant chemin de Monseigneur et le trahit du duchié. Il en fut condempnez en cent marcs d'argent d'amende. L'on les lui admesura à LXV. Il appella de ce jugement au roy (1). »

La notion de garde spéciale est déterminée de façon très exacte par le paragraphe 37 de la compilation de Bouhier : « Gardes par espécial sont celles qui sont signifiées et en espécial ; si comme l'en dit : Jehan est en la garde de Monseigneur le Duc. Je le vous signifie. » L'effet de cette garde est beaucoup plus efficace que celui de la garde précédente : « Quiconques y méfait ou préjudicie en telles gardes, il est amendable au Prince. »

La signification de telle garde ne présente point de difficultés, la garde générale qui fait que tous les sujets sont sous la protection du prince, est signifiée d'elle-même. Il est enfin certaines gardes à la fois générales et spéciales

(1) Giraud, *op. cit.*, § 227, p. 308.

qui sont signifiées « en général par cry solempnel, en lieu accoutumé à crier ; si comme sont les églises de la Duchié qui en général et en espécial sont en la garde du prince (1). »

Telles sont brièvement résumées les indications fournies par la coutume : si, de la théorie, nous passons à la pratique, nous pourrons relever divers détails qui ne manquent point d'intérêt.

Le seigneur de Pesmes était, en 1366, prisonnier des compagnies ; redoutant qu'en son absence sa famille et ses biens n'encourent quelque dommage, il demanda qu'ils fussent mis en la sauvegarde du duc ; ce lui fut accordé, et Jean de Montagu, gouverneur et capitaine du duché, se chargea d'en informer le bailli de Dijon :

Jehan de Montagu sire de Sombernon, gouverneur et capitaine du duché de Bourgoigne au bailli de Dijon et à touz les autres justiciers de Monseigneur le duc de Bourgoigne ou à leurs lieuxtenans, salut. A la supplicacion du soigneur de Pesmes estanz prisonnier des gens de compaignie qui ont esté ou conté de Bourgoigne et de madame Marguerite de Vergey sa famme, affermans eulx doubter de plusieurs personnes leurs malvueillans pour certaine présumpcion et vraies conjectures, nous pour considéracion de ce que ledit soigneur de Pesmes a esté par longtemps prisonnier desdites genz de compaignie et ancores est, vous mandons et à chascun de vous si comme à lui appartendra, que les diz supplians avec leur famille, choses et biens lesquelx nous avons pris et mis, prenons et mettons par ces présentes de grâce espéciale, se mestiers est, en et soubz la protection et saulvegarde espéciale dudit Mons. le Duc à la conserva-

(1) Les églises du duché ne sont point d'office en la garde spéciale du duc. Archives départementales de la Côte-d'Or, B. 11631, anno 1440 : « Phelippes de Courcelles seigneur de Vousselanges, conseiller, escuier tranchant de Mons. le Duc de Bourgongne et son bailli de Dijon. Au premier sergent de mondit seigneur et notre estably oudit bailliage sur ce requiz, salut. Nous pour certaines et justes causes avons prins, mis et receuz et par ces présentes, prenons, mettons et recevons en et soubz la tuicion et saulvegarde espéciale de mondit seigneur et nostre, les vénérables Doyen et Chappitre de Beaune, ensemble touz les biens, terres, maisons, possessions et tenures, maignies et familiers. Si vous mandons », etc.

tion de leur droit tant seulement, vous maintenez et gardez en leurs justes possessions et saisines, drois, usaiges, libertez et franchises esquelles vous les troverez estre et leurs prédécesseurs avoir esté paisiblement et d'anciennetey. En fassant mettre et asseoir en signe d'icelle saulvegarde les pennonceaulx doudit Mons. le Duc en et sur les maisons et aultres possessions desdiz supplians assises oudit duchié de Bourgoigne, afin que nul ne se peuist excuser d'ignorance. Et se aucun s'oppose au contenu, le débat et la chose contencieuse en cas de novelleté pris et tenuz à la main dudit Mons. le Duc comme soveraine et par ycelle faicte récréance là où et si comme il appartient, faictes aux parties, ycelles oyes tant sur le principal comme sur la récréance, bon et brief droit. Et pour les choses dessus dites plus diligemment exécuter, députez ausdiz supplians un ou plusieurs des sergens dudit Mons. le Duc... Donné à Dijon le XXIe jour de fevrier l'an de grâce mil CCCLX et six par Monseigneur le governeur ou consoil où estoient noss. l'abbé de S. Seine, le chancellier de Bourgoigne, le bailli de Dijon et autres. A. Paste (1).

Il faut donc, pour être mis en la garde du prince, en faire la demande, lui adresser « humble supplicacion ».

La garde, à la différence de l'asseurement, n'est donc pas imposée, aussi celui qui l'a obtenue reste libre d'y renoncer à l'égard tout au moins de certaine personne ; ainsi, en 1352 :

Jehans diz François de Noires escuiers recognoit que comme il hait pris une sauvegarde dou baillif de Dygenois ou de son lieutenant pour luy garder de tort et de force, etc., et mettre les panonceaulx, etc., que il de maintenant renonce à la dite garde en tant comme il le puest toicher à noble homme et poissant Monsoigneur Phelippe de Vienne, soignour de Pimont, etc. (2).

Si nous revenons à la sauvegarde délivrée au sire de Pesmes, nous voyons qu'il affirme « doubter de plusieurs

(1) Archives départementales de la Côte-d'Or, B. 11266, fol. 52 v°. Publié partiellement par Simonnet, *op. cit.*, p. 131.

(2) *Ibid.*, B. 11254. — La garde est si fréquente qu'un tabellion a grand soin d'en conserver une formule toute prête. Archives départementales de la Côte-d'Or, B. 11267.

personnes ses malvueillans ». Il est bon de signaler que le souverain faisant en quelque sorte acte de juridiction gracieuse, n'exige point, comme lorsqu'il s'agit d'asseurement, la preuve de la menace ; la garde est donc un moyen de protection plus large, puisqu'elle s'obtient avec plus de facilité. On a remarqué également l'apposition des panonceaux aux armes ducales sur tous les biens immeubles de l'impétrant : ils rendent en quelque sorte le souverain toujours présent en personne à côté de celui qu'il doit protéger. Enfin, l'acte cité parle d'opposition possible ; il déclare en même temps que la chose contentieuse doit être en ce cas saisie et mise en la main du souverain jusqu'à ce qu'il soit statué. C'est que la garde, excellente mesure de protection, pouvait aussi servir d'abri à de véritables escroqueries : c'est ainsi qu'un certain Gauthier de Noident, clerc tabellion de Baigneux, s'était mis en possession d'héritages appartenant à maître Robert, physicien du même lieu, qui, prétendait-il faussement, les lui avait donnés ; pour assurer son usurpation, il s'était fait donner sauvegarde par le bailli de la Montagne ; maître Robert envoya donc Huguenin Lambelot, son procureur, pour s'opposer ; les héritages furent saisis au nom du duc et jour assigné aux parties. Quelle fut l'issue du débat, on l'ignore ; mais Gauthier de Noident, mécontent de voir son stratagème éventé, s'avisa d'attendre « le dit procureur en un bois sur le chemin de Baigneux et Darcey, l'assaillit et lui fit deux plaies de sa espée en la teste, le print et raençonna à lui paier XX frans », ce qui fait présumer du bien fondé de l'opposition (1).

Le sire de Pesmes avait donc obtenu sa sauvegarde ; le bailli de Dijon, Hugues Aubriot, au reçu de la lettre de Jehan de Montagu, donna tout aussitôt mandement au ser-

(1) Archives départementales de la Côte-d'Or, B. 4013.

gent compétent, Humbert le Chassignet, d'Auxonne, d'avoir à publier « ladite saulvegarde à touz et en touz les lieux dont vous serez requis, en deffendant à touz que sur toutes peynes que pourroient encourre envers Mons. le Duc, à la personne ou es personnes des dessusdiz, à leurs maignies, familiers, hommes et fammes de corps maintenez et deffendez de par Mons. le Duc et de par nous de tort et de force, d'oppressions, violences, injures manifestes de forces d'armes, de puissance de gens lays et de toutes autres noveletés indehues ». Le bailli ajoutait, selon l'usage, une clause assez surprenante ; on la retrouve du reste dans tous les documents du même genre : « Et avec ce, disait-il, faites-les (le sire de Pesmes et sa famille) bien et diligemment paier de touz leurs debz, clers, cognehuez ou soffisamment provez par-devant juge compétent, tant en lettres comme fuers lettres, les justiciers des lieux soffisamment requis, en contreignant à ce les debteurs par la prise, vendue et esploiz de leurs bienz et par la détention de leurs propres corps, se mestiers est et à ce soient obligés. » Ce n'est pas là un des moindres avantages de la sauvegarde (1).

Humbert le Chassignet s'en fut donc très probablement trouver la dame de Pesmes qui lui indiqua à qui signifier la sauvegarde : elle le délégua au seigneur de Fontaine-Française : le sergent rencontra Jaquot Chissey, le châtelain, devant la porte de la cour du château : « Sire, lui dit-il, je vous signifie que Messire Jaques de Grantson et madame Marguerite de Vergey, sa famme, et touz leurs biens, maignies et familiers, hommes et fammes de corps et

(1) Il est bon de signaler une autre clause que l'on rencontre assez rarement : en 1442, le duc Philippe prend en sa garde Jehannin Maigny d'Espenoy. La rédaction de l'acte diffère de la formule employée dans l'affaire du sire de Pesmes par cette indication : « Et des personnes dont ledit suppliant vous requerra, avoir asseurement, icellui lui faites donner bon et loial selon la coustume du païs. »

leurs biens sont soubz la tuition, protection, saulve et espéciale garde de Mons. le Duc et de Mons. le Bailli. Et vous deffens et à tous aultres, item au soigneur et dame de ce chastel et à leur complice que sur toutes penes que porront encourir envers Mons. le Duc, es dessus nommés ne meffacent ou soffrient meffaire, ne attemptent en aucune menère. Et ensuit leur dictes et faites savoir. » Jaquot Chissey eut beau vouloir se renfermer dans les strictes limites de sa fonction de portier et répondre : « Je ne me malle mas que de la porte de cianz », le sergent fit cependant sa signification : « Je ne truz persone plus notable que vous cianz, dit-il, et comme chastellain que vous estes de cianz, je vous le di et signiffie. » C'est la signification régulière, presque solennelle ; mais on voit quelquefois l'impétrant lui-même rappeler la haute protection dont il jouit : « Monsieur le Maire, dit l'orfèvre Jehan Foiret, en 1389, au maïeur de Dijon, vous savez que Mons. le Duc quant il fut dernier en ceste ville vous dist que à moy, ne à mes biens vous ne feissiez aucune chose, ne attemptissiez aucunement... »

Qui peut prendre en garde? C'est d'abord le duc ; nous en avons vu des exemples, ils sont les plus fréquents ; mais « nulle garde ne oste la seigneurie et sauvegarde n'empêche point le droit d'autrui », aussi la ville peut prendre en garde sans que le duc y ait rien à voir ; lui-même, du reste, grâce au même principe, peut prendre sous sa protection des habitants d'une seigneurie qui ne lui appartient pas ; cependant la coutume spécifie que « nul homme serfs de condition de mainmorte ne puet obtenir, ne demourer en garde contre son seigneur. Et se garde est donnée à iceux, se leur seigneur s'en plaint, ils en seront du tout ostez. Car telx personnes ne sont que propres chatelx au seigneur (1) ».

(1) Bouhier, *Anciennes coutumes du duché de Bourgogne*, § 40.

Cependant, les doléances du sire de Brion semblent indiquer la possibilité d'une sorte de prescription au profit du duc : « De gardes qui sont establies deux ans a et plus et puis se plainct li sires de Brion ; si hommes ne seront point ostez de sa garde de Monseigneur, pour ce qu'ilz y ont demouré plus de deux ans, s'il ne puet et vuelt prover que ilz soient là miz en condicion (1). »

Toute médaille a son revers et comme le duc peut prendre en sa garde tous les habitants du duché, quel que soit leur seigneur, le roi peut agir de même vis-à-vis de tous les habitants du royaume ; les nobles de Bourgogne, en 1315, avaient protesté contre cette pratique et semblaient avoir obtenu gain de cause (2), mais la royauté ne pouvait renoncer à une prérogative si propre à la faire peu à peu triompher de la féodalité : les concessions faites en 1315, renouvelant celles de 1272, étaient illusoires et de pure forme : aussi, à côté des sauvegardes ducales, les sauvegardes royales se multiplient, « faisant pour ainsi dire circuler, comme le sang par le corps humain, le pouvoir royal au travers des grands fiefs (3) ». La roi a, outre ces gardes secondaires ou personnelles à tel ou tel individu (4), la garde, théorique si l'on veut, mais permettant cependant des interventions fréquentes, de toutes les églises et de tous les ecclésiastiques de France ; c'est la théorie exposée par Beaumanoir et qu'in-

---

(1) Giraud, *op. cit.*, t. II, p. 303.

(2) *Recueil des édits*, ordonnance du 17 mai 1315, § 14. « Gardas etiam novas, per statuta Domini genitoris nostri prohibitas, nullas esse volumus et censemus, nisi illi qui eas allegaverint, ipsas probaverint esse antiquas... »

(3) Viollet, *Histoire des institutions politiques et administratives de la France*, t. II, p. 176. Cf. Pérard, *Recueil*, p. 558. « Sauvegarde du Roy donnée à la duchesse de Bourgogne sans préjudice du droit du duc. »

(4) « Aliot li Ventex d'Ostun peletenier pour ce que Monot le Boiteux estant en la garde du roy, il le boutai et fit trébuchier aval les degrez. Si en hai composey à IIII escuz d'or... » (Arch. départ. de la Côte-d'Or, B. 2278, anno 1350.)

voque la chancellerie dans une lettre adressée au chapitre d'Autun.

Charles par la grâce de Dieu roy de France au premier notre sergent qui sur ce sera requis, salut. De la partie de noz bien amez les doyen et chapitre d'Ostun... estans en notre protection et sauvegarde comme les autres gens d'Eglise de notre royaulme (1)...

La royauté ne se contente pas de cette garde un peu platonique ; longtemps avant le quatorzième siècle, Philippe Auguste avait traité avec l'abbaye de Saint-Martin d'Autun pour la garde spéciale du prieuré d'Anzy (2) ; en 1288, le chapitre d'Autun avait essayé d'échapper à l'onéreuse protection du duc de Bourgogne et de se mettre sous la garde du roi ; les chanoines n'obtinrent pas gain de cause et la Cour royale les maintint sous la garde du duc (3) ;

(1) Arch. départ. de la Côte-d'Or, B. 11629.

(2) *Ibid.*

(3) *Ibid.*, B. 11629. « Phelippus Dei gracia Franciae rex. Notum facimus universis tam presentibus quam futuris quod cum dudum inter plures alios articlos, orta fuisset dissensio inter decanum et capitulum Eduensis ecclesie ex una parte et dilectum et fidelem nostrum ducem Burgundie ex altera, super garda ipsorum decani et capituli, terre et hominum suorum, quam ad nos ipsi decanus et capitulum pertinere dicebant, dicto duce dicente e contrario gardam ipsam ad se pertinere seque fuisse in possessione eiusdem, tempore quo baillivus noster Matisconensis, ad requisitionem dictorum decani et capituli, eumdem ducem dissasiverat de eadem, tandemque per curiam nostram visa inquesta super hoc facta, auditisque rationibus partium, iudicatum fuisset ipsos decanum et capitulum, terram et homines eorum esse de garda ducis predicti, ipsumque ducem fuisse in possessione dicte garde tempore quo de ea per baillivum Matisconis ad instantiam ipsorum decani et capituli, fuerat dissasitus prout hec in dicto iudicato facto super hoc per nostram curiam et apud nos registrato vidimus plenius contineri. Postmodum vero dictis decano et capitulo ex una parte ac prefato duce ex altera constitutis in nostra curia et iudicatum huiusmodi, videlicet si super proprietate dicte garde tantum, an sasina tantum, vel proprietate et sasina insimul, factum et prolatum fuerat cum instancia petentibus declarari Nos audita requesta partium, articlis dicte garde, inquestaque predicta super hoc facta nec non et registro nostro super ipso iudicato revisis et plenius intellectis per curie nostre iudicium dictum primum, iudicatum super proprietate et sasina ipsius garde prolatum fuisse pronunciamus et pro hoc dictam gardam ipsorum decani et capituli, terre et hominum suorum ad ipsum ducem pertinere, eumdem-

c'était agir avec un vrai désintéressement et perdre une belle occasion d'étendre l'influence du pouvoir central ; les ducs se montraient plus jaloux d'accorder leur protection au chapitre de Saint-Ladre ; Eudes IV, en particulier, rappelle à tout instant qu'il en est le gardien (1) ; il n'autorise les chanoines à acquérir des terres qu'à condition qu'elles resteront en sa garde ; plusieurs lettres ducales de l'année 1329 en font foi.

Nous Eudes... façons sauoir à touz que nos de grâce espéciaul et par contemplacion de l'église d'Ostun, ottroyons à nos amez doyen et chapitre d'Ostun estanz en notre especiaul garde qu'il puissent acquérir en notre terre et en notre baronie sanz achoison et sanz empanchement de nos, de nos justiciers et de nos gens jusque à la somme de vint livres de terre ensamble la justice d'icelle, excepté fiez et nobleces, lesquelles vint livres de terre demoreront et demorent dois jay de notre garde (2).

Ce qui montre bien, enfin, l'importance attachée à ce droit de garde, c'est que la transaction intervenue, en 1322, à la suite de longs débats entre le chapitre et le duc, a soin d'énumérer et de délimiter de façon précise, minutieuse même, les devoirs du fidèle gardien (3) ; les

---

que fuisse et remanere debere in possessione custodiendi eosdem per curie nostre iudicium declaramus ; quod ut firmum et stabile perseveret, presentes litteras sigillo nostro fecimus communiri. Actum Parisiis, anno Domini M° CC° octogesimo octavo, mense augusti. »

(1) *Ibid.*, B. 11629, anno 1327. « A nos amez doyen et chapitre de la dite yglese d'Ostun estant en notre espéciaul garde.. » — Autre vidimus de la même année : « Nous Eudes dux de Bourgoigne façons savoir à touz que comme notre amez Mess. Hugues de Malhat chanoynes d'Ostun estant en nostre especiaul garde hait acquis pour faire son anniversaire en lad. yglese à touz jours de Guill. de Salays clerc.., les choses cy après contenues, c'est assavoir une maison ensamble l'oyche, le curtil..., Nous, de grâce espéciaul et pour contemplacion de l'iglise dessus dite, le dit aquest voulons, louons, confermons, ratiffions, approvons, consentons et amortissons à ladite yglese à touz jours, mais saul et retenu à nos et es notres esdites choses, notre garde... »

(2) *Ibid.*, B. 11629, anno 1329.

(3) A. de Charmasse, *Cartulaire de l'église d'Autun*, troisième partie, p. 172. — Arch. départ. de la Côte-d'Or, B. 11629. « Item nos Odo dux

deux parties mettent tous leurs soins à la rédaction de l'acte ; le duc contracte des obligations, mais il les assume volontiers, et lorsque le bailli royal de Sens ou de Mâcon s'avise de donner des sauvegardes à des Bourguignons, il proteste aussitôt avec énergie (1).

Au reste, c'est que le duc retire de la garde autre chose qu'un profit purement moral : le protecteur se fait payer sa protection : il est peu de comptes de receveurs de bailliages qui ne comportent au chapitre des recettes un paragraphe réservé aux émoluments des gardes ; c'est ainsi que l'on relève les mentions suivantes :

De la garde des habitants de la Ville nueve qui doyvent et se sont mis novellement en ycelle garde, de LX sols, rien en ce compte, que il les rendront ou compte suivant (2). » — « Receptes de Gardes de Villes. De la garde de Trouuaulx pour le terme de la Saint Remy, l'an mil CCC IIII^{xx} et quatre, LX frans (3)...

Le registre d'Etienne Bordot, receveur de Saint-Laurent-lez-Chalon, est particulièrement intéressant (4).

---

predictus pro nobis et successoribus nostris promittimus bona fide dictos decanum et capitulum, canonicos, singulares capellanos, clericos, familiares, commensales, terras et bona ipsorum mobilia et immobilia bene et fideliter gardiare et deffendere erga omnes et contra omnes ab omnibus violantiis, injuriis, oppressionibus et indebitis novitatibus tanquam bonus, verus et fidelis gardiator tenetur, etc. »

(1) Dom Plancher, t I, preuves, pièce CCXIII, p. CXIV, anno 1324. Lettre du roi de France Charles, touchant les sauvegardes que plusieurs du duché de Bourgogne prenaient des baillis de Sens et de Mâcon... « Dilectus et fidelis noster dux Burgundie nobis fecit conquerendo monstrari quod vos ac nonnulli castellani, prepositi et servientes nostri Bailliarum vestrarum de die in diem recipitis homines et subditos suos in gardia vestra et bona ipsorum ad regiam manum nostram contra ordinaciones regni ponitis... » — Le roi interdit à l'avenir de semblables pratiques à ses officiers.

(2) Arch. départ. de la Côte-d'Or, B. 4390, Cuisery, compte de Renaud de Verrey, fol. 2, anno 1350-1351.

(3) *Ibid*, B. 4013, fol. 2. — Le compte de Jean Moreau, receveur des fermes de toutes les prévôtés du bailliage de Châtillon, nous apprend qu'en 1413, les habitants de Trouaulx payaient la même somme pour leur garde. Arch. départ. de la Côte-d'Or, B. 4040, fol. 4.

(4) *Ibid.*, B. 3668, fol. 3, anno 1432.

Autre recepte d'argent faite par ledit commis Chastellain comme dessus des franchises et gardes dehues par an à mondit seigneur le Duc, au terme de la feste saint Martin d'yver par les habitans des villes cy après escriptes et croissent et descroissent selon que si met des gens et que s'en oste. Et doivent leurs franchises ou gardes tant comme ils vivent et qu'ilz sont demorrans et residans es mettes de ladite chastellenie. Et ne se met en garde ne bourgeoisie qui ne veult (1). Et est assavoir que desdites gardes, l'en reçoit des aucuns vint solz pour ung franc et d'autres douze solz pour ung franc.

C'est en un titre le résumé de tout ce que nous avons dit sur la garde.

Le même compte va nous fournir quelques renseignements sur les tarifs adoptés ; comme on l'a déjà vu, certaines gardes se paient un franc qui « compte pour vint solz tournois » ; les habitants de Symart versent ainsi cent sols. Suit une « autre recepte d'argent des gardes et franchises dont douze sols vaillent ung franc » ; ici le receveur donne le détail des sommes versées par chaque individu : « Premièrement Saint Laurens pour ledit an courant mil quatre cens trante et deux : de Jaquot Joffroy, 1 gros — de Huguenin Bertin, 1 gros — de Andry Racle, 1 gros... » Dix-huit habitants paient ainsi un gros ; quatre autres paient neuf gros. A Eschavennes, « pour ledit an courant », douze habitants paient chacun neuf gros. A Saint-Marcel, à Mervans, à Savigny-sur-Seille et à Saint-Germain-du-Plain, la recette est nulle ; à Saint-Etienne-en-Bresse et à Trouchy deux habitants donnent également neuf gros, etc.

---

(1) Ce caractère facultatif est déjà marqué dans un « tiltre pour la garde du prioré de Couches » daté de 1246 ; c'est l'abbé Jean et le couvent de Flavigny qui la « concèdent » au duc : « Volentes et concedentes, ut praedictus dux et eius heredes praedictam custodiam et iura ipsius custodiae habeant, et pacifice custodiant et possideant in perpetuum... » Pérard, *Recueil*, p. 467.

La garde se paie aussi en nature. Le folio 10 du compte déjà cité porte la mention que voici :

Gardes de cire deues chacun an à mondit seigneur de Bourgoingne au païs de Chalon, au terme de saint Martin d'yver et croissent et descroissent selon qu'il se met des gens en bourgeoisie et qui s'en oste. Et ne se met en garde qui ne veult. — Premièrement à Mailly, de Guillemette relicte de feu Huguenin Moreaul qui devoit chacun an à mond. seigneur pour sad. garde, une livre de cire, néant pour ce qu'elle est morte... A Perrigny, des habitans dudit lieu pour leur garde de l'an finy mille quatre cens trante et trois, II libres cire, etc.

En d'autres localités, la garde se paie en avoine (1).

De toutes façons, c'est pour le prince un revenu qui n'est pas à dédaigner (2), mais il a aussi une obligation de protection à remplir : si la sauvegarde n'est pas respectée,

---

(1) *Ibid.*, fol. 13. « Gardes d'avoinnes deues à mondit seigneur chacun an à la feste de saint Martin d'yver mesure de Chalon : premièrement à Saint Martin en Braisse : des habitans dudit lieu pour leur garde de l'an finy mil quatre cens trante et trois, avoinne, mesure que dessus XV bichets. A Colombey, vingt bichets, à Damerey, quarante-cinq, etc. » — De même, Arch. départ. de la Côte-d'Or, B. 4399, Cuisery, compte de Jean Odemin, fol. 2. « Gardes perpétuelles. Des habitans de Brenne qui doivent chascun an à mondit seigneur le duc à cause de garde perpétuelle audit terme de saint Martin d'iver, dont les parties sont déclarées es comptes précédans, pour ce, pour le dit terme escheu, en l'an de ce présent compte V bichoz avenne. » Les habitants de Varennes donnent deux bichets, de même que ceux de Saint-André-en-Bresse ; ceux de la Michaudière, un bichet et demi ; ceux de la Crot, quinze bichets, etc. (Anno 1459-1463.)

(2) Le duc n'est pas seul, nous l'avons déjà dit, à donner des sauvegardes et à en tirer profit, en voici une nouvelle preuve : « Dominus Joffridus Lambert de Bingiis presbiter, curatus de Maxilleyo confitetur quod cum dominus Guido de Pontailler miles, dominus de Talamento et marascallus Burgundiae, recepit ipsum in suam protettionem et gardiam cum omnibus suis bonis, et perpetue et favorabiliter ipsum et sua bona custodierit et observaverit, ipse curatus confitetur teneri dicto militi, anno quolibet, ad vitam ipsius curati dumtaxat in uno floreno florensi, quem solvere promisit anno quolibet ad diem festum proximum... Promittunt, etc. Obligant bona temporalia, etc. Renunciant, etc. Testibus Johanne de Curto Tapone clerico et Guillemeto de Villa in Flandria, etc. Martis mense nativitatis domini anno M° CCC° IIIIxx quarto. Fiat littera pro dicto milite. » Arch. départ. de la Côte-d'Or, B. 11311, fol. 18.

si elle est enfreinte, il prend en main la cause de celui à qui il a été méfait, et par son procureur, il en poursuit le châtiment ; il est même à présumer que le cas de garde enfreinte fut un des premiers où s'exerça la poursuite d'office, qu'il fut une des voies par lesquelles le pouvoir réussit à s'immiscer dans la punition des délits sans attendre la plainte de la partie lésée; le duc prend la place de celui qui, malgré sa garde, a été victime de quelque délit ; tout se passe comme si lui-même avait été offensé et c'est devant son tribunal seul que peut être portée l'affaire : « Le duc de Bourgoigne a la connoissance de tous délits faits encontre sa garde et asseurement, par quelque manière que ce soit, noble ou autre », dit la Coutume (1). La compétence du duc est exclusive de toute autre, et il suffit que le délit ait été commis sur un territoire en sa garde pour qu'il s'en attribue la compétence (2).

L'amende prononcée contre le délinquant est arbitraire, à condition toutefois que « meurtre ou larcin ne s'en soit ensuy », car alors le cas devrait être puni de peine capitale. C'est ce que dit le paragraphe 43 des *Anciennes coutumes du duché de Bourgogne,* sous la rubrique : « Peine de garde enfreinte » : « Et par la Coutume, se tels assuremens sont brisiez, ils ne sont pas capitaulx, forsque emendables à voulenté, se meurtre ou larcin ne s'en estoit ensuy (3). »

---

(1) Bouhier, *Anciennes coutumes du duché de Bourgogne*, § LI, manuscrit de Beaune, n° 24, fol. 61, 118, 174.

(2) *Costumes de Bourgoingne faites par Jehan Vaicheret..*, publiées par M. Stouff. « 48° Des gens Guillame de Verdun qui batirent les gens de ceulx de Maiseres en la riuière de Seone dessoubz Gergey, qui est en la garde Monseigneur, Guillame en a demandé la court. L'on ne li rendra point pour ce que li meffait fut en la garde Monseigneur... »

(3) Bouhier, *Ibid*, § XLIII, manuscrit de Beaune, n° 24, fol. 174. Voici quelques exemples d'amendes prononcées pour garde enfreinte ; on pourrait les multiplier à l'infini ; nous les empruntons au compte de Mathieu Estibout, receveur général du bailliage de Châtillon (1383-1384) :

Ainsi la paix est encore si précaire qu'elle n'est qu'exceptionnelle, que l'on est obligé, pour échapper aux violences, de recourir à ces mesures préventives que nous venons d'étudier; il faut ajouter que le droit d'asile subsiste; il reste un refuge pour les malfaiteurs et ceci n'est pas un médiocre inconvénient, mais il sert en même temps à assurer la paisible réunion des assemblées communales; la franchise de certains lieux y attire les marchands qui cherchent où dresser leur étalage, et se précipitent là où ils ont la quasi-certitude de trafiquer avec quelque sécurité (1).

« De Estienne filz Thiebaut de Couvres pour une garde enfrainte dont il a esté poursuigu par ledit procureur et pour ce eu resgart à sa povreté, a esté condempné à I franc, pour ce I franc. »

« Du Lièvre de la Roichote pour certains attemptaz qu'il a faiz contre la garde de Mons. le Duc de Bourgoingne et plusieurs iniures dites en officient à Denisot du Pouysat sergent Mons. le Duc, dont il a esté poursuigu et à cognoissance de cause condempné en V frans, pour ce V frans. »

« De Guillaume Guiart de Turcey pour ce qu'il a esté poursuigu par le dit procureur d'une garde enfrainte et à cognoissance de cause a esté condempné à III frans, pour ce III frans. »

« De Guiot Gile d'Eignay pour une condempnacion faite contre lui par le lieutenant dudit bailli sur ce qu'il confessa avoir feru, battu et fait sanc à Lambert Daviot de Beaulnote demorant audit Eignay, lui estant en garde publiée et les penonceaulx estans sur sa maison, tauxée en sa présence, non contredisant à VI frans. »

Arch. départ. de la Côte-d'Or, B. 4013.

(1) L'asile s'ouvrait de moins en moins devant le délinquant : dès le onzième siècle, le pape Nicolas II avait exclu de l'immunité le larron public; on en vint à formuler cette doctrine : est forclos du droit d'asile quiconque a commis un méfait *sub spe immunitatis ;* néanmoins, restreint et amoindri de mille manières, le droit d'asile n'était pas supprimé. (Viollet, *Histoire des institutions politiques et administratives de la France*, t. II, p. 304.) — En Bourgogne, nous voyons en 1436 le maire de Beaune refuser de livrer un meurtrier réfugié dans le cimetière Saint-Martin (E. Champeaux, *Les cimetières et les marchés du vieux Dijon*, p. 53, note 4.) — Mais le criminel n'est inviolable que tant qu'il reste dans le lieu de franchise ; nous voyons, par exemple : « Loys de la Grange, chastellain fermier du Mont Saint Vincent, Jehan Beufgras, Jehannot Durand, Jehan Lorme et Richard Berat, sergens » recevoir en 1471 « la somme de quatre frans à eulx dehue pour leurs penes et salaires d'avoir garder par jour et par nuyt ou cimitière du Mont Saint Vincent par l'ordonnance

La survivance de ces moyens nous surprend; ils nous semblent peu efficaces, presque barbares, peut-être parce que nous sommes habitués à nous sentir protégés par ce souverain anonyme qu'est l'Etat partout présent par ses fonctionnaires, ses juges et ses gendarmes; mais si l'on se reporte à cinq ou six siècles en arrière, si l'on réfléchit que toutes les institutions d'autrefois ont été inspirées par des besoins profonds et réels, on arrivera vite à penser que si les hommes de ce temps-là eurent recours à de tels procédés pour assurer leur sécurité, c'est apparemment que le pouvoir public ne leur offrait qu'une insuffisante protection.

Et pourtant, la poursuite d'office s'exerce: c'est un nouvel élément de paix et très puissant, celui-là ; l'évolution d'où il sortit dut être, en Bourgogne, la même que dans les autres régions de la France. On sait l'origine canonique de la procédure inquisitoire : l'Eglise avait adopté d'abord le principe de l'accusation admis par la législation du Bas-Empire; ce principe, du reste, n'avait pas une portée absolue ; il fléchissait par exemple au cas de flagrant délit, *delictum manifestum* ou *notorium ;* d'autre part, dans les synodes, dès le sixième siècle, et de lui-même, l'évêque infligeait des pénitences aux clercs auteurs de fautes commises publiquement, mais peut-être l'adhésion du coupable était-elle nécessaire pour qu'on pût procéder. Au neuvième siècle apparut dans les *synodalia judicia* un ressort nouveau, véritable jury d'accusation ; enfin, Innocent III termina ce mouvement commencé

---

de Monseigneur le bailly de Charollois Jehan de Bidien compaignon de guerre, qui s'estoit rendu en franchise oudit cimitière dès le quinziesme jour du moys de feurier mil IIII^{c} soixante doze jusques à XVIIe jour dudit moys suyvant qu'il vuida hors dudit cimitière et fut pris par les dessusdiz et mis ou chastel du Mont Saint Vincent ainsi que ordonné leur fut par mond. seigneur le bailly... » Arch départ. de la Côte-d'Or, B. 3976, Charolais, compte d'Antoine Conroy. — Sur les réunions de communiers au cimetière, cf. E. Champeaux, *op. cit.*, p. 70.

depuis si longtemps en instituant la procédure *per inquisitionem;* ce qui existait dans les tribunaux ecclésiastiques s'introduisit au treizième siècle dans les habitudes des tribunaux laïques, sous le nom d'aprise. Au quatorzième siècle, la procédure inquisitoire laïque est constituée, dans ses grandes lignes du moins, et Bouteiller écrit avec raison que le juge criminel alors peut être saisi de quatre manières, « par dénonciation, par présent meffaict, par accusation de partie formée et par publique renommée dont enqueste et informacion précédente est faicte (1) ».

Nous avons déjà fait pressentir que la garde et l'asseurement ne durent pas être sans influence sur l'apparition de l'action publique : comment les officiers du prince seraient-ils restés indifférents en présence d'un crime commis au préjudice de celui qu'ils sont tout spécialement chargés de protéger? Au quatorzième siècle, nous remarquons que les poursuites sont presque toujours dirigées contre des gens qui ont maltraité des sergents ou des bourgeois du duc; c'est pour des délits de cette nature surtout qu'intervient le procureur (2), et ce dut être en faveur de ces personnes faisant corps pour ainsi dire avec le duc qu'il agit d'abord, à moins d'admettre que

---

(1) Cf. Esmein, *Histoire de la procédure criminelle en France, passim.*

(2) Dès 1298, nous voyons le duc Robert réclamer une amende à la commune de Dijon en suite d'injures proférées à l'adresse de Gillet d'Auxois, clerc, « en facent nostre servise et nostre office ». (Garnier, *Chartes de communes et d'affranchissements en Bourgogne*, t. I, p. 55). — Nous avons déjà cité des exemples d'amendes prononcées contre des gens ayant méfait à d'autres étant en la garde du duc. Cf. également Archives départementales de la Côte-d'Or, B. 4418, anno 1371. Pour des poursuites à la suite d'injures à des sergents, cf. *ibid*, B. 2278 : « De Jehan dit Tullart de Saint Martin par ce que li diz procureur maintenoit contre ledit Jehan par devant le dit baillif que ycilz Jehan havoit prins Jehan de Pont-Aubert sergent de ma dite dame par le chappoiron hung soir en la taverne, III escuz. » — « De Huguenin Fauveaul iadix chastellain d'Uchon parce qu'il ostit la verge à hung des sergenz de ma dite dame en la terre de la dame d'Uchon en la chastellenie de Moncenis, en disant audit sergent qu'il ne povoit officier en la terre de la dite dame de Beauljeul, VIII escuz. » Anno 1352, etc.

précisément les gens placés en la garde du prince fussent les moins respectés de tous (1).

Certaines associations communales ne furent pas non plus sans favoriser le mouvement qui nous occupe : les Coutumes anciennes de la ville de Beaune spécifient que « li maires et échevins sont tenus de garder les habitans que nul forfait ne leur soit fait en la ville, ne defeur; et se nul forfait estoit fait à aucun, ils doivent pourchachier es despens de la ville qui soit amendez (2) ». Les chartes de communes avaient presque toutes interdit au seigneur de poursuivre sans plainte préalable; les résultats avaient été peu favorables au bon ordre; aussi l'on s'empresse d'investir le maire d'un pouvoir moins dangereux entre ses mains qu'entre celles du seigneur; on lui fait même une obligation de réclamer l'amende au nom du membre de la commune qui a été lésé; mais la noblesse de Bourgogne vit d'un mauvais œil l'innovation, et avant toute chose réclama en 1315 « que l'en ne puisse en cas de crime aller encontre les diz nobles par dénonciation, ne par souspeçon, ne eus juger, ne condampner par enquestes se il ne s'y mettent; jaçoit que la souspeçon pourroit estre si grand et si notoire que li souspeçonnez contre qui la dénonciation seroit faite devroit demourer en l'hostel de son seigneur, et ilec demourer une quarantaine ou deus ou trois au plus, et se en ce ternime, aucun ne l'approchoit dou fait, il seroit ostagez (mis en liberté sous caution) et en faisant partie (si un accusateur se

(1) Les seigneurs justiciers furent amenés eux aussi à poursuivre d'office les délits commis dans leur ressort; la coutume leur en faisait une obligation : « Les Procureurs de Monseigneur le Duc mettront en sa main la terre de ses sujets qui n'auront pas puni les maléfices faits en leurs terres selon ce qu'il appartient; mais les ont quittiez et laissiez aller ou par argent ou par autre manière. » Bouhier, *Anciennes coutumes du duché de Bourgogne*, § CCCLXXIV, manuscrit de Beaune, fol. 65.

(2) Garnier, *Chartes de communes et d'affranchissements en Bourgogne*, t. I, CXLII, § 11.

présente) il doient avoir leur deffence par gage de bataille ». Sur ce point comme sur tous les autres, Louis X céda : « Nous leur octroions, se la personne n'estoit si diffamée ou li faiz si notoires, que li sires li deust mettre autre remède. Et quant au gage de bataille, nous voullons que il en usent, si comme l'en fesoit anciennement (1). »

Néanmoins, la procédure inquisitoire gagne du terrain : bientôt elle reçoit son principal organe, le ministère public. En Bourgogne comme en France, il est de règle que nul ne plaide par procureur, mais l'on fit de bonne heure exception en faveur du duc : les *Consuetudines ducatus*, en effet, permettent au souverain d'autoriser de simples particuliers à déroger à la règle et *a fortiori* de se faire lui-même représenter en justice (2). Les fonctions de ces mandataires sont du reste au début purement fiscales : s'ils surveillent la poursuite des délits, ils s'inquiètent peu du maintien de l'ordre public, ils sont là simplement pour empêcher que le trésor ne soit frustré. Les coutumes de Dijon-Bourgogne nous ont conservé la trace de l'office primitivement rempli par ceux qu'on appelle les gens du duc ; on les voit réclamer toujours la grande amende de soixante-cinq sols, s'efforcer pour l'obtenir de faire changer la qualification du délit ; mais on remarque aussi que jamais la poursuite n'est intentée par eux ; ils n'interviennent que pour sauvegarder les intérêts pécuniaires de leur maître : « Item li cas qui s'ensuit est telx.

---

(1) *Recueil des édits... concernant l'administration des Etats de Bourgogne*, t. I, p. 16.

(2) Bouhier, *Consuetudines ducatus*, § XLIII. « Per procuratorem litigare non licet, nisi sit abbas, collegium vel uniuersitas, nisi gracia specialis a principe habeatur. » — *Ibid.*, *Anciennes coutumes du duché de Bourgogne*, § CCCXVIII : « Aucunes personnes ne sont receues à plaider par Procureurs, se elles ne ont grâce à plaidier dou Prince, ou qu'elles ne ayent pour ce privilège. » Manuscrit de Beaune, fol. 99-106. » — *Ibid*, *Coutumes de Dijon-Bourgogne :* « Item il est de Costume que nuls ne plaidoiera par Procureour en court laye, se ce n'est Chapitres ou Covans ou Colleiges, li quel porront plaidoier par procureour. »

Huns valoz vint de nuit à l'hostel d'un autre valloit et trovai la femme doudit valloit qui pissoit. Il la prit par la main et dit qu'il gerroit à li et la cuilai sus une ploite. Elle criai, affort. Ses maris vint et li dit : Vai t'an biaux amis. Cils vai ferir lou mairiz et l'ai gaitai, et puis s'en alai por la gent que venoit et fut prové li faiz. Li Prevoz et li Gent lou Duc dient que ce est cas de rapt. Droiz dit et li costume que ne est. Quar li faiz n'ai pas estei faiz. Mais il doit amande arbitraire à la ville, au maire et à la femme. Exemple : Uns valoz qui havoit fait un tels fait et havoit vaillant cent et cinq livres, paihai cent souls à la ville, cent souls au maire, cent souls à la femme. Ce sunt quinze livres (1). » Le prévot n'intervient donc que lorsque la preuve du délit est faite, au moment d'appliquer la peine.

Mais au quatorzième siècle apparaît le procureur du duc et alors tout change : il agit d'office ; il est impossible de fixer exactement pour la Bourgogne la date à laquelle fut créée cette nouvelle charge ; dès 1302, Philippe le Bel la règlemente (2), mais il semble bien que dans le duché, le procureur n'ait été institué que beaucoup plus tard; certain document pourrait même donner à penser que pendant toute la première moitié du quatorzième siècle, le procès criminel a conservé son caractère primitif de lutte entre deux parties, à laquelle le pouvoir n'intervient que pour percevoir l'amende de celui qui succombe : un compte de la châtellenie de Duesme pour l'année 1344 donne, de la façon suivante, le relevé des émoluments de justice (3) :

---

(1) Bouhier, *Coutumes de Dijon-Bourgogne*, § LXV.

(2) Esmein, *op. cit.*, p. 100 et suiv. et F. Aubert, *Le ministère public de saint Louis à François Ier*, in *Nouvelle revue historique de droit français et étranger*, 1894. — Coumoul, *Précis historique sur le ministère public*, *ibid.*, année 1881.

(3) Arch. départ. de la Côte-d'Or, B. 2056, fol. 5.

Recepte d'argent des emandes de la chastelenie de Ducsme

Premièrement Huguenin Chappusot contre Aliot le Lanieret.	III sols
Item Huot Boulaine contre la Faulosse	V sols
It. Jaquin Laigerot contre Richar Fener d'Aignay	IIII sols
It. le filz Fourquenot contre le Garnoichet	III sols
It. Joffroy Esnoilliez contre Guiot Goudot de Quignerot, LXV sols amodéréz	XXX sols

Ainsi, même pour un fait entraînant paiement de la grande amende seigneuriale, le procureur n'intervient pas ; n'est-on pas en droit de conclure à la persistance de la procédure accusatoire jusqu'à cette date, en certains lieux tout au moins ?

Plus tard, la rédaction de ce même chapitre change de caractère : ce n'est plus entre deux particuliers que se déroule l'action criminelle : le délinquant se défend contre le procureur. Voici alors comment le receveur consigne sur son registre le versement des amendes :

De Jehan Poinsart de Morey, le XVIIe jour de may, l'an LXXI qui devoit pour certains cas à la poursuite du procureur, LXV sols qui font III francs III gros.

De Perreau Theluchot demorant à Beaune pour une poigne commise contre ly sur ce que se devoit comparoir par devant le gouverneur du bailliage ou son lieutenant à certain jour contre le procureur, à laquelle journée il ne se comparust point, pour ce receu par la main dudit gouverneur, X frans.

De Parisot Bonnot, de Guiot et Hugues ses frères pour une adiudication faite contre eulx à la poursuite de Jehan Hubert procureur de Mons. le Duc pour ce que les diz frères avoient par nuit culiés deux pénères de raisins en la vigne du Grant Guillaume de Nantou, XX frans (1).

(1) Archives départementales de la Côte-d'Or, B. 4418, anno 1371. — On pourrait multiplier les exemples. La plus ancienne mention du procureur que nous ayons trouvée dans les comptes des receveurs date de 1350 : « Richarz Saulvaget de Chalon sur ce que lidiz procureur maintenoit contre luy que comme ycilz Richarz heust une couhe de vin au celier de

Il semble dès lors que puisque le souverain prend en main la poursuite des crimes, les particuliers n'ont plus à s'inquiéter des violences qui les peuvent menacer, protégés qu'ils sont par le seigneur, assurés tout au moins que la répression suivra le délit ; d'autre part la certitude d'un châtiment infligé au nom d'un pouvoir qui ne se laisse point attendrir, doit singulièrement donner à réfléchir au malfaiteur, s'il considère surtout la rigueur des moyens d'information et la facilité que montre le juge à expédier le coupable « ès fourches pour ses démérites » ; on ne transige pas avec le procureur comme avec un particulier que rebutent les longueurs du procès et les dangers du rôle d'accusateur. Donc à quoi bon, à côté de cette protection si efficace, procurée par le nouveau droit que s'est arrogé le souverain de poursuivre d'office, à quoi bon l'asile, la garde, l'asseurement ?

L'explication de la subsistance de ces institutions est facile : ce serait une grave erreur, selon nous, que de vouloir comprendre sous le nom d'action publique au quatorzième siècle, les notions que recouvrent aujourd'hui

dame Jehanne des Essarz, laquelle il trouai veude de environ deux sextiers de vin, néantmoins lidiz Richarz prist et treal du vin de ladite dame Jehanne qui estoit emprès le sien... pour ce hai composey audit baillif VIII escuz d'or. » (Arch. départ. de la Côte-d'Or, B. 2278). — *Ibid.*, anno 1353 : « De messire Jehan de Chateaulnuef chevalier pour ce que li procureur de ma dame poursuigoit le dit chevalier sur ce que il havoit ravie et violée ensamble pluseurs autres ses complices, Jehannote famme ci en arriers Oudot Berchout et havoit batue et navrée Regnaude mère de ladite Jehannote et mons. Jehan filz de ladite Regnaude... à paier L escuz. » Cf. également *ibid.*, B. 2279, anno 1353 ; B. 2283, anno 1356. — On trouve également des cas où la partie se joint au procureur : « Item de frère Guy d'Igornay prieur de Glenoul pour ce qu'il avoit dit de Monseigneur Nychole de Contemnaul en sabsence qu'il avoit robé luy et le prieur de Vaulcroissant de certenes sommes d'argent, douquel fait li diz chevalier le poursuigoit et avec li li procureur de Monseigneur pardevant le bailli... » Arch. départ. de la Côte-d'Or, B. 2745, anno 1350. — Au quinzième siècle, il y a encore des poursuites auxquelles le procureur n'intervient pas : dans le relevé des amendes perçues dans la châtellenie de la Colonne pour l'année 1401, on trouve quarante-trois individus plaidant « contre la Court » ; seize autres plaident contre partie sans que le procureur paraisse

ces deux mots : il ne faut pas croire, nous l'avons déjà montré, que la procédure accusatoire disparut tout d'un coup ; en Bourgogne même elle paraît avoir plus longtemps qu'ailleurs gardé une place prépondérante à côté de la procédure *per inquisitionem* (1) ; nous avons vu qu'en 1315 les nobles réclamèrent et obtinrent pour eux le maintien de la vieille règle concernant les enquêtes ; on la retrouve même inscrite sans modification au paragraphe 292 des *Anciennes coutumes du duché :* « Enqueste faite contre aucun en cas de crime ne vault se il ne s'est mis en enqueste (2). » En 1317, la duchesse Agnès et son fils Eudes IV la confirment en interdisant au prévôt de Nuits de poursuivre sans qu'une plainte ait été déposée (3). En 1363, le roi Jean confirme les privilèges accordés aux habitants de Langres par leur évêque, par lesquels la poursuite d'office est limitée aux cas criminels et notoires. Enfin les chartes des communes subsistent, gardées avec un soin jaloux et beaucoup portent interdiction aux officiers de justice de poursuivre sans plainte.

L'action publique est donc alors beaucoup plus lâche qu'aujourd'hui. La notion de peine elle-même est assez imprécise : souvent, comme au siècle précédent, on compose avec les officiers de justice : on se rachète à prix

(1) Arch. départ. de la Côte-d'Or, B². 336, O. 10, fol. 229. « Aujourduy Guillemin le Passeretet est venuz dénuncier à Monseigneur le Maire qu'il avoit environ IIII ou V ans que Jehan Cofinet de Pluvot aida à tuer Huguenot le Margueneret son cousin germain et lui a requis qu'il voulsit faire prendre ledit Huguenot comme multrier, ensemble lui se mestier estoit pour mettre à esclarsement ledit fait le mardy XXIIe de may. » Anno 1390.

(2) Bouhier, *Anciennes coutumes du duché de Bourgogne*, § CCXCII, Manuscrit de Beaune, fol. 84, 94, 95 ; manuscrit de Dijon, fol. 135, 111. *Coutumes de Dijon-Bourgogne*, § 18, 43, 57.

(3) Garnier, *Chartes de communes et d'affranchissements en Bourgogne*, t. I, p. 318. « Et deffandons par la tenour de ces présentes lettres, à noz prévoz et officiaux qui pour le temps à avenir gouverneront la ditte ville de Nuiz, n'enquérient ne levient amande de sanc fait en la ditte ville sanz clam, sanz fraude et sanz malice de celui qui fait l'aura ne de celui qui ne lou dénoncera si com desus est dit. »

d'argent d'un châtiment plus grave ; à Dijon, par exemple, le *Papier rouge* (1) reçoit chaque jour des mentions du genre de celle-ci :

Veu le procès de Guillemin Hennequin alias le Lorrain demorant à Diion par lequel il appert que puis deux ans en ça, ledit Guillemin..., a prins per nuyt... plusieurs chevaulx et les ostèrent à force à ceulx qui les gardoient... Comme il a confessé, icellui Guillemin a esté déclaré par les dessusdiz avoir commis larrecin. Et pour çe qu'il est habitant et a déclaré joïr du previlege, etc., l'ont condemné à paier au prévost de Mons. le Duc à Dijon LXV s. t. pour amende dud. larrecin et à estre inscript ou papier rouge comme lerre (2).

(1) Le titre du Papier rouge dira mieux que de longues dissertations ce qu'il était : « C'est le Papier dit le Papier rouge selon l'ancien usaige de la ville de Diion ouquel sont escripz les noms des personnes, hommes et femmes, condempnez par les maire et eschevins de la dite ville pour leurs démérites et délicts, les aucuns à estre mis au darrenier suplice, autres combien qu'ilz aient esté trovez et convaincuz comme larrons et larrenesses, toutevoyes par le moyen des previlèges de ladite ville et ainsi que habitans d'icelle, à paier pour une fois LXV s. t. au prévost de Diion pour Monseigneur le Duc, et pour tant seulement délivrez audit prévost senz autre punicion recevoir pour la première fois ; et autres personnes à estre pilorisez, baniz, batuz de verges et autrement fustigiez et puniz aux fauxburs et parmi les rues communes aux cor et cry selon l'usance de ladite ville. Toutesvoyes aucuns desdiz condempnez sont demorez à exécuter et punir, obstans les rémissions que sur leurs meffaiz ils avoient obtenu du prince. Et de toutes lesquelles personnes avec ce que leurs cas sont au long déclarés ci après, aussi en la table ci devant sont escripz leurs noms seulement pour répertoire. Cest dit papier encommencé le mercredi avant la feste saint Clément XXe jour du mois de novembre, l'an mil quatre cens et neuf, que sire Guy Poissenier bourgeois de ladite ville fu ordonné et fait maire d'icelle. Et est assavoir que les crimes. délicts et meffaiz perpétrez avant l'encommencement de ce dit papier rouge sont escripz et contenus chacun selon son temps es papiers de la justice et secrez de ladite ville. Le diemenche après la feste de Concepcion Notre-Dame l'an que dessus. » Arch. départ. de la Côte-d'Or, B^{2}. 362, O. I. La couverture du registre en maroquin rouge lui a donné son nom. — Cf. *Charte de commune de Dijon*, Garnier, t. I, p. 10, § 24 : « Si homo de communia in furto deprehensus et comprobatus fuerit, si antea furtum fecisse non comprobatus fuerit, LXV solidos persolvet ; si vero antea comprobatus fuerit, in dispositione mea de eo erit; si vero de communia non fuerit, in voluntate mea de eo erit. »

(2) Arch. départ. de la Côte-d'Or, B^{2}. 362, O. I., fol. 34, anno 1419. Comparer Loysel : « Il n'est pas fouetté qui veut, car qui peut payer en argent ne paie en son corps. » Cité par Brissaud, *Droit public*, p. 1371. Lors de la réunion du duché à la France, après la mort de Charles le Téméraire,

Dans leurs comptes, les receveurs de bailliages au-dessous du titre « Exploiz de justice » inscrivent celui-ci :

Ce sont les menues parties des grosses amandes, *compositions et accors* dont ci-dessus est faite mancion (1).

Et de fait, que sont ces amendes payées pour des faits qui « ne se peuvent prouver » sinon des compositions imposées par le châtelain à un individu innocent peut-être, mais heureux encore d'échapper à de redoutables procédés d'instruction (2)? Comment appeler autrement ces sommes versées par un individu pour arrêter les

---

Louis XI n'abolit pas cet usage : « Jehan de la Planque corduanier natif de Dijon filz de Andry de la Planque, lequel a esté attaint de larecin par lui fait... en usant du previlege de la ville d'estre déclaré larron et estre condampné a estre inscrit en ce présent papier rouge et paier au prévost de Dijon pour le roy nostre sire LXV solz t... fait le XIIIe jour de novembre l'an que dessus mil IIII^c LXXVII. » — *Ibid.*, fol. 180.

(1) Arch. départ. de la Côte-d'Or, B. 4008 ; B. 2278 : « Composicions faites par le dit bailli (d'Ostun et de Moncenis) puis le dessus dit XVIe jour du mois de mars mil trois cens cinquante, etc. »

(2) Arch. départ. de la Côte-d'Or, B. 2278, anno 1350 : « Regnier filz au Guillaudat de la Terre saint Marceaul sur ce que lidiz procureur le poursuigoit et maintenoit contre luy qu'il avoit ravie Blanchote de la dite Terre saint Marceaul, laquelle chouse ne se poult treuver pour informacion ne aultrement, néantmoins en hay composé à... (effacé). » — *Ibid.* : « De Guillaume li Monret de Varennes pour ce que li procureur maintenoit que il havoit raviz la famme Ysambart, liquel chouse ne s'est pehu trouver fors que pour la clameur de la dite famme à paier X escuz. » — *Ibid.* : « De Jehan Axirelat prévost de Saint Firmin parce que lidiz procureur de ma dite dame parsuigoit le dit prevost sur hung attemptat fait par ycellui prévost, lequel ne se provay pas clerement, III escuz. » — *Ibid.* : « De Jehan de Viney parce que il trait son couteal sur Guillemin de Buy, ce ne le fut prové, II escuz. » — *Ibid.* : « De Bienvenu de Givrey parce que loudit procureur poursuigoit ledit Bienvenu que il avoit blecié et mutril hung homme laquel chose ne s'est peu trouver clerement, si en ay composé par sa poyne eschuie à VIII escuz. » — *Ibid.* : « De Thevenin Villot de S. Valerinz pour ce qui havoit violée Hugote fille Perrenelle fille Philibert Guiot oultre la volunté de la dite Hugote, laquel chouse ne se pouhoit trouver four que pour fame publique, IIII escuz. » — *Ibid.* : Phelippes Pié de Porc, sur ce que li diz procureur le poursuigoit d'un multre fait en la personne de dit Mignot clerc du dyocèse de Chalon, liquel multre ne se poult trover clèrement, néantmoins en hay accordei et composey à... (effacé), etc. »

poursuites dont il est l'objet (1)? et cela alors même que le délit est des plus douteux (2). Il n'y a pas loin de là à la véritable mise à rançon, et l'on se demande en vérité, comment le duc tolère de pareilles pratiques de la part de ses officiers; en 1366, cependant, Philippe le Hardi se montra plus sévère à l'égard des magistrats municipaux de sa capitale : « Il est venu nagaires à notre congnoissance, écrit-il à son bailli de Dijon, que Cécile femme Jehan le Pointre, notre bourgeoise de Dijon, est et a esté souspeçonnée d'avoir emblé par lui ou par autre de son commandement, une grande quantité de cueuvrechiefs et d'avoir fait prison privée chieux elle et mis ou fait mettre à gehenne une jone fille demourant avec elle... pour laquelle suspeçon les maire, eschevins et procureur de notre dite ville de Dijon, l'on fait prendre par nuit et mettre en prison fermée, en laquelle ils l'ont détenue par environ trois jours, sans ly vouloir ouvrir la voie, justice, ne ly exposer les causes ou cas pour quoy ainsi la détenoient prisonnière; mais secrètement à une part, ont dit à elle et à un sien frère notre bourgeois,

---

(1) Arch. départ. de la Côte-d'Or, B. 2745, fol. 10, anno 1351 : « De Symon le Mignotat de Perelles, sergent dou bailliaige por ce que oultre la volentey de Benoist Bruleaul de Brecey, il li rompit sa bourse de sa courroye en laquelle il avoit X sols, composey afin que li procureur ma dame la Reyne en désistast de luy poursuigre et qu'il en demoire en pais, et recehu pour ce pour le tout XX escuz. — De Paupillen fil fut Perrin Lampote de Semur, maiselier lequel poursuigoit li procureur ma dame la Reyne par devant li mayeur de Semur et disoit contre li qu'il avoit prise et emportée de chiez Jehan Espiart de Mont Saint Jehan une varoingle à chevaul senz le scehu doudit Jehan et par manière de larrecin, composey... afin que lidit procureur desistast de luy plus en poursuivre, V escuz. »

(2) *Ibid.* : « De Auber Bouneaul de Semur, parce que li procureur ma dame la Reyne le poursuigoit et disoit contre li qu'il havoit pris argent en l'arche de la femme de fu Regnaut Guarez oultre sa velontey et trovey fut que par acointance qu'elle havoit à li comme en celi qui promis li avoit qu'elle seroit sa femme et gehu avoit à li de quoy elle fut grosse, qu'elle mesme le avoit meney à sarche por pranre doudit argent, composey afin que lidiz procureur désistast de luy poursuigre sur ce fait et receu pour le tout I escu. »

demourant à Dijon, que d'illec ne partiroit jusques elle eût composé pour ce à eux et qu'ils eussient le derrenier denier de la composition. Et que pour ce qu'elle ne s'y voult consentir, son dit frère composa pour elle à vint florins d'or franc pour le commung et à deux frans pour l'un desdiz eschevins qui y avoit esté promoteur de la besoingne. » Le prince terminait en ordonnant la saisie de la mairie (1).

Il n'en reste pas moins que la notion de composition est si profondément enracinée dans les esprits, réfractaires à l'idée de peine, que l'on transige avec les fonctionnaires, représentants du pouvoir (2) ; tant à cause des traditions des temps précédents que pour les difficultés matérielles de la poursuite à une époque de troubles constants, l'action publique ne s'exerce pas avec toute la rigueur que l'on pourrait attendre : jusqu'au quinzième siècle, on trouve des cas où la partie conserve le rôle prépondérant qu'elle jouait au temps de la procédure accusatoire ; si elle ne se plaint pas ou si elle renonce à la plainte déposée, le coupable jouit de l'impunité la plus complète : le

---

(1) Garnier, *Chartes de communes et d'affranchissements en Bourgogne*, t. I, p. 72.

(2) Dom Plancher, t. IV, Preuves, pièce XV, Commission pour la réformation de la justice, anno 1421/2 : « ...Et en outre, pour plus briefve expédition de justice et moins fouler et travailler les parties donnons par ces présentes pouvoir à nos commissaires de composer, traitter et accorder avec toutes les partyes appe'ées par devant eulx et chacune d'ycelles à telles sommes d'or ou d'argent qu'ils aviseront selon bonne raison et équité de justice. » — Arch. départ. de la Côte-d'Or, B. 11254, fol. 10 : « Johannes Brenoz de Villario-les-Poz debet Nicholao de Genleyo XL florinos Florenciae pro eo quod dictus Nicholaus propromisit solvere receptori Burgundie dictos florinos pro quadam composicione facta gentibus domini Ducis de et super pluribus excessibus ab ipso perpetratis et de hoc quod ipse Nicholaus fecit se tenuit pro contento, promittit solvere infra festum beati Bartholomei proxime venturum. Et pro maiori securitate se constituerant fideiussores et principales redditores Stephanus li Bonotez, Bartholomeus Rocarii, Perenetus li Pasne, Johannes Finnote, etc. Tt. Dominus Hugo de Janleyo et Henricus Petiz Jehanz, domicellus. » Anno 1357.

22 avril 1431, Jehannin Morel, orfèvre, et Marguerite, femme d'Oudot de Vauls, vigneron, demeurant à Dijon, s'en venaient trouver le maïeur et lui exposaient « que samedy au sooir darnièrement passey XXIe jour dudit mois d'avril, par nuit, environ dix heures, certains compaignons que ledit Jehannin ne cognoissoit avoient pris devant son hostel et emmenée à force Jehannote sa servante fille d'icelle Marguerite, non obstant que en la prenant, icelle Jehannote cria très fort ». Le maïeur tout aussitôt ordonne au procureur de la ville, Humbert Thierry, d'ouvrir une information sur ces faits; celui-ci sans hésiter se rendit à l'hôtel d'Andrieu Viart « en la rue de la Chaudronnerie, ou quel, dit le procureur en son rapport, j'ay trouvé l'uis du milieu fermé, et pour ce que ledit Andrieu ne volu ouvrir l'uis, je ledit procureur l'ay ouvert à force et en icelluy ay treuvé ledit Andrieu au dessus d'un degrez tenant une espée en sa main, disant que se je montoys, il me fraperoit d'icelle ». Ces dispositions peu bienveillantes n'arrêtèrent point le procureur, qui forçant le passage, trouva dans l'hôtel la servante de Jehannin Morin; elle déclara se plaindre et que « led. Andrieu, Guillaume filz de Jehan Moisson, Andrieu nepveu, Jehan Fraignot et autres l'avoient prinse devant l'hostel dudit Morel son maistre et elle emmenée à force oultre son gré et volenté là où elle estoit et illec, l'avoient d..., ravie et efforciée malgré elle et nonobstant que en faisant toutes ces choses elle crioit très fort ». Le nommé Viart fut tout aussitôt arrêté; on entend de nombreux témoins, puis tout à coup l'information s'interrompt et le dossier se clôt de façon inattendue par l'acte que voici :

Je Jehanote fille de feu Germain Proudon du corps de Marguerite jadis sa femme et à présent femme de Odot de Vaulx vigneron demorant à Dijon, du congié, licence, consentement et volenté desd. Odot, Marguerite, ma mère, Huguenin Bataille mon oncle et d'autres mes parents et amis charnelx, savoir faisons à tous que comme nagaires, c'est assavoir le samedi XXIe jour de cest présent mois d'avril mil IIIIe XXXI après Pasques, par nuyt, moy estant à l'entrée de Jehan Morel orfèvre mon maistre, je aye esté prise par Loys de Celsoy, Andriet du Vernoy, Andriet Viard, Guillaume Moisson et autres leurs consors et complices, et après menée en l'ostel dudit Andriet Viard oultre mon gré et volonté et par les aulcuns diceulx coigneue charnelment pour le quel cas je me sois doulue et plainte à justice comme ravye, et depuis par le moyen de pluseurs parens et amis tant de mon cousté comme des autres dessus nommez, nous ayons traitté, pacifié et accordé ensamble de toute l'offense, iniure et vilenie à moy faite : il est ainssinque je comme bien contante et aggréable des dessus nommez, leurs dis consors et complices, me suis départie et départ de toute la poursuite, action et querelle que je avoye entencion ou que je pourroye prétendre ou temps advenir à l'encontre des dessusdiz ou aucuns d'eulx pour le cas dessusdit et tant conjointement comme divisément. Et du cas dessusdit et de toute offense que pour icellui il porroient avoir fourfait envers moy, je les quitte perpétuelment pour eulx et leurs hoirs. Et me consens que se les corps ou les biens d'aulcuns d'iceulx estoient pour ce prins, emprisonnez ou arrestez ou pourroient estre ou temps advenir par quelconque justice, que ce soit d'Eglise ou séculière, soyent mis à plainne délivrance sens difficulté aucune. Promettent, etc. Renoncent, etc. Présens Mess. Jehan le Moine, chanoine de la Chapelle de Mons. le Duc de Bourgoigne à Diion, Perrin Alixant, chastellain de Talent, Jehannin Rabustel, Jehan Bernay, Aliot Moreaul bourgeois de Diion, Hugues le Clerget vigneron et plusieurs autres, le samedi après le dymenche de Jubilate XXVIIIe jour dud. mois d'avril l'an que dessus (1).

Peut-être, après tout, est-ce là un fait exceptionnel : on peut expliquer la déférence du procureur par la nature du crime et le désir de ne point forcer la victime à rendre par les débats, public son déshonneur ; cependant, à la même époque, nous rencontrons le cas d'un certain Girard Griffon qui, accusé du meurtre de Renaud l'obloier, est absous, les accusateurs ne se présentant pas, après trois convocations. De même, il n'est point très rare de voir

(1) Arch. départ. de la Côte-d'Or, B². 360, F. I.

des procédures commencées s'arrêter par suite du retrait de la plainte : pour interrompre les poursuites, le plaignant déclare le plus souvent qu'il s'est trompé et a accusé des innocents (1), d'autres fois que les faits incriminés remontent trop loin dans le passé (2), ou encore qu'on l'a poussé à se plaindre sans raison, pour nuire à quelqu'un :

Je Aalips fille Jehan Bannetrie de Vereux près de Gray sur Soone certiffie à tous et confesse que comme je me soye plainte comme efforcié au maieur de Diion de Thomas du Bout, Pierre Baney et Oudot Picart, tous serviteurs de Madame la Duchesse de

(1) Arch. départ. de la Côte-d'Or, B. 11256, fol. 134 v°. « Vienetus de Euilleyo super Sagonam apud Aqueductum commorans, apud Fontanas prope Divionem, in domo Perrini dicti Paucenier dicti loci, existens ac in quodam lecto graviter vulneratus, ut dicebat, jacens, protulit ista verba : « Ego super eo quod aliqui malefactores quos penitus ignoro in die dominica nuper partita, de nocte, invaserunt et graviter vulnerarunt ex calore et motu proprio ac iniuste accusandum Johannetum et Johannem fratres, liberos quondam Micheleti le Rappenet et Johannem filium quondam Johanneti Boulon de Fontanis, et de eisdem conquestus fueram Brocardo Juhanne maiori de Fontanis et eciam dicebant aliqui quod Perellus filius Constani le Trichardet de facto huiusmodi, culpabilis erat et perpetrator, verum quia volo super hoc quantum cum Deo possum meam conscientiam exonerare, praenominatos sic mendaciter et dolose accusatos, ipsos assero et veraciter recognosco fuisse et esse ab huiusmodi facto inculpabiles et innocentes et de eisdem me laudo et super huiusmodi invasione et vulneracione ipsos penitus quitto et absolvo. Testes dictus Perrinus Pauceniers, Jacobus Bartheleti de Fontaines, Perrinus de Ycio apud Fontanas commorantes, Arnetus li Parsonez de Talento et Girardus de Acellis Divione commorans, barberius, circa horam primam. Andreas Boulon de Fontaniis pro dictis suscriptis et Jehanne Boulon petiit instrumentum. »

(2) Arch. départ. de la Côte-d'Or, B. 11265, fol. 182 v°. « Bonioz li Musars de Thalemet de sa certaine science et bone velontey comme bien avisez afferme que comme il poursuivoit et entendest à demander à Guillaume de Choisey escuier aucune chose dou fait de la prise dudit Boniot qu'il fut pris en l'an MCCCLXIIII devant Fontaine-Françoise, icilluy Boniot coignoit et confesse que ledit Guillaume ne li fit onques chose qui li deut desplaire, ne vilenie, ne injure et que à tort et sans cas l'en demandoit et parsuilloit et que ce qu'il disoit contre ledit Guillaume est vieus ; et se tient pour bien contemps dudit Guillaume pourquoy il le quitte perpétuelment et absoult de toutes autres raisons, réclamacions et de toutes autres choses enquoy il peut onques estre tenuz à luy de tout le temps passé jusques au jour de la confection de ces présentes pour quelques cas que ce soit, promet que jamais par li ne par autres ne l'en demandera riens, ne contre la teneur de ces presentes, il ne viendra ne consent venir... »

Bourgoingne, je de certaine science, senz contrainte et senz aucunz dons, proffis, louers ou guerdons qui me aient esté donnez ou promiz, renonce dès maintenant expressément et perpétuelment à la dite plainte par moy faite audit maieur et afferme par mon serment que lesdiz Thomas et ses suigans ne me feirent onques desplaisir. Et tout ce que j'en ay dit audit maieur contre lesdiz Thomas et ses suigans a esté par amonestement d'aucuns malvueillans dudit Thomas et ses suigans ; promez par mon serment que je ne dira plus, ne fera ou préjudice dudit Thomas et ses suigans pour amonestement ou autrement, mais iceulx Thomas et ses suigans promez relever de tous procez et dommaiges qu'ilz en pourroient avoir ou temps a venir pour occasion de mon fait...

L'engagement de la plaignante est suivi de la promesse de celui qui l'a inspirée :

Noble homme Guillaume de Montot escuier seigneur en partie dudit lieu confesse que comme il a fait plaindre lad. Aalipz au maïeur de Dijon, comme dit est, des dessusdiz, il promet lad. Aalipz faire cesser doresnavant et que plus n'en sera pour son fait, ne à sa requeste, mais le destourbera [de] son povoir et procurer envers lad. Aalipz qu'elle n'en fera plus. Et ou cas que le contraire sera prové, il promet restituer aux dessusdiz Thomas et ses suigans touz domaiges, etc. Promettent, etc. (1).

L'acte semble prévoir une reprise des poursuites. L'action du procureur n'est donc pas éteinte par la délivrance aux accusés de ce brevet d'innocence ? La réponse est au moins très douteuse : il est infiniment probable qu'en droit la poursuite reste possible, mais il n'en est pas de même en fait. En 1385, à Dijon :

Jehannote fille de Garnier de Saint Soigne requise par Monsieur le Maire à la requeste de Jehan de Bierre se de ce que elle s'esloit plainte et clamée dudit Jehan en disant que ledit Jehan, ensemble plusieurs autres l'avoient effourcié naigaires, se elle n'en entendoit riens demander, dit que de ce audit Jehan, elle n'en demandoit riens et ne lui entendoit pour ce [poursuivre] de cy en avant en aucune manière, mais l'en quitoit (2).

(1) Arch. départ. de la Côte-d'Or, B. 11316 *bis*, fol. 23.
(2) *Ibid.*, B². 336, O. 6, fol. 60 v°.

Et l'affaire en reste là. La même année, Guiot de Charmes poursuit Guillaume le Poissenier pour injure; puis « les parties se deschargent de touz les débas qu'il peuent avoir pour quelque cas que ce soit » et décident, sans que quiconque y fasse la moindre opposition, de s'en rapporter à des arbitres (1).

Ainsi, en fait tout au moins, la tradition se maintient de garder à la partie un rôle prépondérant, de lui donner le pas sur le procureur lui-même; c'est la victime qui décide souvent encore du sort du délinquant: la scène qu'évoque l'acte suivant de si vivante façon, se déroule à Dijon en l'an 1343:

Anno XLIII°, die martis post Omnes Sanctos, circa horam nonam, apud Dyvionem in presentia, etc., testium, etc., Odetus Rossignuelx maior commune Dyvionensis ex una parte et Hugueta de Fixinis de Dyvione, meritrix ex altera; qui Odetus dicte Huguete dixit in galico verba vel consimilia quae secuntur: « Hugote, te louhe tu de Girart de saint Julien que je tien en la prison de la ville de Dijon, de ce qu'il hay fait à aler par sur toy hung chevaul? » Que Hugote predicte maiori sic respondit: « Sire, je me louhoiz doudit Girart de ce qu'il hay fait aler par sur moy ledit chevaul, sauf tant qu'il me getoit des despans par devers le mehe qui m'ay garie la plaie qui li chevaulx m'avoit faite et ne sen point de maul en corps, par quoy vous doigez plus tenir en prison ledit Girart. Item lidiz Odot demandant à Michelot le barbier qui hay megié lad. Hugote se elle estoit bien garie de la dicte plaie, liquelx respondit que elle l'estoit bien et que il la prenoit en son péril sauf malaidie ne se prenoit en li, liquelx maire respondit que sur ce et en son péril, il hostaigeroit ledit Girart Et les chouses dictes, la dicte Hugote et lidiz Micheloz ont juré estre vraies en la main doudit maire sur saintes Evangiles. » Hoc dictus Odetus fecit sibi dari et fieri publicum instrumentum, etc. Testes Robertus Pelenin, J. Symone, Humbert de Bisoncio et plures alii (2).

Plus de cent ans après, en 1444, les choses se passent encore à peu près de même: Hugues le Custurier, habi-

(1) Arch. départ. de la Côte-d'Or, fol. 113 r°.
(2) *Ibid.*, B. 11233 Protocoles de Thierry Quassot.

tant de Dijon, avait été battu rudement sur le chemin de Talant ; il s'en va trouver les échevins et reconnaît dans un détenu de la prison celui qui l'a frappé ; il dépose plainte contre lui ; mais il y renonce solennellement ; il s'assure que les parents de l'accusé ne chercheront point à le venger et l'on met le détenu en liberté, sans que le procureur intervienne le moins du monde (1).

---

(1) Arch. départ. de la Côte-d'Or, B. 11296, fol. 8 v°. « L'an IIII^c XLIIII le XIIIe jour de may à Talent devant la maison Jehan Chauchiet, en la rue qui vat de la Porte Digenoise à la Portelle, fut interrogé ung homme illuc présent appellé Hugues le Custurier de Flurey, demorant à Diion par Pierre Challot, Matey le Bon escuier, Jehan Bachelet, eschevins de Talent à la requeste de Tomas Magnotet de Talent procureur de ladite ville, lequelx c'estoit plaint à eulx en disant que juedy soir entre huit et nuef heures, il venoit de Talent à Diion et treuva emmy le chemin commun quatre hommes lesquels ne feirent nulz desplaisir, mais tantost après, vint ung autre qui le batit et li osta deux blans ; pour la sepasson desquels, lesdiz eschevins li monstrèrent Hugues le Richart, Jehan Beauduinet, Thevenot le Courtaux, Humbelot de Villebichot et Gillot le Berbier que l'on disoit estre venus à celle heure, liquelx respondit par serment que nulz d'uelx ne li avoit fait aucun desplaisir, et tantost après le menèrent en une tour de la ville vers ung homme qui estoit assis les deux piés ez socs et li demandèrent par serment si c'estoit celluy, liquelx respondit et jura par serment et sa part de paradix que ce estoit cellui qui li avoit fait led. desplaisir et osté sondit argent et l'appeloient Simonot filz Villot le Feure de Talent, liquelx li mit en nyent, sur lesquels choses lidiz Tomas procureur requist justice. Commis ad ce Jehan de Sauxurette, Regnault de Gix tonellier, Jehan li Audinot de Talent et autres.

» L'an... le XXI de may qui fut le mardy devant Pentecoste à Talent, en la présence de moy Aubertin de Sauxurote coadiuteur du tabellion de Diion et des tesmoings cy dessoubs escripts, estans en personne Villot le Feure, Perenot et Guillaume ses frères de Talent d'une part et Hugues Ausemot de Flurey custurier, demorant à Diion d'autre part, lesquelx frères tant par eulx comme leur faisans fors pour Simonot filz dudit Villot absent, jurérent et promisrent que combien que lidiz Hugue se soit esté plains à la justice de Talent dudit Simonot en disant qu'il l'avoit battu et osté de ses chatelx et par occasion de ce, ledit Simonot est détenus prisonnier es prisons dudit Talent à la requeste du procureur de ladite ville à laquelle accusacion ou denonciacion, lidiz Hugues a renoncié et encore renonce en disant qu'il ne veult, ne concent à faire aucune poursuite ayans y renuncé expressément, en volantez, consentent le dit Simonot estre adélivré se pour ce est prisonier, les dessus nommés par eulx et comme faisans fors comme dessus promettent que par occasion de ce, ne d'autre chose quelconques, il ne feront ne procureront ou souffriront faire audit Hugues aucun mal, villenie ou dommaige en corps ne

Cependant on sent que peu à peu l'on s'achemine vers une époque où l'on ne tiendra plus compte des intentions de la partie lésée. La composition existe encore, nous en trouverons des exemples tout à l'heure, mais de nouveaux procédés s'introduisent : avant même qu'aucune plainte ait été déposée, l'individu qui redoute des poursuites, soit parce que la rumeur publique lui impute un délit qu'il n'a, en réalité, pas commis, soit parce qu'il est bien véritablement coupable, se fait délivrer un brevet d'innocence ; il le demande au principal intéressé, à celui qui certes est le mieux à même de savoir qui l'a battu ou volé ; c'est une sorte d'assurance prise contre la curiosité inopportune du procureur ; comment oserait-il continuer son enquête en présence d'un acte formel lui déclarant si hautement qu'il fait fausse route ? Reste à savoir combien de ces actes sont sincères ; on peut y voir facilement des

---

en biens, ne poursuitte en jugement, ne deffiance, mais se pour cause ou occasion de ce aucune poursuite ou dommaige ou autre vilonie li en estoit faite ou dit, il li en promettent desdommagier toutes pertes ou dommaiges et oblige, etc. Tt. Tomas le Maguotet, Guiot le Barberet et Hugues Petit et Chicot dudit lieu.

» Le dit jour furent Pierre Charlot, Matey le Bon esculer et Robert le Giriet et Jehan Bachelet eschevins de Talent, séans pour jugement au lieu acostumé à tenir jours en ladite ville à eure... estans présens Tomas le Maguotet procureur de lad. ville d'une part, et lidiz Hugues Ancemot d'autre, et Simonot filz Villot le Feure dudit lieu d'autre, auquel Hugues fut requis et par serment par les dis eschevins s'il voloit aucunement poursengier la dénonciacion et plainte qu'il avoit faite encontre led. Simonot, pour la sépasson de laquelle il estoit détenus prisonniers, liquelx dit que non, ains se louhoit de luy et supplioit es dis eschevins se par cause de la dicte dénonciacion ou accusacion, il estoit poursuivis, détenus, que de ce le vousisoyent adélivré. Et non obstant ce fait, lidiz Simonot interrogé par serment s'il avoit fait aucune violence, ne desplaisir audit Hugues, liquel jura que non, pourquoy, vehu que nulz ne se comparisoit qui aucune chose demandest audit Simonot, lesdiz eschevins baillèrent ycelli Simonnot tout personnellement en garde auxdis Villot, Perenot et Guillaume lesquelx par serment jurèrent et promistrent le ramener tout personnellement, à toutes pugnitions qui sur ce li seroient assignés. Sur quoy lesdiz eschevins et procureur demandèrent justification audit coadiuteur dessus dit. » — Il est peu probable que l'affaire ait eu d'autres suites.

compositions dissimulées, obligées de se cacher parce que les officiers de justice ne restent plus comme jadis indifférents : pourquoi, par exemple, s'il a la conscience tranquille, *Viennis l'Escourceix* demandera-t-il à Ysabelle la Pastorée de déclarer « que onques ne la batit, ne ferit, ne feit chouse de quoy elle se dehut plaindre de luy (1) »? Comment croire encore que Perrenin Monot de Poillot, attaqué sur le chemin de Dijon, n'ait pu reconnaître son agresseur et se soit trompé au point d'imputer le fait à Humbert Pelot de Bellefons qu'il innocente ensuite (2)? Quelques-unes de ces disculpations se présentent cependant avec un caractère de vérité indiscutable : réellement

(1) Arch. départ. de la Côte-d'Or, B. 11234, fol. 19. « Ysabellis dicta la Pastorée de Dyvione, sana mente, licet infirma corpore, dixit equalia verba, etc. : « Bones gens qui estes cy, par le peril de l'âme de moy et par mon » sauvour Jesu Christ, onques Viennis l'Escourceix de Diion ne me batit, » ne ferit, ne fit chouse de quoy je me dehusse plaindre de luy, mas me » louhoiz de li à Dieu et à tout le monde en toutes les moillours manères » que je puis. » Super quibus, dictus Vienninus petiit sibi fieri instrumentum, etc. Testes Henricus li Vertuous de Dyvione et Mariona li Poillote et Johanneta relicta Belini, etc. » Anno 1355.

(2) Arch. départ. de la Côte-d'Or, B. 11269, fol. 52 r°. « L'an de grâce courant mil CCC LXVIII, le venredi, jour de la feste de la Nativité Notre Dame, VIIIe jour de septembre, en la ville de Poilley prés de Dijon en la diocèse de Langres. c'est assavoir en la maison où demoure Perrenin filz Monot, de Poilley, en la présence de moy Guiot de Fontaines, demorant à Dijon, clerc coadiuteur de André de Feanay, notaire de Diion et des tesmoings ci dessoubz escripz, lidiz Perrenins estans en bone mémoire et bien avisiez, gesanz en son lit, melaides, affermay et confessay que comme puis trois semaines en ançay, il hait estey batuz et navrez mout grandement en la teste, par telle menière que li os de la teste li est cassez, par laquelle plaie il est au lit, mout melaides, laquelle blessehure li hay esté faicte au venir de Diion à Poilley, de laquelle plaie comme mehuz et désavisiez, n'en saichant qui la dite plaie li ehust ou hait faicte, ne feut effaire se n'est par presoncion, encourpoiest Oudot filz Humbert Pelot de Bellefons, pour cause d'aucune tenceon qu'il havoient ehue entre lour ou temps passey, li diz Perrenins comme bien appensez et avisiez d'icelli fait dit et confessas en bone foy comme bien acertenez que lidiz Oudot ne fut onques au leu ne en la place ou la dite plaie ne batelle li fut faicte, mas le dit Odot estre pur et net dudit fait et que onques ne li fit ne pourchassey affaire. Et dois maintenant comme bons amis dudit Odot quitter perpetuelment ycelli Odot du fait dessus dit et de touz les despans, dommaiges et missions qu'il encourray et pourroit sutenir et mettre en sa melaidie. »

l'individu innocenté a été victime d'une calomnie ; par exemple si Perrin le Boquet de Talant et Poinsote, sa femme, dont on a dévasté la gelinière, proclament que Jehan le Navotet n'a point pris part au vol, on s'explique leur acte destiné à faire cesser des bruits injurieux pour leur concitoyen (1). De même la femme de Villemin de Montriche, en 1391, déclare qu'Etienne le Grandet n'est pas celui qui l'a battue, mais c'est pour démentir les propos du maître de celui-ci (2). Il y a tout lieu également d'ajouter foi au contenu de l'acte qu'on va lire ; la scène a tout au moins le mérite du pittoresque :

L'an mil CCC IIII^{xx} dix et nuef, le mecredi, neuvieme jour du mois d'avril après Pasques cluses, houre d'environ soloil levant d'icellui jour, en la ville de Diion, en la rue des Molins près de la Porte es Asnes, en l'ostel de Estevenot de Renèves, vigneron, en l'ouvroir devant où estoit Jehanote sa femme et plusieurs autres fillettes coudent de l'aguille en draps linges, avec lesquelles estoit Johannote fille de fu Huguenay de Prenay tonnelier, jadiz demeurant à Talent du corps de Seroichot (?) sa femme, à présent femme Johan le Soichet dudit Talent qui coudoit avec les aultres, en la présence de moy Pierre de Donmartin chevalier, demeurant à Diion, coadiuteur du notaire dudit lieu de Diion et tabellion de la Court de Lengres, et des tesmoins ci après nommez, Messire Estienne de Jussey, prestre, Chanoine de la chapelle Mons. le Duc de Bourgoingne ou chastel de Talent, a dites les paroles ou les semblables en adressant sa parole à ladite Johannote file dud. fu Huguenay de Prenay, disant: « Johannote, belle file, ta mère et ton parastre, enssemble plusieurs autres de Talent ou deu avoit dit que je t'ay surtraicte et es esté en ma chambre et que je t'ay fait honte et villenie de ton corps et que par mon consentement tu t'en es venue en ceste ville. Si vouldroye bien que devant ces bonnes gens, tu voulesses dire tout ce qui en est. » Laquelle Johannote a respondues et dites les paroles qui s'ensuigent ou les semblables en adressant sa parole audit Mons. Estiene disans : « Que par ma foy et par ma conscience et par le péril de l'aame de moy, vous ne me distes,

(1) Arch. dép. de la Côte-d'Or, B. 11349, fol. 61.
(2) *Ibid.*, B. 11316. fol. 16.

ne requistes, ne feites mal, villenie, honte, ne desplaisir, ne onques en votre chambre, je ne entray, ne me deistes parole ne ammonestement de mal faire, ne onques je ne fis mal ne péchié de mon corps de vous ne d'aultre ; mais ceulx qui l'ont dit et qui en ont parlé contre moy ont menti faulcement, quar je suis bonne et vraye pucelle. » Desquelles paroles ainsy demandées, dites et respondues, lediz messire Estiene a demandé et requis à moy ledit coadiuteur, instrument à luy estre donné et fait soubz les seelz des cours de mondit seigneur le Duc et de Lengres, lequel je lui ai donné et ottroyé et mis en forme publique soubz lesdiz seelz. Présens ad ce avec moy discrete personne Mess. Jehan Chauchart, alias Cellier de Diloy prestre, Jacot de Chaignay peletier de peaulx, Jehan et Jacot frères de Jehan Chapuisot de Jussey, Johanote femme Estevenot de Reneves vigneron demeurant à Diion, et plusieurs d'aultres tesmoins (1).

Ces disculpations — celles surtout qui manquent de sincérité — sont-elles toujours bénévoles? C'est une question à laquelle nous ne pouvons répondre en l'absence de documents concluants. Faut-il présumer que clandestinement elles furent payées? Cela n'est pas impossible et si cela était — mais comment les avoir? — il en faudrait conclure que si la composition se dissimule ainsi, c'est que, de moins en moins, l'on prend en considération la volonté du particulier lésé, que le rôle de l'Etat grandit de jour en jour et que la victime est obligée de mentir pour pouvoir, de par sa volonté, faire échapper le coupable à la justice.

Du reste, la composition subsiste : il ne s'agit plus alors, comme ci-dessus, d'une renonciation à la plainte déposée, renonciation basée sur une erreur du plaignant ou sur le caractère calomnieux de l'accusation ou encore sur l'éloignement dans le passé des faits incriminés ; le coupable n'est pas innocenté, mais, au lieu de le poursuivre, on transige avec lui, par l'intermédiaire de parents ou d'amis on « s'accorde » avec lui: qu'il verse une certaine

(1) Arch. dép. de la Côte-d'Or, B. 11313, fol. 144.

somme d'argent et la famille de la victime renonce à son action contre lui. En somme dans ces accords que certains magistrats ne voient pas, semble-t-il d'un très bon œil (1), l'antique *wehrgeld* survit. Qu'est devenu le *fredum* ? On peut dire que si l'on prend ce mot dans son sens strict de versement fait au trésor fiscal, il a disparu, mais si on entend par là simplement l'intervention de l'Etat, du pouvoir public à la transaction passée entre les parties, on doit au contraire dire que jamais cette intervention n'a été aussi forte, ni si fréquente.

L'action publique a beau s'exercer peu régulièrement, la notion de peine a beau manquer encore de précision : le trè[illegible]cien principe d'après lequel quiconque commet

(1) A[illegible] dép., B². 379, fol. 209 v°, anno 1402. « L'an de grâce mil IIII^c et deux le venredi, vaille de la S. Martin diver, en la prison de la ville où l'en tient les jours, où estoient M. le Maire, Jehan Baudot, Jehan le Vertueux... eschevins, le Procureur de la Ville et autres, le dit M. le Maire a dit et exposé à Hugues de St Appolonier, tournier des prisons de Dijon... comment il avoit esté médiateur de faire ung certain accort et traitté entre Hugues filz Michelet de Selongey lors prisonnier... et Jehannote femme feu Perrin... sur certain ravissement à elle fait par lui. Pour cause duquel accort l'en ne pot lors savoir la vérité dudit cas, laquelle chose n'appartenoit pas audit tournier, veu l'office où il est et qu'il est sergent de la ville et a le serment à icelle. . » — Arch. municipales, B. 56, anno 1454, règlement pour le service judiciaire des sergents : « Avons ordonné et ordonnons à toutz les dis sergens qu'ilz mettent et facent inscrire aud. registre de notre court tous les claims des adiournemens qu'ilz feront et ne les diffèrent à mettre depuis que lesdis adiournemens seront fais, par quelconque ordonnance ou requeste que leur en fera l'une des deux parties seulle, se toutes les deux parties, c'est assavoir le demandeur et le deffendeur, ne dient audit sergent qu'ilz sont d'accord de faire lesquelx accords, nous souffisamment informés des manœuvres que y tiennent souvent les diz sergens, qui aucunes fois pour craintes ou menasses font accorder les pouvres simples gens aux parties qui les font adiourner, et autres fois par dons et pour paier l'escot desdiz sergens ; deffendons à iceulx sergens qu'il ne se entremettent aucunement de faire lesdiz accords, se ce n'est à la requeste des parties ou de aucunes d'icelles, ains en laissent faire icelles parties à leur bon plaisir et mettent leurs claims en la manière et aux heures dessus desclarées sur peine d'estre suspendu de leur office par l'espace de huit jours et de cinq solz tournois d'amende... et sur peine de paier aux parties qui per leur faulte seront ainsi travaillées, leurs journées et celles de leur conseil que avant l'assiette de nos diz jours ils auront pris et retenu. »

un crime fait injure en même temps à la majesté du prince, se dégage de plus en plus; une anecdote rapportée par M. de Barante (1) est, à cet égard, bien significative : en 1469, Charles le Téméraire se trouvait à Flessingue ; or le gouverneur de cette ville, amoureux de la femme d'un bourgeois et ayant inutilement tenté tous les moyens de la séduire, avait fait prendre le mari et l'avait accusé de complot contre le duc ; puis il avait promis à la malheureuse femme la grâce de son mari pour prix de son déshonneur ; en étant venu à ses fins, il rendit, en effet, le bourgeois à sa femme, mais après l'avoir fait décapiter. Le duc, instruit de la chose, manda le gouverneur : celui-ci avoua tout, offrit toutes réparations convenables, demanda même à épouser celle qu'il avait faite veuve. « Le duc repartit qu'en effet il convenait *avant tout* d'apaiser les plaignans ; la femme refusa d'abord avec horreur d'épouser celui qui avait tué son premier mari et de devenir ainsi complice de son crime. Toutefois sa famille en pensa autrement et à force d'instances, la fit consentir à accepter l'offre du chevalier. Le contrat fut dressé et il fit donation de tous ses biens, même dans le cas où il n'aurait point d'enfants. Le mariage étant célébré, le chevalier revint se présenter au duc, disant que la partie adverse se tenait pour satisfaite. « Elle, oui, répondit-il sévèrement, mais non pas moi », et il l'envoya en prison ; un confesseur fut appelé : le chevalier reçut l'absolution et communia, puis sans tarder davantage, le bourreau lui trancha la tête. »

Il ne suffit donc pas d'apaiser le ressentiment de ceux qui ont souffert en eux-mêmes ou dans leurs proches du fait délictueux ; il faut que le prince reçoive lui aussi une satisfaction ; il y peut renoncer du reste : il peut faire

(1) De Barante, *Histoire des ducs de Bourgogne de la maison de Valois*, t. IX, p. 65 et suiv. L'auteur donne comme références : Heuterus, Meyer, Histoire de Bourgogne.

grâce ; mais il semble bien que le pardon de la famille lésée soit la condition *sine qua non* de la miséricorde du prince. Nous sommes ici, nous le répétons, à une époque de transition : certains actes, par exemple ces compositions dissimulées sous des disculpations, dont nous parlions plus haut, semblent prouver que l'Etat l'emporte sur la partie ; d'autres documents, au contraire, pourraient faire croire que la balance penche en sens inverse : nous essaierons de démêler ce difficile problème ; contentons-nous pour l'instant de constater que ce que le délinquant achète, c'est avec le pardon de ceux qu'il a offensés, la permission de faire entériner la grâce qu'il a obtenue du souverain et qui doit être ainsi ratifiée par la partie lésée ; puis parcourons les documents eux-mêmes ; mieux que toutes les explications théoriques, ils nous montreront ce qu'est devenue la composition pécuniaire :

Jehan de Fontaines, Guillaume de Fontaines, Jacot de saint... tanneurs, Vincent [de] Talemey et Jacot de Couchey vignerons demeurant à Diion confessent devoir chascun d'eulx pour le tout à Gilote femme de feu Jehan Besot d'Arc sur Tille, jadiz demorant à Diion, tant en son nom comme en nom de tutrix légitime de ses enfans à elle demourez du corps dudit feu Jehan Besot et à Perenot filz Jehan Tantonaix dudit Arc, présens, etc., vint frans d'or pour le nurissement desdiz enfans pour accort fait ausdiz Gilote et Perenot par lesdiz debteurs en nom et pour Huguenot de Couchey et Jehan de Breny tanneurs, sur la mort dudit feu Jehan Besot dont, etc., promettent chascun pour le tout, etc., paier lesdiz XX frans es termes qui s'ensuigent c'est assavoir cinq frans dedens la feste de la Chandeleur et à chacune feste de la Chandeleur après continuelment ensuigant cinq frans d'or jusques à fin de paie desdiz XX frans. Ensemble tous despens, etc. Renoncent à toutes grâces, lettres et dispenses de sermens, au bénéfice de division, etc. Obligent, etc. Témoins noble homme Thomas de Saulx dit le Loup, damoisel seigneur de Vantoux, Symon le Gomenet, Guillaume son frère, Mathieu Molot, ledit IIIe jour. G. Gérard.

Ainsi le meurtrier rembourse le préjudice causé ; on va voir maintenant de quelle façon intervient l'Etat ; on ne sera pas étonné non plus du consentement donné à l'accord par le seigneur de la victime : il a perdu un homme, il est donc presque autant que la famille, autorisé à surveiller la transaction :

Ladite Gilote tant en son nom comme en nom de tutrix légitime de ses enfans à elle demeurez du corps dudit feu Jehan Besot et ledit Perenot frère dudit feu Besot, eulx faisans fors pour lesdiz enfans présens ad ce, mesmement par la volonté et consentement dudit seigneur de Vantoux présent et consentent, quittent, etc , perpétuelment lesdiz Huguenot, Jehan de Breny de et sur la mort dudit feu Jehan Besot et de toutes poursuites que ils es noms que dessus pourroient faire contre eulx pour occasion d'icelle. Et se consentent à la grâce que ma très doubtée dame ma dame la duchesse de Bourgongne leur en a faite, pour la dicte somme de XX frans d'or à eulx paiée de par lesdiz Hugues et Jehan, etc., pour le nourrissement desdiz enfans. Promettans lesdiz Gilote et Perenot es noms et eulx faisans fors et prenans en main comme dessus, ceste présente quittance et toutes les choses contenues en ces présentes tenir a tousiours sans contrevenir. Renoncent, etc. Obligent, etc. A laquelle quittance ledit seigneur de Vantoux se consent. Tesmoins les dessusdiz, ledit jour. G. Gérard (1).

---

(1) Arch. départ. de la Côte-d'Or, B. 11286, fol. 190 r°, anno 1385. Voici un autre acte où le seigneur du défunt, seigneur justicier, du reste, ce qui explique le fait, intervient seul à côté de la famille de la victime et perçoit réellement le *fredum*, représenté par une somme ; néanmoins l'arrangement est soumis à l'octroi de la grâce par le suzerain : « In nomine Domini, amen. Nos Johanna de Monte Acuto, domina temporalis de Villeyo super Sagonam, Guillelmeta relicta Pereneti Regnart, Nicholaus li Regnar et Henricus li Regnar. ambo fratres praenominati Pereneti deffuncti, omnes de dicte Villeyo, notum facimus universis presentibus et futuris, quod, cum rancor, lis, questio, controversia, odium et simultas orti et concepti fuissent inter nos ex una parte et talem ac talem et talem, omnes de Rouvra, cabilonensis diocesis ex alia parte, pro et super eo quod nos asserebamus et dicebamus quod occasione rixe olim mote inter dictos de Rouvra et dictum deffunctum, dum vita fruebatur humana, juxta, seu prope villam de Longo vico in magno itinere quo itur a villa Divionis versus rippariam Sagone [Oschare], prefati Jacobus. etc., de Rouvra praenominatum Perenetum deffunctum. . gladiis et fustibus invaserant, verberaverant, leserant, percusserant tam enormiter quod occasione dictarum verberacionis, lesionis, invasionis et percussionis, mors fuisse dicebatur in eumdem deffunctum subsecuta, ita quod... vel circa, idem deffunctus diem suum clausit extremum, ipsis de Rouvra et eorum quolibet contrarium

Tous les actes de ce genre présentent la même clause; tous stipulent le versement d'un prix ; tous portent à cette condition consentement à la grâce obtenue du souverain ; tous enfin se terminent par une sorte d'asseurement, de promesse émanant de l'individu offensé de ne jamais contrevenir à l'engagement qu'il prend de ne rien réclamer désormais au délinquant; en voici encore un exemple :

Perrin Jovignot de Mailley le Port quitte et absoubt perpétuellement pour lui et les siens, nobles hommes Guiart Petit Jehan, de Trouhans, Guillaume de Vairanges, genre de Philippon Caillot de Mailley et Guillaume de Plovot escuiers, pour lour et lour hoirs, de

dicentibus et proponentibus. Tandem post multas altercationes hinc... attendentes quod non est lorica quae paucis... valeat comparari et maxime amicabile composit... fore melius et quod pro salute anime dicti deffuncti aliquid salutaferum ordinentur quam si praedictorum... in dictos de Rouvra tenderent ad vindictam, quae vindicta, si sequentur, dicti deffuncti anime .. cicius inferret quam salutem ac eciam poenas, missiones, expensas et labores quos et quas dicti de Rouvra et eorum quilibet dicte mortis occasione sustinuerunt et passi fuerunt, considerantes quod dicti de Rouvra et eorum quilibet alias fruerit bone fame et conversationis honeste, nec olim sunt de aliquo maleficio reprehensi, nos praedicta Johanna, cujus praefatus deffunctus et ejus posteritas erat et sunt ac esse debent subditi et justiciabiles, Guillelmeta cujus dictus deffunctus erat maritus et sponsus, Nicholaus et Henricus quorum dictus deffunctus erat frater germanus ab eodem generatore et in eodem utero procreatus, et quilibet nostrum tam nostris nominibus in quantum quemlibet nostrum tangit, quam pro Hugone, majore annis dicti deffuncti libero, ex ejus corpore dum vivebat in corpore dicte Guillelmete... legitimo matrimonio progenito, pro quo minore, nos et nostrum quilibet, qui ad hec facimus fortes et manu capimus sub obligacione omnium bonorum... sponte, scienter et proinde matura super hoc consilii prehabita deliberacione, tractavimus et concordavimus et tenore presentium harum tractamus et concordamus de et super omnibus et singulis praemissis cum praefatis talibus de Rouvra et eorum quolibet in modum qui sequitur et in forma : videlicet quod pro sexcies viginti denariis francis auri cunei Domini nostri Francorum regis, boni et legitimi ponderis, quos nonulli parentes seu consanguinei dictorum de Rouvra, videntes eosdem de Rouvra occasione praemissorum afflictos, licet forcitan sine causa, ut dicebant, sed pro pace et bona fama praedictorum de Rouvra redimenda, et pro ipsis et ipsorum quolibet dominis superioribus nostris et nobis ac patrie Burgondie ex qua sunt oriundi, conferandos nobis solverunt, tradiderunt et deliberaverunt realiter et de facto legitimo... quos sexcies denarios aureos francos habuisse et recepisse confitemur, ista de causa convertendos, videlicet partem aliquam in proprios usus et utiles sumptus Johanne domine temporalis

la bature par eulx faite ou corps dudit Perrin lui estant en la garde de Mons. le Duc de Bourgoigne, et veult et se consent que publicacion seue faite de la grâce à eulx sur ce impartie de mondit seigneur et qu'icelle leur vaille, et icelle louhe, approuve, ratiffie et consent au proffit d'eulx, senz jamais contrevenir. Et ce pour et parmy la somme de vint frans d'or à lui baillés, etc. Promettent, etc. Obligent, etc. Renonce, etc. Présens : Maître Hugues Morel, clerc, baichele en décret, messire Guy de Brasey et Lambert conselier chanoines de la chapelle Mons. le Duc...

Suit l'engagement de Guiart :

Li dis Guiart, tant pour lui que pour et en nom desdis Guillaume et.... doit audit Perrin la somme de vint frans d'or tant pour cause

---

de dicto Villeyo et maxime dicti deffuncti hominis mei dum vivebat, partem aliquam in proprios usus et utiles sumptus dicte Guillelmete et prefati minoris, et aliam partem erogandam juxta ordinacionem nostram ut misse celebrentur ac preces devote et humiles creatori nostro fundantur pro anime dicti deffuncti remedio et salute. Mediantibus quibus sexcies viginti denariis aureis francis sic per nos receptis et in usus predictos convertendis, nos Jehanna, Guillelmeta, Nicholaus et Henricus de Villeyo et quilibet nostrum tam pro nobis, et nomine nostro ac nomine cujuslibet quam pro prefato minore et ejus nomine pro quo ac pro quibuslibet aliis deffuncti caris et amicis et aliis qui, occasione praemissorum, dictis de Rouvra seu eorum... seu contra ipsos opponere vellent in futurum, nos et quilibet nostrum manucapit et se fortem facit quo ad haec ut praefertur, praenominatos talem et talem de Rouvra ac heredes, successores et causam habituros cujuslibet eorum, de et super dicta morte dicti deffuncti ac etiam de et super praedictis rancore, lite, questione, controversia, odio et simultate, ac de et super omnibus et singulis praemissis, nec non et de omnibus et singulis eorum conjunctis gentibus et conexis, quittamus penitus et absolvemus, salvis juribus superiorum nostrorum... pacemque et fedus perpetuum cum eisdem de Rouvra et ipsorum quolibet caritatius et . tenore presentium concordamus. Ita quod proinde nostrum aliquis, dictus minor et alii... quicumque nunquam in perpetuum racione dicte mortis dicti deffuncti vel aliorum praemissorum seu alicujus eorum non faciemus per nos, vel per alium, nec per quemquam fieri permittemus in judicio, vel extra judicium aliquam accionem, demandam, seu petitionem aut persecucionem contra ipsos de Rouvra vel ipsorum aliquem nec contra aliquos heredum suorum ; quinymo, nos et quilibet nostrum, dictos de Rouvra et ipsorum quemlibet et suos, contra quoscumque super hoc dirigemus, juvabimus et deffendemus ac etiam tenebimur ac promittimus ex pacto deffendere et tueri. Supplicantes humiliter omnibus et singulis superioribus nostris quorum interest et intererit quatenus justitiam per eorum misericordiam sibi in hac parte placeat temperare, ipsos de Rouvra et eorum quemlibet in patriam et eorum bona restituendo, etc. » (Arch. départ. de la Côte-d'Or, B. 11266.)

de ladite bature (une ligne passée) des sur ce intervenues et faites, non obstant la dite quittance à laquelle, etc. Et parmy ce, ils demeurent quittes les ung envers l'autre tant de ladite bature que de toutes injure, tanson et rumeurs qui ont eu entre eulx de tout le temps passé. Promet paier la moitié à l'Annonciacion Notre Dame prochainement venant et l'autre moitié au mois de Pasques charnelx, etc. (1).

Si l'on se demande quels motifs poussent les parties a se réconcilier ainsi, on verra qu'ils sont divers; quelquefois, c'est sous l'influence d'un sentiment religieux que l'accord se conclut; c'est le cas dans un acte de 1486:

Nous Pierre Guillin, père de feu messire Thomas Guillin prestre et Henry Regnier cousturier à Ostun, savoir faisons que comme débat et différent fut mehu et en espérance de plus avant mouvoir entre nous touchant la batture faite par ledit Henry Regnier audit feu Messire Thomas Guillin fils de moy ledit père, et le coup à lui baillé par ledit Henry dont la mort s'en est suivie, au moyen de quoy procès estoit entre nous, pour lequel éviter et pour nous pacifier, ledit Henry m'a requis aujourd'hui et fait supplier en l'onneur de Dieu que je lui voulsisse pardonner et remettre l'injure, coulpe et offense faite en ladite batture et coup par luy fait sur la personne dudit Messire Tomas mon fils et toute rancune que je pourrois avoir contre luy. Ainsy est que de ma certaine science, pure, franche et libérale voulenté, et afin que Dieu me veuille pardonner mes fautes et péchiez, ay remis et pardonné audit Henry à ce présent toute l'injure, coulpe et offense par luy à moy faitte et toute la rancune que je pourrois avoir contre luy et l'en ai quitté et quitte perpétuelment, et avec ce, j'ay consenti et consens dez maintenant en l'absolution dudit Henry simplement, purement et précisément et aussi à l'entérinement de sa grâce et pardon en tant qu'il me touche, moyennant et pour ce que ledit Henry payera les frais funéraux dudit feu messire Tomas Guillin mon fils, montant à la somme de vingt deux frans. Fait et passé à Ostun devant Me Jehan de Laiguemorte clerc, notaire publique le IX de janvier mil CCCC IIII^xx et six (2).

---

(1) Arch. départ. de la Côte-d'Or, B. 11317, fol. 23 v°

(2) Collection de documents historiques inédits recueillis aux Archives de la ville d'Autun et offerts à la Société éduenne des lettres, sciences et arts par M. César La Virotte. Ms. p. 57 (Bibliothèque de la Société éduenne).

D'autres fois les parties désirent simplement éviter les dépenses du procès : c'est pour ce motif que Jean de Mornay, charpentier, demeurant à Fontaine-Française, Dominique, Girard et Jaquete, ses neveux et nièce, renoncent à poursuivre Henri et Perenet, fils d'Eudes Berteaul de Talant, au sujet du meurtre par eux perpétré de Jehannin de Mornay, leur frère et père : « Volentes parcere missionibus, expensis et vexacionibus Henrici et Pereneti liberorum Odonis Berteaul de Talento. » L'accord fut conclu moyennant quarante florins de Florence (1).

---

(1) Arch. départ. de la Côte-d'Or, B. 11256. — Les exemples de composition pécuniaire sont assez rares à l'époque qui nous occupe pour qu'on nous permette d'en citer un encore ; on y retrouvera tous les caractères que nous avons déjà signalés antérieurement : « Je Jehannote femme de feu Jehan Lambelin vigneron demeurant à Diion tant en mon propre nom, comme pour Marguerite ma fille du corps dicellui Jehan et moy faisant forte et prenant en main pour tous autres ayans cause du dit feu Jehan mon mary, lequel trespassa le jour du landemain de la feste de l'Annonciation Notre Dame en l'an mil CCCC et vint darnièrement passé pour ung coup de coustel que ly donna et fut feru de coraige mal meu Pernet Sanguinet, jadis sergent du maïeur de Dijon, lors demourant audit Diion, lequel Pernet pour occasion d'icelle mort est rendu fugitif et absent du pays, que comme pour occasion d'icelle mort Vincenote sa femme a obtenu de Mons. le Duc de Bourgoigne sa grâce et m'a aujourd'uy requis humblement que la mort de mon dit mary perpétrée comme dit est et faite par icellui Pernet, son mary, je voulcisse à icellui Pernet et es aians cause de lui pardonner et à la vérifficacion d'icelle grâce moy consentir. C'est ainsi que je, dès maintenant ès nom et qualités que dessus, du consentement et volenté de Marguerite ma fille du corps dudit feu Jehan son père, mon mary, femme de Millot le Grillet de Diion, vigneron à ce présens et consentans et aux prières de mes voysins et amys, ladite mort je pardonne audit Pernet en tant comme à moy touche et es nom et qualité que dessus, sans ce que jamais, je au nom que dessus lui en puisse aucune chose demander, faire poursuite par aucuns au temps à avenir par quelconque manière que ce soit ou pourroit estre. Avec ce me consens au nom que dessus à la publicacion et vérifficacion de ladite grâce que faire s'en devra au proffit et honneur d'icellui. Pernet, de sa dite femme et des ayans cause d'eux sans venir doresnavant au contraire, et ce je fais au nom que dessus tant pour la requeste et supplicacion des dessus nommés, comme pour et par moy la somme de soixante livres tournois d'argent à moy baillées par icelle Vincenote, c'est assavoir vint livres réalment et de fait en monnoye blanche desquelles et du résidu je me tien pour bien comptante, qui sont tant pour en faire dire et chanter messes au salut et remede de l'ame dudit sieur Jehan mon mary comme

Il est inutile d'insister sur la prestation fournie par le coupable : c'est le bon plaisir des parties qui la fixe ; aucune règle ne s'impose à elles à cet égard : c'est ordinairement une somme d'argent (1), qui profite à la fois, en cas d'homicide, aux vivants et au mort ; le très ancien coutumier de Bourgogne, publié par Marnier, nous avait déjà fait connaître cet usage. Quelquefois aussi, en cas de viol, le coupable paie non seulement de son bien, mais de son corps ; la réparation la meilleure est le mariage : une lettre de grâce de 1386 montre le cas assez singulier d'une femme implorant de la duchesse le pardon de son ravisseur, qui satisfait à sa victime en l'épousant (2).

---

pour mes nécessités. Et nous lesd. Millot et Marguerite mesmement... avons pour aggréable la quittance d'icelle Jehannote mère de moy ladite Marguerite et en tant comme nous touche, quittons icellui Pernet de ladite mort et nous consentons dès maintenant à ladite grâce et veriffica-cion d'icelle .. » (Arch. départ. de la Côte-d'Or, B. 11334, fol. 20.)

(1) Cf. tous les exemples cités et B. 11289, fol. 1, anno 1392 : « Messire Jehan Belin de Janley prestre, Pierre Belin son frère, Hugote femme Emart du Pont et Marie femme Villin Gueinot de Janley, sueur dud. messire Jehan Belin, tous enfans de feu Oudot Belin, des autorités de leurs diz maris présens... es noms tant de eulx comme pour... amis et parens de feu Oudot Belin jadiz leur père pour lesquelz ils [se font] fors, etc. Confessent que comme ils aient traittié et accordé avec Perenet Nouhet de Janley de et sur la porsieute que ilz pooient avoir encontre lui de la mort et homicide dudit feu leur père à la somme de cent et XV frans dont leur restoit à paier la somme de XXXVI frans d'or, les dessus nommez pour et es noms et faisans fors que dessuz ensemble le.. ont [eu et recehu] dudit Perenot, realment et de fait en la présence, etc., ladite somme de trente et six francs d'or dont, etc. Quittent, etc. Promettent, etc. Obligent, etc. Renoncent, etc. Tesmoins Messire Michiel Feure de Janley, prestre, Philibert de Janley, et Guillot Girart clerc, etc., de Dijon. »

(2) Arch. départ. de la Côte-d'Or, B². 361, anno 1386 « ...Marguerite duchesse de Bourgongne, contesse de Flandres, d'Artoys et de Bourgoingne, palatine, dame de Salins, contesse de Rethel et dame de Malines, ayans en l'absence de Monseigneur le gouvernement de sesd. duchié et conté de Bourgoingne, savoir faisons à tous présens et advenir que de part Perrenote de Fouvans demeurant à Diion, nous a esté exposé que comme par mauvaise voulenté et jeunesse, Jehan Pyon eust esté consantent de ly enforcier et ravyr avec Bartholomot de Saulieu en ly tenant par le bras senestre, en l'ostel de Jehan de Saulx à Diion, lequel Pyon pour la cause dessus dite et à la requeste de lad. Perrenote soit en prison à Diion en voye de condempnacion et nous ait icelle Perenote supplié qu'il nous

C'est là une singularité intéressante à signaler, mais ce qu'il importe de retenir, c'est qu'au quatorzième et au quinzième siècles, nous retrouvons la composition pécuniaire; les parties transigent; l'offensé vend au délinquant le droit qu'il a de le poursuivre et de le faire condamner moyennant une somme qui peut passer pour représenter le préjudice causé par le crime ; cette transaction s'opère grâce à l'intervention d'amis ou de parents, ou de voisins et sert bien plus à éviter un procès coûteux qu'à arrêter des représailles qui, cependant, restent encore dans les mœurs de l'époque ; par cette transaction, l'action de la partie lésée est éteinte. D'autre part, il faut que l'Etat la sanctionne; il ne suffit pas que les deux particuliers en cause se soient arrangés : à côté de l'action de la partie, il y a l'action publique; elle a encore des défaillances, des hésitations, mais en principe cependant, il n'est au pouvoir de personne autre que du souverain de l'arrêter : aussi la famille qui compose par exemple avec le meurtrier d'un de ses membres, ne s'engage pas à lui assurer l'impunité complète ; simplement, après avoir renoncé à son action, elle promet de ne point s'opposer à la grâce qu'il obtiendra ou qu'il a déjà obtenue du prince.

Le moment est venu de résoudre le problème posé plus haut : Qui du particulier lésé ou du prince a le rôle prépondérant? En d'autres termes, la partie peut-elle obliger le prince à pardonner ou le prince peut-il forcer la partie

---

plaise audit Jehan Pyon pardonner ledit cas et icelluy lui donner en mary. Nous attendu que ledit Jehan est jeune homme et sans autre villain reproiche, pour ce est-il que nous, inclinans à la supplicacion de lad. Perenote à nous en cas dessus dit à icelluy Pion, parmy ce qu'il prendra à femme ladite Perenote, avons le dict meffaict remis, quictié et pardonné Et par ces présentes de grace espécial, de certaine science et de l'auttorité de mondit seigneur dont nous usons à présent, remettons, quittons et pardonnons avec toute peine et amende crymінelle, corporelle et civile que pour occasion dudict meffaict, il est encoru. Et le restituons à sa bonne renommée. Si donnons en mandement, etc. Ce fust fait à Rouvre au mois d'aoust l'an de grâce mil CCC IIII^{xx} et six. »

à pardonner, peut-il pardonner lui-même, gràcier sans le consentement de la partie? Nous espérons trouver la solution dans l'examen des lettres de rémission.

Ces lettres sont toutes rédigées sur un modèle identique : le préambule habituel est suivi du récit quelquefois très détaillé, véritablement dramatique des faits dont elle va absoudre celui pour qui elle est rédigée. Combien de détails de mœurs, piquants, pittoresques pourrait-on rencontrer là ; c'est entre les lignes une véritable évocation qui surgit de tout le moyen âge, avec sa vie exubérante, violente à certains jours, mystique aussi, pleine par endroits de bonhommie gouailleuse et parfois d'une brutalité, dont on ne sait si elle est cynique ou naïve. Que n'avons-nous le devoir de nous étendre davantage (1)!

Vient ensuite la formule de pardon presque invariable : lorsque Philippe le Hardi n'est encore que lieutenant du roi en la province, elle prend la forme suivante :

Nous enformez suffisamment des choses dessusdites, audit N..., avons quitté, pardonné et remis, quitlons, remettons et pardonnons par la teneur de ces lettres, de grâce especial et de l'auttorité de Mons le Roy dont nous usons à présent le fait dessusdit et toute pene criminelle et civile que pour occasion d'icellui fait il peut avoir encouru envers ledit Mons. le Roy et envers nous.

Plus tard, tout naturellement, la rédaction se modifie :

Nous pour considéracion des choses dessus dictes audit N... que sur ce, la relacion de notre dit bailli, avons quitté, pardonné et remis, quittons, remettons et pardonnons par ces présentes, de grâce espécial le fait dessusdit et toute pene et amande corporelle,

---

(1) La plus ancienne lettre de grâce que nous ayons rencontrée à Dijon émane du duc Eudes IV et date de l'an 1341. Arch. départ. de la Côte-d'Or, B². 361. — On en trouvera un grand nombre émanant des différents ducs aux références suivantes : Arch. municip. de Dijon, B. 129, fol. 84 v° ; Bibliothèque municipale de Dijon, fonds Baudot, n° 37, mss. ; Arch. départ. de la Côte-d'Or, B. 485 *bis*, B. 11466 ; Arch. départ. du Nord, B. 1693. — Cf. également les très nombreuses références données par M. Petit, *op. cit.*, t. VIII et IX, pièces justificatives.

criminelle et civile que pour occasion d'icellui il puet avoir encourue envers nous.

Que l'on ne s'étonne point de voir le duc remettre non seulement la peine corporelle et criminelle, la peine publique, mais encore la peine civile : celle-ci ne doit pas être confondue avec les dommages-intérêts auxquels peut avoir droit la partie : ce que l'on entend par peine civile, amende civile, n'est autre chose que l'amende payée au trésor ; les mots pourraient faire illusion, l'interprétation est cependant bien certaine : les trois premiers ducs de la race des Valois n'exigent ordinairement aucune prestation pécuniaire du coupable auquel ils font grâce ; il n'en est pas de même de Charles le Téméraire que rongent de perpétuels besoins d'argent : or voici en quels termes sont rédigées la plupart des lettres de rémission datant de son règne :

Nous quittons, remettons et pardonnons de grâce espécial par ces présentes le fait et cas dessusdit ensemble toute paine et offense corporelle et criminelle en quoy pour cause et occasion des choses dessusdites, leurs circonstances et dépendances ou aucunes d'icelles il a et peut avoir mesprins et offendu envers nous et justice... parmy et moyennant aussi que ledit suppliant l'amendera envers nous civillement selon l'exigence du cas et la faculté de ses biens à l'arbitraige et tauxation de notre bailli de la Montaigne ou de son lieutenant.

Ce n'est du reste point là une vaine formule, car le scribe a soin d'ajouter en marge :

Soit la copie de ce registre envoié en la Chambre des comptes à Dijon pour y prendre garde que la finance de ceste taxation soit rendue au prouffit de Monseigneur (1).

---

(1) Arch. départ. du Nord, B. 1693, fol. 12 r°, lettre de rémission obtenue à la suite de vol par Jehan Merlin de Bar-sur-Seine, anno 1468. — Même mention, fol. 38, lettre de rémission obtenue à la suite de bature par « Jehannote femme Jehan de Chevilley native de la paroisse du Faye en notre duché de Bourgongne ». — Même mention, fol. 63, lettre de rémission

Bien loin de toucher en quelque façon que ce soit aux droits de la partie, on les réserve au contraire expressément; c'est un paragraphe qui ne manque jamais dans les lettres de rémission : quelques-unes de celles que nous avons lues sont muettes sur ce point, mais c'est que la partie, en l'espèce, se confond avec le prince; il s'agit, par exemple, de la grâce d'un individu qui « ou temps que les ennemis de Monseigneur le Roy et du Royaume tenoient les forteresses de Gyé sur Seine et de Rouvre, avoit vendu et administré aux diz ennemis, bois et autres choses en les confortant et aidant (1) ». Mais dans tous les autres docu-

obtenue par Gautherin Narbet, de Dijon, qui avait dans la rue tué un homme d'un coup de « culevrine ». — *Ibid.*, fol. 46, lettre de rémission obtenue par « Simon Platot povre jeune compaignon natif de notre comté de Bourgogne ». — L'exigence de l'amende n'est toutefois pas générale, par exemple fol. 30 v° : « Rémission pour Perrenin Burtauldet et Jehan Burtauldet son filz demourant à Gray sur Soone (sans finance). » — Si les premiers ducs renonçaient assez facilement à lever l'amende, ils ne se montraient pas toujours d'une miséricorde complète; ainsi, en 1416, un individu qui avait volé un cierge sur l'autel de Notre-Dame de Dijon et l'avait vendu pour deux gros, est gracié, mais « parmy ce toutes voyes qu'il sera fustigiez et baptu de verges parmy lad. ville de Dijon et banni à tousiours d'icelle ». (Arch. départ de la Côte-d'Or, B². 361.)

(1) Bibl. municip. de Dijon, fonds Baudot, n° 37, manuscrit, fol. 1, anno 1364. — *Ibid.*, fol. 4 v°. Grâce accordée à un individu arrêté en la foire froide de Chalon de l'an 1365 pour émission de fausse monnaie. — *Ibid.*, fol. 14. Grâce accordée en l'an 1373 à Barthélemy Milot qui « estant à Marey sur Tille avec plusieurs autres personnes après ce qu'il orent parlé des subsides et aides qui courent ou païs de Monseigneur pour le fait des guerres et que l'une des dites personnes ot dit que de touz les diz subsides et aides, il ne li chailloit, mais que de la gabelle du sel dont les povres gens qui n'avoient que mangier, estoient moult grevez, dit incontinent et respondi les paroles qui en suient ou semblables : « Par le Saint Dieu, nous avons en Bourgoingne une deablesse (la duchesse) et tant comme elle vive, nous n'en aurons autre chose car elle est de grans despens et si n'a de conscience ne que mes chevaux. Et tant comme elle vive, il ne... rien en Bourgoingne, ancores croistront les servitudes et par le... queue de vin en mon celier ou un bon beuf en m'estable, elle les feroit pranre et nous ne povons rien avoir en Bourgoingne qui ne soit pris. » Dans tous ces cas, le souverain est seul en cause, et bien plus quelquefois comme simple particulier que comme prince. — La mention des droits de la partie manque encore lorsque le duc proclame l'innocence du suppliant : Ex. : Arch départ. de la Côte-d'Or, B. 11466, lettre accordée à Morinot sei-

ments on trouve mention de la sauvegarde absolue des droits du particulier qu'a lésé le délit.

Or, il est intéressant de s'arrêter quelque peu aux formules employées à cet effet ; elles varient avec les époques : à partir du milieu du quatorzième siècle, la partie conserve le droit de poursuivre le délinquant, mais au civil seulement ; en 1365, Warnin de Malezinghe et Colinet de Selinghehem, varlets de Guiot de Roussey, écuyer du duc, s'étant pris de querelle, Colinet fut tué ; Warnin obtint sa grâce, mais « sauf toutevoies le droit des amis dudit feu Colinet à poursuir, se bon leur semble, à fin civile tant seulement (1) ». En 1367, Regnault le Maire de Pontoux ayant enlevé de force sa bourse à Ysabelle de Vaucouleur sur le chemin de Chalon à la Colonne, est grâcié « restitution faite avant toute œuvre à la dite Ysabel de ses diz courroie bourse et argent ou de la value d'iceulx se elle ne les a euz et de touz dommaiges et despens raisonnables par elle encouruz pour celle cause (2) ». La restitution, la réparation du dommage,

---

gneur de Tourzel et d'Aleyve que « Loys de Gradenigo marchant du païs de Venise » poursuivait pour arrestation arbitraire devant le Parlement de Paris : « Pour quoy savoir faisons (écrit le duc) que desdites prise, détencion et empeschement du corps et des biens d'icelluy Loys nous ne savons, ne sceumes onques que ledit Morinot ait esté aucunement en coulpe, ne qu'il en feist persecucion, pourchas, ne induction en quelque manière qu'il soit, ne puist estre devers nous, ne autre... mais tenons certainement que ledit Morinot en est pur et innocent et oultre ce certiffions que la dite prise fut faite pour certaines justes causes et raisonnables qui à ce nous meuvent, lesquels nous déclairerons en temps et en lieu si mestiers est. » Anno 1413.

(1) Bibl. municip. de Dijon, fonds Baudot, n° 37, manuscrit, fol. 6.

(2) *Ibid.*, fol. 13. — *Ibid.*, fol. 12, anno 1367 : « Sauf toutes voies le droit de partie à poursuir à fin civile tant seulement. » — *Ibid.*, fol. 12 v°. « Et le restituons au païs, à leurs bones fame et renommée et à leurs biens ou cas toutes voies que sur les choses dessus dites, il aura fait ou fera avant toute euvre satisfacion audit Jehan. » — Arch. départ. de la Côte-d'Or, B. 485 *bis*, anno 1371. « Sauf le droit de partie à poursuir civilement. » — B. 11466, anno 1373. « Sauf toutes voies le droit des diz trois bons hommes à poursuivre quant bon leur semblera à fin civile tant seulement. » — Arch. départ. du Nord, B. 1693, fol. 63, anno 1468. « En imposant sur ce

la réparation civile, telle est donc la condition de la grâce.

Ce que nous avons appelé la composition pécuniaire, ces actes que nous avons cités, ne seraient-ils donc que des transactions sur dommages-intérêts? Non, leur rôle est plus important: nous avons déjà montré que ce qu'achète le délinquant, c'est le droit de faire entériner sa grâce qui sans cela reste inefficace; qu'on se rappelle les stipulations que nous avons citées, la femme du défunt par exemple, promettant, moyennant une certaine somme, de ne point s'opposer à la vérification de la grâce du meurtrier; comment donc concilier ces deux idées : l'une, rencontrée dans les lettres de rémission, que la grâce s'impose, que le criminel n'a plus après elle à redouter qu'une demande purement civile de dommages-intérêts, l'autre, éclatant dans les protocoles, que la grâce ne sert de rien si elle n'est approuvée par la partie ?

C'est là le point aigu de l'antagonisme profond et universel de la lutte toujours renouvelée entre l'Etat qui protège sans doute, mais qui quelquefois étouffe, et le particulier. Le prince ne s'est pas toujours reconnu le droit exclusif d'empêcher l'action criminelle; une lettre de rémission de l'an 1341 — nous savons qu'à cette époque, il est douteux que le procureur ait en Bourgogne les attributions dont il jouira plus tard — est singulièrement intéressante. La voici :

Nous Oudes, dux de Bourgoigne, contes d'Artois et de Bourgoingne, palatins et sires de Salins, façons savoir à tous que comme Regnauls filz Aliot le sergent de Diion eust esté condempnez à mort pour les maieur et eschevins de notre ville de Diion pour

---

scilence perpétuel à notre procureur et à tous nos autres officiers quelconques, satisfacion toutes voyes faite à partie premièrement et avant toute euvre, se faicte n'est, civilement tant seulement. » — Arch. départ. de la Côte-d'Or, B². 361, anno 1402. « Satisfacion préalablement faite à partie intéressée civilement tant seulement, se faicte n'est. »

cause d'ung homicide qu'il avoit fait et perpétré en la personne de Monnot dit Cheley de Diion et de grâce espéciaul, ayens respixié de morir led. Regnault et l'ayens fait bannir tant seullement par ledit fait de notre duchié de Bourgoingne, Nous de grâce espéciaul et en regard de... parce que ledit omicide fuit fait par cas de meschief, ledit bannissement rappellons et mettons à néant et audit Regnaut randons et remettons en notre duchié de Bourgoingne et le absoillons dudit fait à tous jours, mais ou cas toutesvoyes qu'il aura accordé aux amis dud. mort et ne le suigront plus pour ceste cause. Mandons et commandons, etc. Donné à Diion le XVIIIe jour de may l'an de grâce mil CCC XLI (1).

Ainsi à ce moment, le particulier a autant de droit sur l'action criminelle que le souverain; pour que le délinquant échappe à la peine publique, il faut que la partie donne son consentement : l'Etat et l'individu sont sur le pied d'égalité. L'Etat par la suite proclamera par la voix du prince, dans ses lettres de rémission, que lui seul a la disposition de la poursuite criminelle, et que la partie n'a de droit que sur la poursuite civile, il n'en restera pas moins des traces de l'ancien état de droit : ces traces nous les avons déjà relevées ; ce sont ces actes que nous avons cités où l'on persiste à écrire et à penser qu'en versant un prix, le criminel meurtrier ou ravisseur achète en réalité la confirmation, la ratification nécessaire de la grâce à lui impartie par le prince; ce prix, le langage officiel cherche à le confondre avec des dommages-intérêts, mais il se trompe, il se trompe sciemment, car nul n'ignore parmi les scribes qui calligraphient ces clauses de « réparation civile tant seulement » que, théoriquement au moins, la lettre de grâce qu'ils expédient deviendra caduque s'il plaît aux parties intéressées; du temps qui s'éloigne de plus en plus, mais dont le souvenir reste, gardé par la tradition notariale, où comme le sou-

(1) Arch. départ de la Côte-d'Or, B². 361, anno 1341. Vidimus de la même date, par Huguenin Poissenot, clerc, notaire de Dijon.

verain et ses officiers elles pouvaient avec autant de droit qu'eux intenter l'action publique, il leur reste le droit de s'opposer à l'entérinement de la rémission : qu'est donc ce consentement exigé sinon la preuve que jadis, ce qui concorde bien du reste avec les principes de la procédure accusatoire, le rôle prépondérant appartenait dans la poursuite non point à l'Etat, mais à la partie. Lorsque Perrin Gentilhomme le couturier et son beau-frère eurent tué l'apprenti Perrenot — nous avons résumé ce drame au début de ce chapitre — ils sollicitèrent leur grâce et l'obtinrent; or voici le mandement que Philippe de Courcelles, bailli de Dijon, chargé de l'entérinement, adressait aux divers sergents de son ressort :

Vous mandons adjourner audit Diion pardevant nous ou notre lieutenant au samedi après la feste de saint Denis XIe jour d'octobre prouchainement venant heure de neuf heures avant midy dudit jour honnorables hommes et saiges maîtres Jehan Joly licencié en lois, conseiller de mond. seigneur le Duc et son procureur audit baillage, Jehan Rabustel procureur des maieur et eschevins de la ville et commune dudit Diion, Pierre Gagnepain frère dudit feu Perrenot et autres frères et seurs, parans et amis d'icellui feu Perrenot trespassé, s'aucuns en a et qui vous seront balliez par escript et déclaracion, et généralement tous autres qui appartiendra et dont requis serez, qui partie ou poursuyte vouldroient faire à l'encontre d'eulx par accusacion, dénonciacion ou autrement pour cause et occasion du cas contenu et déclaré esdites lettres de grâce dessus transcriptes, pour veoir et ouyr par nous ou notre dit lieutenant, procéder à la vériffìcacion et entérinement d'icelles lettres patentes de grâce dessus transcriptes en leur forme et teneur, et ainsi que icellui mondit seigneur le Duc le veult et nous mande estre fait par icelles — ou les impugner et contredire, se faire le vueillent et ilz puissent respondre sur ce, procéder et avant aler en oultre selon raison avec intimacion ou tel cas appartenant (1).

(1) Arch. départ. de la Côte-d'Or, B². 361, anno 1466. — Autre exemple datant de 1384. Grâce accordée à Pereau le Poliot boucher de Dijon qui avait tué sa femme Huguete. Le bailli cite à comparaître pour l'entérinement : Philippe Cointet, procureur du duc, Guiénot de Marandeul, procureur de la ville, et les parents de la victime : « Celluy jour de lundi les

Enfin comment expliquerait-on, sinon par la subsistance d'un vestige des temps passés, que plusieurs fois le criminel sollicite son pardon, d'abord des parties intéressées et seulement ensuite la grâce du souverain : en 1366, le menestrel Viart d'Auteville tua Jehan de Polencourt, son confrère en « gay scavoir »; il obtint rémission du duc Philippe, mais la lettre de grâce constate qu'il avait en premier lieu transigé et « fait satisfacion à la femme et aux amis dudit Jehan et pour ce a baillé à ycelle femme pour elle et les enffens d'icellui Jehan, l'éritaige de sa femme (1) ».

La solution du problème qui se pose de la situation du particulier vis-à-vis de l'Etat dans la poursuite criminelle peut donc se formuler ainsi : la partie lésée est d'abord maîtresse de l'action publique, mais dès avant le milieu du quatorzième siècle, elle n'est plus que l'égale du prince ; enfin le prince l'emporte, alors la vraie composition pécuniaire libre, arbitraire et privée, est obligée de se voiler sous des disculpations plus ou moins sincères ; et si elle garde sa forme primitive, elle est soumise au con-

---

dites parties comparaissans en jugement à Diion pardevant nous l'une encontre l'autre et li diz Pereaul exhiba judicialment par devant nous lesdites lettres de grâce et nous requit à grant instance que icelles vousissions vérifiier, entériner et publier et es diz procureurs es noms que dessus, Jehanote et Nichole comme parentes et filles de feu lad. Hugote que ad ce se veuillissient consentir, lesquelles Jehanote et Nichole inclinans à la requeste dudit Pereaul par bonne et mehure délibéracion et comme bien advisiez, si comme elles disoient, dirent et respondirent judicialment par devant nous qu'elles ne vouloient ou entendoient dire ou proposer aucune chouse au contraire du contenu en ladite grâce, ains se consentirent et consentent du tout en tant comme il leur touche et appartient à la publicacion, entérinement et vérifficacion desdites lettres de grâce. »

(1) Bibl. municip. de Dijon, fonds Baudot, n° 37, fol. 9. — *Ibid.*, fol. 11 v°. « Considérans que ledit Guillaume a esté longuement leur voisin senz ce que entre eulx ait eu ne avoit à ce temps aucun débat ou riote, mais ont esté et estoient bons amis ensemble, et aient pardonné ledit fait audit Guillaume en tant comme il leur touche, si comme par un instrument fait sur ce l'en dit plus à plain apparoir... » Anno 1367.

trôle de l'Etat; néanmoins ses formules conservent le souvenir du temps où véritablement la famille lésée dans un de ses membres décidait seule du sort du criminel : contre ces souvenirs d'une époque abolie déjà, mais dont la tradition subsiste, l'Etat du quinzième siècle lutte de toutes ses forces, car par eux il se trouve rejeté dans la poursuite au second plan ; contre eux, il s'efforce de développer jusqu'au bout, jusqu'à leurs conséquences extrêmes les principes de la procédure inquisitoire : il veut concentrer entre ses mains, monopoliser à son profit la poursuite criminelle, pour ne laisser à la partie que la poursuite civile, mais exclusivement civile; en fait il y arrive peu à peu, mais combien de fois encore fléchit l'action publique devant les convenances particulières et surtout combien le particulier garde et veut garder l'impression, illusoire peut-être, mais très vivace, que, comme autrefois, c'est lui, lui d'abord qui reste maître de la poursuite et du châtiment !

Ce qu'avant d'abandonner ce moyen âge si touffu, si difficile à percer, nous devons enregistrer, c'est le début du mouvement qui peu à peu effacera l'individu devant l'Etat toujours grandissant : ce mouvement-là commence du jour où l'on rejette officiellement dans le passé la vieille procédure accusatoire; désormais c'est l'Etat, le prince qui se charge d'assurer l'ordre ; la guerre devient de droit général qu'elle était, le privilège d'une minorité ; le pouvoir public montre encore des faiblesses dans la voie de la protection d'office où il est entré ; le particulier a encore recours à des expédients, la garde, l'asseurement, l'asile pour se procurer la sécurité dont il a besoin, mais ces moyens, comme on dit, ont fait leur temps, chaque jour ils disparaissent un peu, jusqu'à ce que, après une lente évolution continuellement dirigée dans le même sens par la main souple de Louis XI et celle plus brutale de Richelieu, la féodalité disparaisse et avec elle la guerre privée ; la royauté démantèlera les châteaux forts, fera tomber les têtes les plus hautes, croyant ainsi abattre ses ennemis, en réalité se privant de ses naturels soutiens, mais elle n'osera cependant pas, même au temps du Roi-Soleil, évincer complètement de la poursuite criminelle, ceux qu'après tout, le châtiment du coupable intéresse davantage que l'Etat, cette entité formidable, impersonnelle et vague : cela, ce sera l'œuvre de la Révolution et du Code de 1808 : cet épisode final de la grande lutte que nous étudions fera l'objet du chapitre suivant.

CHAPITRE VI

Seizième, dix-septième et dix-huitième siècles.

Disparition de la guerre privée et de l'asile. — Survivance de la garde et de l'assurement. — Oubli des différences qui séparent les deux institutions. — Continuation de l'évolution de la poursuite pénale : le ministère public placé sous la dépendance du juge, mais au-dessus de la partie lesée. — Droits très considérables que celle-ci conserve néanmoins sur l'action criminelle. — La composition : elle ne se fait plus que « soubz le bon voulloir et plaisir de justice ». — Le prix versé, véritable indemnité et non plus rachat du droit de poursuivre. — L'ordonnance de 1670. — L'action publique confiée à la partie conjointement avec le ministère public — Conclusion : retour désirable à ce système.

A peine Louis XI venait-il de prendre possession du duché de Bourgogne qu'il proclamait, dans une ordonnance, son intention ferme d'y faire garder « bonne et vraye justice, si hautement et convenablement que lesdiz habitans seront maintenus et gardés en bonne paix et seurté ». Il ajoutait que « toutes assemblées de gens de guerre qui se feroient en ses diz païs se feroient soubs le Mareschal de Bourgongne (1) ». C'était annoncer la

(1) Mars 1476/7, art. 11 et 15. *Edits concernant l'administration des Etats de Bourgogne*, t. I, p. 186. Cf. Ordon de Blois, art. 170 : « Enjoignons auxdits gouverneurs.. de tenir le païs à eulx commis en seurté, le garder de pillerie, visiter les places et forteresses et nous advertir des entreprises que l'on pourroit faire en nosdis païs et royaulme. » (*Ordon. des rois de France de la troisième race*, t. XXI, p. 177)

volonté bien établie de supprimer définitivement les guerres seigneuriales : celui qui avait tant eu à craindre de Charles le Téméraire devait garder à cœur d'abattre la féodalité et l'on peut penser que la construction du château de Dijon eut autant pour but d'en imposer aux seigneurs que de protéger, ainsi qu'il fut dit officiellement, la province d'une invasion possible. Quoi qu'il en soit, c'est à Louis XI que Ferrière attribuait l'honneur d'avoir fait disparaître les guerres privées (1) ; du reste, la noblesse bourguignonne paraît avoir renoncé assez vite à ses prétentions d'autrefois : lorsqu'en 1487, Charles VIII, dans une situation critique, demanda aux Etats une somme de 50,000 livres, pas une voix ne s'éleva pour réclamer, en échange de l'aide accordée, l'ombre même de ces privilèges exigés de façon si farouche en 1315 (2). Aussi, lors de la réformation de la coutume en 1569, l'on biffa le titre : *De la guerre et des duels,* comme un texte inutile et depuis longtemps sans application ; désormais, une seule guerre est légitime, celle du roi : « Le seigneur ne peut indire ou imposer aide pour sa rançon, sinon quand il se constitue prisonnier de guerre étant en expédition et en armes pour le service du Roi son souverain seigneur (3). » Et si l'on veut se rendre compte de la différence des temps, on n'a qu'à comparer le langage tenu par les nobles, au début du quatorzième siècle, aux articles « dont MM. de la noblesse demandent ampliation et correction » en 1569 (4).

---

(1) Ferrière, *Dictionnaire de droit et de pratique*, v° guerres particulières entre seigneurs.

(2) *Recueil des édits .. concernant l'administration des Etats de Bourgogne*, t. I, p. 297-298.

(3) Bouhier, *Œuvres de jurisprudence*, t. I. Procès-verbal de la réformation de la coutume de Bourgogne, p. 30. — Il ne faut pas oublier du reste que ces cahiers de réformation ne furent pas admis ; mais ils ont au moins le mérite de refléter d'une façon très précise les idées de l'époque. Cf. H. Guigon, *La succession des bâtards dans l'ancienne Bourgogne*, Dijon, 1905, p. 101 et 102.

(4) Bouhier, *ibid.*, p. 105.

On fit plus alors que de supprimer le titre VII de l'ancienne coutume, et comme si toutes violences eussent été définitivement abolies, on supprima en même temps le titre « des gardes, des sauvegardes et des asseuremens » ; c'était une mesure peut-être prématurée ; la police n'est pas toujours bien faite dans le royaume ; les désordres ne manquent pas ; les aventuriers courent le pays, et le roi trouve commode de s'en remettre à ses sujets du soin de les détruire (1) ; le droit d'asile existe encore : en 1521, François Ier fait réintégrer un homicide dans un lieu de refuge où il avait été saisi et blâme sévèrement les commissaires qui avaient exécuté l'arrestation (2). C'est encourager les malfaiteurs ; avec cela, les mœurs sont encore empreintes d'une extrême rudesse et s'il ne suffisait de rappeler ici d'un mot la tragique histoire du président Baillet, assassiné par le président Giroux, et la série d'empoisonnements qui suivit ce drame, on pourrait se reporter aux nombreuses défenses de porter des armes que renouvellent si fréquemment, à Dijon, le Parlement et la mairie (3).

---

(1) « ...Pour ces causes et autres raisonnables considéracions à ce nous mouvans avons déclaré et déclarons les dis avanturiers, pillars, opprimeurs et mangeurs de notre povre peuple, les capitaines, lieutenans, portenseignes, sergens de bande et autres qui les mènent et conduisent, ennemys publiques de nous et de la chose publique de notre royaulme, et les avons diffiez et habandonnez, diffions et habandonnons à toutes personnes, en permettant à chacun sans crainte, ny doubte de pugnicion de justice, ne qu'il soit besoing d'en lever, ne impétrer rémission de détrousser, tuer, saccager, tailler et mettre en pièces les dis avanturiers. » (Arch. dép. de la Côte-d'Or, B. 12074, fol. 211, anno 1523, registre déposé au greffe de la Cour d'appel de Dijon.) — Cf. *ibid.*, B. 3756, publication de lettres patentes : « Au fait des meurtres, voleries et destroussemens. » — « Sur le fait des adventuriers, et de ne vivre sur le bon homme à peine d'estre estranglés. »

(2) Arch. dép. de l'Yonne, H. 850, document cité par M. d'Avenel, *La procédure et la justice criminelle sous Louis XIII*, in *Séances et travaux de l'Académie des sciences morales et politiques*, anno 1889, premier semestre.

(3) Arch. dép. de la Côte-d'Or, B. 3756. Publication de lettres patentes : « Sur le fait de non porter bastons, armes, ne aller armés, si ce n'est gens

Aussi les mesures inventées jadis pour se préserver des violences toujours à craindre, bien que désormais la coutume semble les ignorer et que Bouhier ne prenne plus le mot garde que dans son sens civil de tutelle (1), ne disparaissent pas en réalité; mais elles se modifient : une première altération, sans grande importance du reste, affecte la garde dès 1490 : nous savons que primitivement lorsque opposition était faite à une sauvegarde, le bien de son impétrant était placé sous la main du prince ; à la fin du quinzième siècle, le séquestre n'est plus que verbal et l'individu reste en possession de son bien : « Item au regard des gardes que nosditz juges ont acoustumé de donner, lesquelles ne contiennent aucune congnoissance de cause, comme sont les complaintes au cas de nouvelleté, pourceque c'est dure chose que sans congnoissance de cause procèdent, l'on doige débouter ung homme d'un héritaige qu'il tiendra au moyen de l'exécu-

---

d'ordonnance. » — Bibl. municip. de Dijon, ms. 299. Manuscrit original de M. Melenet, v° espée : « Le 21 janvier 1660 sur les réquisitions de M. le Procureur Général, deffense aux escholiers, pages, laquais et autres n'estant de condition à porter des espées, d'en porter, ny des armes deffendues à peyne de la vie, les père, mère, tuteurs, curateurs et maîtres responsables des dépens, dommages et intérêts ; enjoint aux archers et sergens de mener les contrevenans en prison. » — Par arrêt du 20 mars 1675, au même registre : « Deffense aux personnes non de condition à porter l'espée et non engagées dans le service militaire, de la porter à peine de 500 livres d'amende contre les personnes de qualité, de bannissement contre les roturiers et de la vie contre les laquais et autres personnes viles. » Même défense de porter l'épée par arrêt audit registre, du 1er juin 1693. — *Ibid.*, v° armes et bastons : « Le 21 mai 1680 par arrest général donné sur les conclusions de M. le Procureur Général, il fut deffendu à tous laquais de porter cannes ny bastons et de commettre aucuns désordres à peine d'estre fustigé sur le champ par l'exécuteur de la haute justice ; il est enjoint à tous archers, huissiers et sergents qui trouveront des laquais armés de cannes et bastons et commettant désordres de les constituer prisonniers. » — Cf. Serpillon, *Code criminel* ou *Commentaire sur l'ordonnance de 1670*, v° port d'armes. On y trouvera le récit de plusieurs singuliers épisodes qui se passèrent à Autun ou aux environs.

(1) Bouhier, *Œuvres de jurisprudence*, t. I, p. 678, 680, 787, 817.

cion d'une garde, Nous voulons à ce pourveoir. Avons ordonné et ordonnons pour le bien de noz subgetz que quant l'on s'opposera esdictes gardes, l'exécuteur d'icelles ne tiendra point le sequestre, synon verbalement, mais demourra la chose où ladicte garde sera exécutée soubz nostre main devers celui qui la tiendra au temps de son exécucion jusques à ce que sur le séquestre réel ou la récréance de la chose contenue en se, autrement en soit ordonné par le juge auquel la congnoissance en appartiendra (1)... »

Au reste, comme jadis pour le duc, la garde constitue un revenu pour le roi : elle se paie et les comptes des receveurs ne diffèrent point au seizième siècle de ceux de leurs prédécesseurs : les tarifs restent sensiblement les mêmes ; ainsi pour l'année 1504-1505, Jehan Saumaire, le receveur des châtellenies de Chenôve et Talant, consigne sur son registre :

Autre recepte à cause du domaine ordinaire deu chacun an au terme de Eascension Nostre Seigneur pour raison des Gardes et Commandises par les habitans des villaiges cy après escriptz : des habitans de Bellefons XX sols, des habitans de Varroys L sols, des habitans de Chaignot L sols, etc.

Ce ne sont pas seulement des communautés qui se « commandent » au roi :

Autre recepte ordinaire du domaine d'icelle prévosté, de plusieurs habitans qui donnent chacun an pour bourgeoisie au terme de Toussains : de M. Richart Gros pour Jehan Belin ou lieu de Huguenin Chaudron, VII gros. De Jehan Belin, VIII gros, etc.

Vingt-six habitants sont ainsi taxés à Regnaves (Renève),

---

(1) Bibl. municip. de Dijon, 4490. *Les coutumes du duché et celles du comté de Bourgogne avec les ordonnances des Parlemens de ces deux provinces*, imprimées à Dôle par maître Pierre Metlinger, Allemand, au mois de mai MCCCCLXXXX, in-8° goth., des gardes. Le livre n'est pas paginé.

neuf à Oisilly, dix à Dampierre (1). Un siècle plus tard, Jean Crétiennet, receveur aux mêmes lieux, écrit encore :

Recepte à cause du domayne ordinaire dehu chacung an à cause des Gardes et Commandises par les habitans des villaiges cy après déclarés : des habitans de Bellefond, XX sols dijonnois, des habitans de Varroys L sols dijonnois, des habitans de Chaignot L sols, des habitans de Chevigny XL sols, de Marsannay le Boys L sols.

Et les retardaires paient une amende de soixante-cinq sols ; plusieurs particuliers sont encore inscrits comme étant bourgeois du roi, mais la recette se chiffre à néant ; au contraire le prieur de Fleurey verse « au terme sainct Martin pour la garde de la ville trante livres parisis (2) ». Mais peu à peu l'institution tombe en désuétude et ne rapporte plus rien au trésor ; en 1669, le revenu des gardes de la châtellenie est presque nul : la liste des villages qui sont en la garde royale reste la même, mais on ne paie plus : « néant » écrit l'agent comptable ; l'amende n'est plus de soixante-cinq sols, mais de sept seulement, et c'est encore « néant » que porte ce chapitre ; les habitants d'Oisilly seuls continuent à verser quelque redevance de ce chef : dix-sept sols six deniers, et ceux de Dampierre quatre livres (3).

Il n'est pas étonnant que dans ces conditions s'obscurcissent les notions primitives de la garde : elle ne subsiste que par la pratique, aucun texte n'est là pour rappeler les règles anciennes, d'écrites devenues coutumières et traditionnelles ; aussi l'institution se transforme radicalement ; elle était primitivement bien distincte de l'asseurement : l'asseurement étant une promesse faite par un particulier et reçue par la justice de ne pas meffaire

---

(1) Arch. dép. de la Côte-d'Or, B. 4541.
(2) *Ibid.*, B. 4591.
(3) *Ibid.*, B. 4621.

à celui qu'il avait menacé, la garde, au contraire, constituant une protection spéciale à laquelle le prince s'obligeait. Néanmoins les différences s'effacent, les deux institutions arrivent à se rejoindre, à se confondre. Melenet rapporte que « le 11 juillet 1640, par arrest, on cassa un assurement donné parmy des requestes contre un conseiller au Parlement ». — « L'on deffendit, ajoute-t-il, auxdits juges d'en donner à l'avenir ; celuy dont estoit question fut même assoupy au Greffe du Palais (1). » Or, ce que Melenet appelle assurement, Cothenot l'appelle sauvegarde : « Il ne faut, dit-il, admettre en sauvegarde contre un conseiller de la Cour, comme il fut jugé, les Chambres assemblées au Parlement de Dijon, au mois de juillet de l'an 1640... lequel arrest fut rendu au proffit d'un de MM. faisant casser la sauvegarde contre luy octroyée par un commissaire aux requêtes (2). »

Du reste, confusion à part, les règles propres autrefois à la sauvegarde ont peu changé : celui qui réclame protection doit jurer qu'il est en droit de requérir ; alors le magistrat, suivant en cela une distinction nouvelle, le met en sauvegarde du roi, s'il est officier royal, en sauvegarde de justice, s'il est officier inférieur ; comme autrefois, la signification est nécessaire ; nul ne peut, en principe, obtenir sauvegarde contre son seigneur ; la règle était jadis moins sévère et cette indignité n'existait que pour le mainmortable ; en même temps, le principe s'est

---

(1) Bibl. municip. de Dijon, ms. 299 déjà cité, v° assurement.

(2) J. Cothenot, *Instruction des procès criminels, tirée des ordonnances royaux, reglemens et arrests du Parlement de Bourgogne*, p. 23. Cothenot était d'autant mieux à même de parler de l'affaire avec compétence qu'il y était en cause : « Le sieur Cothenot avocat du Roy au bailliage de Dijon ayant obtenu un assurement de Mrs des Requêtes du Palais contre M. Bernard conseiller au Parlement, il fit informer contre lui par Commissaires desdites Requêtes. M. Bernard en ayant appelé, l'assurement et les informations furent cassés par arrêt du 11 juillet 1640. » — Bibl. de l'ordre des avocats, ms. n° 25, *Délibérations secrètes du Parlement de Dijon*, v° assurement.

étendu : ainsi, sauf de rares exceptions, le justiciable ne peut requérir sauvegarde contre l'officier de justice, les paroissiens contre leur curé, le fils contre son père, le pupille contre son tuteur (1).

L'assurement obéit aux mêmes principes : ce n'est plus une promesse, faite par l'auteur des menaces de ne point passer aux voies de fait : il n'est même point appelé devant le magistrat et c'est le juge qui octroie l'assurement comme il donne la sauvegarde : un certain Fabien Pinard, marchand à Sennecey, s'était plaint à la Cour de machinations, « complots et attentats » tramés envers lui par Michel et Hugues Gabeure, marchands au même lieu ; le 20 avril 1663, il obtint, avec permission d'informer, assurement contre les Gabeure ; c'est la Cour qui lui donne l'assurement et ceux dont il a à se plaindre sont si peu avertis, que c'est seulement le 12 septembre et le 2 octobre suivants qu'ils se pourvoient à la Cour ; ils exposèrent leur innocence, déclarèrent avoir sommé Pinard de procéder à son information, ce dont celui-ci s'était bien gardé, car « il n'y pouvoit satisfaire, conclurent enfin que ledit assurement fût levé, que les termes injurieux contenus en l'interdit dudit Pinard fussent rayés, qu'il leur fît réparation d'honneur, qu'il fût condamné à la peine de la calomnie et en tous despens, dommages et intérests ». Un arrêt intervint le 19 octobre 1663, sur le rapport du conseiller Pouffier : il « levait l'assu-

(1) J. Cothenot, *op. cit.*, *ibid.* « L'on ne doit refuser de mettre en la sauvegarde du Roy ou de Justice celuy qui le demande en affirmant qu'il a juste subject de le requérir ; et doit le Juge prononcer en la sauvegarde du Roy, s'il est Officier Royal, si c'est un Juge inférieur, qui est à dire en premier Justice, il faut dire qu'il « Met le demandeur en sauvegarde de Justice », ce qui sera signifié à Partie adverse... Et faut notter que sans information précédente, on ne doit aussi donner sauvegarde à un suject contre son seigneur, aux Justiciables contre l'Officier de Justice, ny aux Parroissiens contre leur Curé, au fils contre le père, ny au pupil contre son tuteur, etc. Du moins qu'avec grande connoissance de cause. »

rement octroié le 20 avril audit Pinard contre lesdits Gabeure (1) ».

Les deux termes assurement et sauvegarde, cela est tout naturel, sont employés comme synonimes : voici, par exemple, une formule très significative à cet égard : « La Cour a mis et met ledit... en la protection et sauvegarde du Roy et de Justice à l'encontre de... auquel et à ses adhérans, elle fait inhibicion et deffences d'attenter directement ou indirectement aux personnes et biens dudit... de sa femme, ses enfans et domestiques (si on le demande), ny même de les attaquer, provoquer et injurier à peine de garde enfrainte et d'estre procédé contre eux extraordinairement ; a fait pareilles déffences audit... à l'égard dudit... à mêmes peines, en affermant au greffe par ledit qu'il a juste sujet de requérir assurement (2). » « Nota, ajoute l'auteur du manuscrit, que quand celuy qui requiert un assurement ou sauvegarde est d'une bonne réputation, on ne luy refuse jamais cette protection sous le bénéfice de son serment, à moins que celuy contre lequel il fait cette demande ne soit constitué en dignité (3). » On emploie indifféremment encore les deux mots en s'adressant au maïeur de Dijon qui continue à remplir le même office que par le passé :

A Monsieur Monsieur le vicomte Mayeur de la ville de Dijon. Supplient humblement Thomas Tupain, marchand boullanger en

(1) Bibl. municip. de Dijon, fonds Baudot, n° 160, ms. *Recueil d'arrests criminels du Parlement de Dijon*, p. 487. — Même solution en suite d'un assurement donné par la Cour, le 25 février 1670, à Jean Benoit Chevalier, curé de Vieux, avec permission d'informer contre Joseph de Grenand, seigneur de Rougemont. *Ibid.*, p. 488.

(2) *Ibid.*

(3) *Ibid.* On oublie les règles du quatorzième et du quinzième siècle, mais il est assez curieux de retrouver, à la fin du dix-septième siècle, la conception de la vieille coutume de Dijon-Bourgogne, l'idée d'une présomption de culpabilité pesant sur l'auteur des menaces : « Celui contre qui l'assurement est octroyé, dit notre auteur, est en quelque manière responsable des mauvais événements qui peuvent arriver à celuy qui a obtenu la sauvegarde : c'est une semi-preuve contre lui. » *Ibid.*

ceste ville et Jeanne Pasquier, vesue de Anthoine Duboy marchand en ceste ville et dict que ce jourd'hui quatorziesme du présent mois, Jean Didier, Suzanne Odinelle sa femme, leurs enffans comme aussy Guichard Torneur et sa femme se seroient jettés à coups de poings et de pied en jurant et blasphèmant le sainct nom de Dieu sur la famme dudit suppliant... il vous plaise Messieurs, les mettre en la protection du Roy et de Justice avec deffence audit Didier, Guichard, leur famille de les provoquer à peine de garde enfrainte, sous offre que font lesdits suppliants d'affermer qu'ilz ont juste subject de requérir ledit assurement.

Et en marge, on lit :

Nous mettons les suppliants en l'assurement requis, prestant le serment au greffe de la vérité du contenu en la présente. Fait le 25 avril 1648. Signé : Illisible (1).

Un individu demande à être mis « en assurement et protection de justice (2) ».

Le rapprochement des deux institutions se fait de plus en plus intime : Ferrière dit que l'assurement est à peu près la même chose que la sauvegarde ; mais il différencie de façon tout à fait factice : « La voie des assurements étoit autrefois fort en usage, dit-il, dans les tems malheureux où les gentilshommes s'étoient érigés en souverains

---

(1) Arch. départ. de la Côte-d'Or, B². 352 *bis*.

(2) *Ibid*. « A Monsieur Monsieur le Vicomte Mayeur de la ville de Dijon ou son lieutenant. Supplie humblement Anthoine Pigeon marchand à Dijon. Et dict que le jour d'hier sur environ sept heures du soir, Jean Galette maistre boulanger audit lieu alla devers son logis tenant une espée, la tira du fourreau et dict ces motz : « Où est le frère Pigeon par la » Mort Diou ? Il fault que je le tue et sa femme aussy. » Mais comme ledit suppliant n'estoit en la chambre où ledit Galette entra, il se retira usant de grandes menaces. Et comme ledit Galette est un homme de main qui n'a aulcune crainte de la Justice, ledit suppliant a juste subject de apréhender lesdites menaces. C'est pourquoy, il vous plaiera le mettre en assurement et protection de la Justice tant luy que sa femme, enfans et famille en affermant ce que dessus au Greffe. Et en outre luy faire les deffenses en tel cas requises et nécessaires et sera justice. »

En marge : « Nous octroyons au suppliant l'assurement avec les deffenses en tel cas requises, prestant le serment au Greffe de la vérité du contenu en la présente. Fait le 30 janvier 1649. Signé : Illisible. »

et avoient la liberté de se faire la guerre, ce qui a donné lieu aux cartels et aux duels ; mais à présent que ces licences effrénées ont été proscrites et condamnées par les édits des mois de mars 1613, de décembre 1626, de juin 1643, de septembre 1651 et de 1679, il n'y a plus d'assuremens ; il ne reste donc à présent que la voie de se mettre sous la protection et sauvegarde du roi et de la justice, lorsqu'on craint quelques voies de fait, menaces et injures de la part de quelqu'un avec lequel on est en contestation. On obtient à cet effet des lettres de sauvegarde en chancellerie ou bien on présente une requête au juge royal qui ordonne qu'elle sera signifiée et cependant fait défense de méfaire à l'exposant sous les peines portées par les ordonnances royaux (1). » Tel est alors l'oubli du droit du moyen âge.

Un dernier jurisconsulte bourguignon, l'Autunois Serpillon, s'occupe de la même question en 1767 : « Celui qui est menacé en sa personne ou en ses biens, écrit-il très exactement, demande au juge royal qu'il le mette sous la protection du roi. S'il y a enfreinte, c'est sans contredit un cas royal, mais il est de la prudence du juge de ne l'accorder qu'après avoir entendu au moins un témoin sans reproche qui dépose des menaces : le jugement est signifié à l'accusé et s'il menace de nouveau le plaignant, ce seroit une désobéissance ou rébellion aux défenses du juge royal qui, au moyen de la sauvegarde qu'il auroit accordée, connoîtroit de l'affaire quand même les injures, menaces ou voies de fait ne seroient pas de sa compétence. Le juge doit faire grande attention à la qualité du plaignant et à celle de l'accusé : une personne vile pourroit faire injure à une personne qualifiée en demandant contre elle une sauvegarde : c'est ce qui rend néces-

(1) Ferrière, *Dictionnaire de droit et de pratique*, v° assurement. La première édition porte la date de 1739.

saire une information sommaire et préalable. » L'auteur note que la sauvegarde est donnée à toujours, nous avons vu que jadis elle n'était en général valable que pour un an : « Car, dit-il, il sembleroit qu'après un temps expiré, il seroit permis à l'accusé de récidiver. » Quant à la différence qui sépare l'assurement de la sauvegarde, l'auteur la signale, mais il ne voit là et de façon très inattendue qu'une question de terminologie et pour ainsi dire de préséance : d'après lui « il n'appartient pas à un juge de seigneur de se servir du terme de sauvegarde qui ne convient qu'aux officiers royaux des bailliages et aux cours : les juges du seigneur doivent se servir du mot assurement comme qui diroit sûreté de justice donnée au plaignant pour sa personne et ses biens contre les menaces de l'accusé auquel on défend d'insulter le plaignant directement ou indirectement ». Enfin Serpillon termine en énonçant pêle-mêle quelques principes gouvernant le même sujet : l'assurement n'est pas enfreint par injures verbales, mais seulement par voies de fait, et même et surtout par menaces de voies de fait ; « c'est, dit-il, le principal sujet pour lequel il s'accorde ». Suit une règle de compétence assez singulière : jadis le duc seul avait connaisance des infractions à sa garde, mais au dix-huitième siècle, ce sont les lieutenants criminels qui connaissent de ces cas, que la sauvegarde ait été donnée par un prévôt royal ou par le juge d'un seigneur. Il faut enfin que les menaces aient été faites depuis peu de temps pour être recevable à demander sauvegarde ou assurement « par ce que sans cela on présumeroit qu'il n'y auroit plus de danger, ce qui résulte de l'article 8 du titre XXIV de l'ordonnance de 1667 qui veut que le juge soit récusé s'il a menacé la partie depuis six mois (1) ».

---

(1) Serpillon, *Code criminel* ou *Commentaire sur l'ordonnance de 1670*, v° sauvegarde, p. 155.

A mesure que se perdait la notion exacte de ces deux mesures de sécurité préventive, par un mouvement parallèle et inverse, grandissait la force de l'Etat et s'imposait davantage sa justice ; l'évolution que nous avons vu se dessiner au quinzième siècle s'affirme : le particulier tendait à s'effacer derrière le procureur ducal ; progressivement et de plus en plus, la partie publique va se substituer à la partie privée et ce sont ces progrès de la poursuite d'office qu'il nous faut étudier maintenant : ce sera, comme précédemment, la meilleure façon de comprendre comment se transforme la composition pécuniaire.

« Au seizième siècle, dans tous les crimes punis corporellement, dit M. Allard, il était enjoint aux procureurs du roi et à ceux des seigneurs, comme aux juges eux-mêmes, de poursuivre d'office ; les coupables ne pouvaient être reçus à composition et la transaction consentie par les parties lésées ne faisait aucun obstacle au droit de la partie publique. Des textes nombreux et décisifs attestent l'exactitude de ces propositions (1). »

Tout cela est rigoureusement vrai; cependant, peut-être, faudrait-il examiner les choses d'un peu plus près ; il semble bien invraisemblable que le droit naguère exclusif de la partie à poursuivre et à disposer de son action, encore respecté dans une certaine mesure au siècle précédent, se transforme ou plutôt disparaisse aussi radicalement et de façon si rapide. Ne laisse-t-il pas au moins quelques vestiges?

Un acte criminel peut alors donner lieu à la poursuite d'office, à la dénonciation ou à la plainte. Or, chose surprenante au premier abord, le procureur du roi ne joue dans la poursuite d'office qu'un rôle assez effacé. Ayrault

---

(1) A. Allard, *Histoire de la justice criminelle au seizième siècle*, p. 169.

qui écrit à la fin du seizième siècle, dit encore (1) : « Nos Gens du Roi quoiqu'ils disent que la vindicte Publique appartienne à eux seuls ne font ou ne peuvent pas faire grande poursuite d'eux-mêmes. » Le véritable accusateur c'est le juge (2). « Tout juge est procureur général », dit la maxime ; et l'ordonnance de 1498 décide « qu'aucun en matière criminelle ne sera ajourné à la requeste du procureur du Roi, sinon qu'il y ait décret de juge (3) ». C'est au juge que l'ordonnance de 1536 confie le soin d'exercer l'action publique (4), et c'est seulement à partir de 1539 que le ministère public est obligé de se joindre à tout procès criminel (5), mais il est loin d'obtenir le monopole de la poursuite, car, à la même date, on confirme le juge dans ses droits (6), et c'est à lui encore que l'ordonnance de 1679 enjoint d'informer, mais en le forçant cependant à envoyer le rôle des procès cri-

---

(1) Ayrault, *Formalité et instruction judiciaire dont les anciens Grecs et Romains ont usé es accusations publiques, conféré au stil et usage de nostre France*, Paris, Laurens Sonnius, 1587, p. 398.

(2) Sur tous ces points, rôle du ministère public, du juge et de la partie, cf., outre les auteurs cités ultérieurement, P. Nourisson, *De la participation des particuliers à la poursuite des crimes et délits*, Paris, Larose, 1894, p. 46-81, et A. Roux, *Le ministère public et la partie lésée*, thèse, Paris, Larose, 1893, p. 97-116.

(3) Ordonn. de Blois, mars 1498, art. 62.

(4) Edit de Valence, 30 août 1536, chap. II, art. 1er : « Sitost que les crimes et délits auront été commis et perpétrés, les juges ordinaires seront tenus en informer ou faire informer... »

(5) Ordonn. de Villers-Cotterets, août 1539, art. 145 : « Et sitost que la plainte desdits crimes, excez et maléfices aura esté faiste ou qu'ils en auront autrement esté advertis, ils (les juges) en informeront ou feront informer bien et diligemment pour incontinent après informations faites, les communiquer à nostre dit procureur et veuës ses conclusions (qu'il sera tenu promptement mettre au bas desdites informations, sans aucun salaire en prendre) être décerné par le juge telle provision de justice qu'il verra estre à faire selon l'exigence du cas. »

(6) *Ibid.*, art. 144 : « ...Nous voulons que tous procez criminels se fassent par leurs juges ou les lieutenans et accesseurs et non par nos procureurs et advocats... »

minels jugés par lui au procureur par l'intermédiaire des baillis et sénéchaux (1).

Le ministère public est donc vis-à-vis du juge, très tard dans le seizième siècle, dans une situation inférieure : à Dijon comme partout ailleurs, le procureur général et ses substituts sont à tous points de vue sous la surveillance de la Cour : le 3 juillet 1525, la Cour ordonne « aux scindics de veoir le roolle des informations qui ont esté mises entre les mains du Procureur Général depuis six ans pour veoir quelle diligence il y a faitte » ; le 18 novembre 1529, mande le procureur général et lui ordonne « de fournir le sac contre Edme Cortot dans quinze jours à peine de privation de son office »; le 17 mars 1533, « la Cour a conclud que le Procureur Général ni son substitut ne pourront aller à faire leur recours et ampliation de tesmoings hors la ville sans ordonnance de la cour ». C'est la Cour qui règlemente les formalités des instructions : « Le 15 janvier 1537, la Cour a mandé le Procureur Général auquel a esté deffendu que doresnavant il ne baille plus commissions générales pour informer contre aucune personne, ains qu'en les commissions il spécifie particulièrement les points et articles sur lesquels il sera informé », et c'est la Cour aussi qui, en 1599, décide quand les gens du roi assisteront à l'instruction des procès : « Le 20 décembre 1599 a esté résolu que Mess. les Gens du

(1) Ordonn. de Paris, mai 1579, art. 184 : « Enjoignons à tous nos juges et des hauts justiciers informer en personne et diligemment sans divertir à autres actes des crimes et délits qui seront venus à leur connoissance... Et afin de connoistre quel devoir et diligence ils y auront fait : enjoignons à nos prévosts, chastelains et tous autres juges inférieurs d'envoyer aux baillifs et séneschaux ou leurs lieutenans le rôlle des procès criminels qu'ils auront jugez, et lesdits baillifs et séneschaux envoyer semblables rolles à nos cours de Parlement et procureurs généraux en icelles : lesquels et leurs substituts en chacun siège et semblablement les procureurs fiscaux des seigneurs seront tenus faire diligente poursuite et recherche desdits crimes, sans attendre qu'il y ait instigateur, dénonciateur ou partie civile.. »

Roy ne pourront assister aux instructions des procès criminels qui se feront par Messieurs, si ce n'est que la Cour juge la gravité du crime ou qualité des personnes qu'ils y doivent assister et qu'à cet effect il n'y ait ordonnance expresse de la Cour (1). »

Si telle est la situation du ministère public en face du juge, quelle est-elle vis-à-vis du particulier ?

Un individu, lorsqu'un crime a été commis, peut dénoncer ou se plaindre : la dénonciation est le seul moyen pour le particulier qui n'a pas été lésé par un acte criminel de participer à sa répression ; il fait connaître au juge le délit, mais il ne peut prendre part à la poursuite ; au contraire, la plainte est réservée à celui pour qui l'infraction a été la source de quelque dommage ; on l'appelle plaignant, mais on l'appelle encore accusateur (2)

(1) Ces décisions se trouvent, v° procureur général, dans un recueil, par lettres alphabétiques, de sommaires d'arrêts du Parlement de Dijon, manuscrit sans titre conservé à la Bibliothèque de l'ordre des avocats sous le n° 40 et paraissant dater des premières années du dix-septième siècle. On y voit la Cour exercer une véritable juridiction disciplinaire sur les gens du roi : « Le 9e juin 1525, Mes Hélier Morison et Jean Sayne advocats du Roy n'ayant assisté à l'audience ledit jour, ont esté mandés et leur a esté remonstré qu'il ne leur appartient eux absenter des audiences, ni de la ville sans congé de la Cour. » Aussi il n'est pas étonnant que le 9 décembre 1577 la Cour ordonne « qu'ès audiences de miséricorde..., lad. Cour entrant et sortant de l'audience ordinaire, les gens du Roy se tiendront debout et découverts ». On peut remarquer enfin qu'il arrive encore que malgré l'ordonnance rendue à Is-sur-Tille, en octobre 1535, les gens du roi s'occupent des causes des particuliers, ceci résulte de la mention suivante : « Le 16 octobre 1570, ont esté vérifiées lettres par lesquelles estoit permis à M. de Montholon advocat du Roy de consulter es causes où le Roy n'auroit intérêt. » Il faut ajouter que trois ans après, le 18 décembre 1573, « la Cour fit deffenses aux gens du Roy en icelle de consulter es causes des particuliers, nonobstant les lettres par eux obtenues sur ce sujet. ». Nous ne savons si les procureurs royaux étaient très assidus à remplir les devoirs de leur charge, mais nous constatons qu'en 1602, plus de soixante procureurs fiscaux du bailliage de Dijon sont poursuivis pour diverses causes, la plupart du temps pour n'avoir fourni la liste des procès criminels, d'autres fois pour avoir fait défaut à telles ou telles assises. — Arch. départ de la Côte-d'Or, B. 4591.

(2) Ayrault, *Formalité et instruction judiciaire*, p. 281 : « Une personne accuse comme privé ou à raison de son office ; parlons d'abord du privé :

et tout aussi bien que le procureur, il peut mettre l'action publique en mouvement. Il y a en somme deux accusateurs, « le procureur du roi ou du seigneur qui poursuit l'intérest public et tend à punition corporelle ou amende honorable et pécuniaire contre le délinquant et aussi la partie civile qui demande réparation de son intérest civil et pécuniaire (1) ». Mais les deux poursuivants n'ont pas, comme on pourrait le penser, un rôle aussi tranché que de nos jours : si la partie publique peut agir d'office, la partie civile peut prendre les devants et engager elle-même la procédure ; avant l'ordonnance de Villers-Cotterets, le procureur se joint au plaignant souvent, mais pas toujours ; il le laisse quelquefois agir seul (2) ; à partir de 1539, il doit dans toutes les affaires criminelles donner ses conclusions (3), mais il n'est que partie jointe : en principe, la partie civile n'intervient au procès que pour la défense de ses intérêts privés, mais en réalité et pratiquement, elle est considérée comme partie principale et c'est elle qui dirige véritablement l'accusation.

Et les contemporains s'en rendent parfaitement compte. « Où il n'y a qu'un délateur, dit Ayrault, le Procureur du Roy y est principal demandeur et accusateur à la délation d'un tel ; où il y a partie civile, cette partie est demanderesse et accusatrice et le Procureur du Roy n'y est que

---

qui se plaint du tort qu'il a receu, il fault nécessairement qu'il soit ou plaintif ou accusateur : plaintif s'il est demeuré es termes d'une narration plaintifve sans se rendre partie, sans demander délay d'informer, sans conclusion à peyne ou réparation aucune .. Accusateur s'il s'inscrit, fournit libelle, etc » — *Ibid.*, p. 289 : « Délateur est celuy qui accuse et n'a point d'intérest particulier pour ce faire. »

(1) J Imbert, *Enchiridion ou brief recueil du droit escrit, gardé et observé en France ou abrogé*, p. 8.

(2) *Les coutumes du duché et celles du comté de Bourgogne* (1490), fol. 53 : « Du procureur général du Roy nostre sire... Item pour ce qu'il advient souventes foys que nos procureurs establiz esdits pays se adioingnent en aucuns proces meuz à requeste de partie... » — « Item que es causes où notre dit procureur sera adioinct avec la partie principale... »

(3) Ordonn. de Villers-Cotterets, août 1539, art. 145, déjà cité.

joinct (1). » C'est la partie qui saisit le juge, c'est elle qui fait les frais du procès et si l'affaire se termine par une sentence d'absolution, elle est exposée à une poursuite pour calomnie de la part de l'accusé reconnu innocent : la procédure de « partie formée » a déjà disparu (2) que le procès reste encore une sorte de lutte où il y a un vainqueur et un vaincu, deux combattants en présence à l'un desquels, celui qui attaque, s'allie le procureur du roi ; encore n'est-il pas bien sûr que l'intervention de celui-ci soit très utile, puisque Imbert déclare que « selon le Droict commun, les parties civiles peuvent tendre à punition corporelle et à réparations de leurs dommages et intérêts (3) ». L'on comprend dès lors que Ayrault puisse écrire que « la partie civile est le vray demandeur et accusateur » ; les raisons sont assez concluantes : « C'a esté apporter une grande douceur à la société humaine, concède-t-il, que de remettre en une personne seule ce qui est simplement du public, oster toutes ces actions populaires et la licence vague et indéfinie de se rechercher et entremanger sous prétexte d'un zèle qu'on dit avoir. Mais que pour cela la partie intéressée n'y ait plus de droict et jaçoit que les functions du Procureur du Roy luy servent beaucoup, que les siennes ne soient que secondes, c'est ce que je n'admettrois pas fort aisément. Pour le monstrer, la partie civile que nous

(1) Ayrault, *op. cit.*, p. 281.

(2) Dans cette procédure, l'accusateur était emprisonné en même temps que l'accusé. « Cela n'a plus lieu et ie ne le vis arriver qu'une fois », dit Ayrault, *ibid.*, p. 390. — Au dix-septième siècle, on n'en use plus ainsi qu'en quelques grandes villes : « On dict qu'à Paris et Lion, esquels lieux ont accoustumé abonder estrangers, on recoit encores lesdictes parties formées et que jusques à ce que l'accusateur ait fait faire information des cas imposez et faire recoler quelques tesmoins qui donnent apparence de vérité à son accusation, l'accusateur est détenu prisonnier comme l'accusé, ce que je trouve fort équitable. » (Imbert, *La pratique judiciaire civile et criminelle*, p. 573, anno 1624.)

(3) Imbert, *op. cit*, t. II, chap. 1er, n° 3.

appellons, c'est le vray demandeur et accusateur : le Procureur du Roy n'est que joinct... Or ne veux je pas seulement que le privé aille devant le fisc et qu'eu esgard aux réparations ou amendes, l'un soit mis en ordre premier que l'autre, car cela est indubitable pour la partie et ne veux point dire aussi que, pour donner coup à ce que nous disons, celuy soit la plus principale partie qui accuse avec plus d'animosité que de douleur... mais je dy qu'à la poursuitte de la vindicte publique, elle y a le principal droiċt et l'auctorité la plus juste : elle a ce nom d'accusateur qui luy faudra oster et ne luy donner que de demandeur, s'il n'avoit droict de conclure à la vindicte publique, car c'est d'où vient la différence entre action et accusation... Secondement encores que par usance, la partie qui a fait ses preuves ne conclue pas précisément à telle ou telle peine exemplaire, si est ce qu'elle conclud à telle réparation publique qu'il plaira à la justice ordonner. Tiercement telles que soient ses fins et conclusions, néantmoins si l'accusé n'est condamné en peine digne du crime, quelque réparation profitable qui luy ait été adjugée, nous la recevons à en appeler à minima. Davantage, si la partie demanderesse n'avoit intérest en la punition que nous disons estre la réparation publique, pourquoy pratiquerions nous, suyvant le dire de Callistrate, de punir les coupables au lieu où ils ont délinqué afin que ce soit une consolation aux parens...; les bannissemens et amendes honorables sont peines proprement intentées pour le contentement des familles et néantmoins ce sont peines publiques et peines qui touchent au corps. Il y a plus : si l'accusateur n'avoit droict de poursuyvre que son intérest pécuniaire, pourquoy est ce s'il se trouvoit prévaricateur ou calumniateur, seroit-il subject selon l'exigence du cas à autres peines que pécuniaires ou profitables ? Car ce seroit excéder la talion punir corporelment celuy qui n'y conclud point. Et enfin qui est cause que la partie civile est recevable par l'ordonnance à demander que les Gens du Roy ne voyent rien en son procès jusques à ce que ses preuves soient faictes et que tout soit en estat, sinon qu'il est maistre de la cause et le vray demandeur et accusateur. Y a-t-il raison que les Procureurs des seigneurs qui ont justice, mais néantmoins tiennent lieu de privez puissent conclure à réparation publique et que la vraye partie n'y soit admise?... par notre usance mesme, quoi qu'on die, la partie civile est le premier et le plus certain accusateur (1). »

Faut-il à ces arguments en ajouter un autre? On conserve intacte l'idée que c'est à la famille surtout de demander vengeance du crime qui l'a blessée, que c'est un devoir pour elle, tellement que les enfants sont contraints de poursuivre les meurtriers de leur père : « Le 11 mai 1666, les fils et la femme de Jean Gresnel assassiné ayant été condamnés par la justice de Quincerot à rembourser au procureur de la justice les frais faits pour la poursuite, appelèrent au Parlement (de Dijon) », l'avocat du procureur d'office dit « qu'ilz avoient été par une sommation invitez de se joindre à l'intimé pour faire punir les meurtriers de leur père, sans avoir voulu écouter ni celui qui la leur faisoit, ni la voix de leur père qui les en sollicitoit ». Et le Parlement confirma la sentence (2); des arrêts du 11 mai 1674, du 5 février 1687, du 7 août 1697 maintiennent la même jurisprudence. Plus tard on l'expliquera en disant qu'il est juste que le défunt soit vengé sur ses propres biens et aux frais de sa succession, que c'en est une charge (3), il n'en est pas moins vrai que la véritable source de cette obligation de poursuivre est

(1) Ayrault, *op. cit.*, liv. II, p. 299.
(2) *Arrests notables du Parlement de Dijon recueillis par M. François Perrier*, t. I, p. 65.
(3) *Arrests notables...*, *ibid.*

beaucoup moins juridique et beaucoup plus ancienne ; il est facile de l'établir de façon péremptoire ; Jousse rapporte deux arrêts, l'un de Paris du 7 septembre 1566, l'autre de Bordeaux du 19 août 1579 qui privent la femme de son douaire et l'héritier de la succession du défunt pour avoir négligé de venger sa mort ; il ajoute que le Parlement de Paris changea de jurisprudence par un arrêt en date du 30 juillet 1630 ; or, voici comment il l'explique : « Le changement a été établi sans doute sur ce que la punition des crimes ne regarde aujourd'hui que le ministère public, suivant l'ordonnance d'Orléans, article 63, et celle de Blois, article 184, et non les particuliers qui ne peuvent conclure qu'en des réparations et intérêts civils ; ainsi ces derniers peuvent renoncer à ce droit (1). » Le Parlement de Dijon conserva plus longtemps que le Parlement de Paris l'ancienne tradition, et de façon rigoureuse : le pardon de la victime accordé à son meurtrier ne dispensait même pas les héritiers d'agir : « La maxime a été jugée en ce Parlement, note Melenet qui écrit en 1750, par un arrêt rendu en ce Parlement au raport de M. Pérard et la Vesvre à la Tournelle le 4 février 1687 et peu de jours après à l'audience publique de la Tournelle, le samedy 15 février 1687, sur les plaidoieries de Guillaume qui parloit pour M. le comte de Tavannes et de Thiroux qui parloit pour des nommés Belin appelants d'un exécutoire décerné par le juge de Sully d'une somme de 55 livres pour l'employer aux frais du procez. La Cour confirma l'exécutoire avec dépens. Cette hypothèse était la plus favorable qui pût se présenter pour des héritiers : ils étoient pauvres fils d'un laboureur, il y avoit des mineurs, le meurtrier étoit fugitif et ils offroient de prouver par témoins que leur père leur avoit deffendu de faire les poursuittes

(1) Jousse, *Traité de la justice criminelle en France*, t. III, p. 545.

de ce crime. On les déclara non recevables en cette preuve (1). »

Ainsi, malgré le rôle important joué par la partie dans la poursuite, le désistement de la victime n'arrête pas l'action ; déjà, « par arrest rendu au raport de M. Legoux le 2 may 1653 contre Jean Moricard fils de Philibert Moricart accusé d'avoir le 11e janvier audit an 1653 blessé son père à playe ouverte dans son lit nuitamment », Jean Moricard avait été condamné « à une amende honorable, aux gallères perpétuelles, en 1500 livres d'amende et aux dépens, nonobstant que le père âgé de quatre vingt dix ans... se fut retracté de la plainte par luy faite contre son fils ». Et ceci nous amène à nous demander ce qu'est devenue la composition pécuniaire entre la fin du quinzième siècle et l'ordonnance de 1670.

L'idée directrice est celle-ci : la composition pécuniaire libre n'est plus tolérée, et cela qu'il s'agisse de composition entre les parties ou entre le juge et l'accusé : nous avons signalé au quinzième siècle ces véritables rançons payées pour un fait qui ne se pouvait prouver; François Ier les abolit : « Ordonnons que toutes compositions par gens ayans justice et cognoissance des cas criminels par officiers, soient nostres ou autres, cesseront doresnavant en défendant à tous justiciers, ains laissent faire justice à leurs officiers ausquels ordonnons aussi le faire, sans en leurs sentences suspendre les condemnations ou jugemens, ne remettre la modération ou miséricorde au seigneur duquel ils sont officiers sur peine de privation d'iceluy office et d'amende arbitraire en défendant aux seigneurs faire telles modérations et miséricordes (2). » Chasseneuz nous est garant que l'ordonnance d'Is-sur-

---

(1) Bibl de l'Université, manuscrit n° 61347, *Note sur les ordonnances*, p. 274.

(2) Ordon. d'Is-sur-Tille, octobre 1535, chap. XIII, art. 51.

Tille fut admise en Bourgogne (1). Fut-elle observée? La question est autre, car Imbert nous apprend, en 1624, que « plusieurs seigneurs contreviennent à ces ordonnances et sont bien aises quant quelque riche paysan commet quelque crime en leurs terres, car ils ont accoustumé faire composition et transaction qui leur sont fort profitables, et à ce connivent leurs officiers de peur de perdre leurs estats et pensent estre excusables, ne se souvenant pas du dire de l'Ecclesiaste : « Nolite fieri » judex, nisi valeas corrumpere iniquitates (2). » Comment déraciner ces abus tant que la justice est considérée non point comme un service public mais comme une source de revenus?

---

(1) *Consuetudines ducatus Burgundiae fereque totius Galliae*, édit. de 1616, col. 257. « Compositiones castellanorum, promotorum et firmariorum non sunt laudandae, imo etiam reprobandae. » — Cf. également ordon. novembre 1554, art. 26 : « Ayans été advertis que les fermiers de nos fermes des défaux, exploits et amendes qu'on a accoustumé bailler jusques à la somme de soixante sols de deux ans en deux ans, ou autre brief temps chevissent, traittent et composent avec les délinquans et malfaiteurs pour telles amendes qu'on leur pourra adjuger, avant les jugemens et sentences; et le plus souvent avant qu'il soit informé des crimes et délicts ne que lesdicts malfaiteurs et délinquans ne soient tiréz en justice, et en tirent et extorquent de grans deniers, tellement qu'à raison de ce, les délicts demeurent impunis et lesdicts malfaicteurs et délinquans en liberté de faire plus grans maux, souz l'espérance d'eschapper une autre fois par telles compositions... avons inhibé et défendu, inhibons et défendons, etc. »

(2) Jean Imbert, *Enchiridion*, p. 8, note. — Nous avions cité aux chapitres précédents comme exemple de composition avec la justice le Papier rouge de Dijon ; le premier volume s'arrête à l'année 1478; le second volume commence à l'année 1569 et se termine à l'année 1579; le troisième volume comprend l'année 1585 ; le premier volume seul contient des exemples analogues à ceux que nous avons donnés de voleurs habitants de Dijon se rachetant d'une peine corporelle par le versement de soixante-cinq sols; nous pensons que cette pratique prit fin au moment où fut rédigé l'article de la nouvelle coutume: « Si aucun commet simple larrecin qui n'excede dix livres tournoyses pour la première fois, il sera puny selon l'arbitrage du juge sans mort naturelle ou mutilation de membres. Et s'il commet plus grand larrecin que de dix livres, pour ladite première fois, il sera puny corporellement selon l'exigence et qualité du cas et l'arbitrage du juge. Et s'il renchet et commet autre larrecin, il en perdra la vie s'il n'a grâce du prince. »

Mais si la notion de peine se précise, si le seigneur justicier perd peu à peu ses prérogatives d'autrefois, les droits de la partie subissent-ils des restrictions analogues? L'idée de la légitimité de la composition reste certainement très vivace : puisque la famille offensée peut poursuivre le délinquant, puisque c'est elle qui, au procès, tient la première place, puisqu'elle peut mettre en mouvement l'action publique, pourquoi ne pourrait-elle pas renoncer à son action, non pas à une action civile en dommages-intérêts, mais à une action criminelle? C'est l'idée courante dans le peuple au seizième siècle ; elle est très logique, elle s'appuie sur une tradition séculaire et les ordonnances qui cherchent à l'abolir, par leur répétition même prouvent qu'elles sont mal observées : celle de juillet 1493 montre que souvent les gens du roi se soucient fort peu de la vindicte publique dont ils sont chargés : « Item, porte l'article 85, et pour ce qu'il advient chacun jour si tost que les prisonniers et adjournez à comparoir en personne pour quelque crime ou délit que ce soit, sont élargis à caution ou autrement, chevissent (composent) à leurs parties et jamais n'en est parlé et demeurent plusieurs grands crimes et délits impunis au grand détriment ou interest de la chose publique, nous enjoignons et commandons à nosdits avocats et procureur que de tous les prisonniers soit fait registre es greffe, chacun à son regard et aussi qu'ils fassent appeler au jour dudit eslargissement toutes les deux parties si mestier est, afin de scavoir et connoistre que lesdites parties auront fait et si elles ont appointé ensemble, de voir l'accord pour y garder notre droit et celui de justice (1). »

La transaction n'est donc pas interdite, mais elle se fait sous la surveillance des gens du roi ; l'ordonnance de Charles VIII fut-elle efficace? Cela paraît douteux, puis-

(1) Ordon. juillet 1493, art. 85.

qu'en 1507 Louis XII renouvelle dans les mêmes termes les mêmes prescriptions (1). La lutte se poursuit entre le prince qui veut par ses agents intervenir à toute affaire criminelle et la partie souvent intéressée à étouffer les poursuites ; quelquefois aussi, du reste, ce n'est pas de plein gré que compose l'offensé : l'ordonnance de 1536 constate que « les parties civiles et intéressées le plus souvent sont si pauvres et indigens et tellement intimidés par la puissance des délinquants ou de leurs parens, amis ou alliés qu'ils n'en font plainte à justice et sont contraints d'en composer pour petite chose, tellement que lesdits crimes et délits, ni la forme et manière de les avoir commis et perpétrés ne viennent à lumière de justice (2) ». Pour obvier à ces inconvénients, on renouvelle aux juges l'ordre de poursuivre sans attendre qu'une plainte soit déposée ; on ajoute que « par les compositions que les parties intéressées ont accoutumé de faire pour raison desdits crimes et délits, elles ne seront doresnavant reçues et n'y aura justice aucun esgard jusques à ce qu'il ait été pleinement enquis et informé desdits crimes et sera leur intérêt arbitré par justice ainsi que l'on trouvera raisonnable, aggravations, qualités et circonstances desdits crimes et délits pondérées et considérées (3) ». L'ordonnance de 1540 renouvelle encore aux procureurs l'obligation de tenir registre des procès criminels « afin que par l'intelligence des parties, les délits n'en demeurent impunis (4) ».

De toute nécessité, dans ces conditions, si la compo-

(1) Ordon. novembre 1507, art. 104.

(2) Ordon. août 1536, chap. II, art. 2.

(3) *Ibid.*, art. 5. — Nous savons que cette ordonnance et celle de 1507, citée plus haut, ont trait à l'administration de la justice, l'une en Bretagne et l'autre en Normandie ; mais nous les considérons moins comme des textes législatifs que comme des documents reflétant les idées de l'époque.

(4) Edit de Fontainebleau, décembre 1540, art. 6.

sition pécuniaire, rachat d'une peine, existe encore, elle se cache ; quel tabellion consentirait à rédiger une convention que prohibent si sévèrement les lois du royaume ?

Au début du seizième siècle cependant, Me Jean des Places, notaire à Autun, reçoit un acte aux termes duquel, à la suite de « certain meurtre et homicide commis et perpétré par Symon du Viguier du village de Remygny au diocèse de Chalon, estant avec certains aultres ses complices, à la personne de feu Pierre Gautretain... à raison de quoy ledit Symon du Viguier craignant rigueur de justice et aussy (dit la famille de la victime) la poursuite et diligence que pourryons faire à l'encontre de luy, se soit absenté du pays », Thomas Gautretain d'Auxy-lez-Autun et ses consorts « en l'honneur et révérance de la Passion de Nostre Seigneur et Rédempteur Jésus Christ laquelle il a souffert à l'arbre de la Croix pour nous racheter des peines d'enfer et lequel pardonna sa mort », quitte, remet et pardonne perpétuellement pour lui et les siens « audit Symon du Viguier absent, Jean et Anthoine de Monthelye ses beaux frères avec le notaire soubscrit comme personne publique », mais moyennant « le pris et somme de trante deux livres unze sols, huit deniers tournois... tant pour employer à faire dire, chanter et célébrer messes pour l'âme dudit feu Pierre Gautretain que aussi pour tous les intérests, dommaiges et despens faiz à l'encontre dudit du Viguier (1) ». C'est un cas exceptionnel : ainsi, en 1560, une transaction du même genre arrête des poursuites intentées par un mari dont la femme avait été noyée, mais c'est que le cas

(1) Protocole de Jean des Places, notaire à Autun, fol. 323. — Nous devons ce document à l'obligeance de M. A. de Charmasse, président de la Société éduenne ; qu'il nous permette de lui adresser ici nos respectueux remerciements.

fortuit était évident (1). De même, les parties transigent librement des délits peu graves, par exemple d'une rixe sans importance : c'est ainsi qu'est rédigé l'acte suivant où rien ne laisse soupçonner l'intervention des gens du roi :

Comme il soit qu'un procès soit meu et intenté par devant messire Joachim de Chastenay chevalier et commandant pour Sa Majesté à Chastillon sur Seine entre Joseph Tridon, demandeur, contre Jacques Plansson et Vorles Richardot, défendeur, pour raison de certains excès et blessures commises à la personne dudit Tridon par iceulx Plansson et Richardot nocturnement et en faisant ronde sur les murailles de la Rue de Chaulmont et Chastillon envyron dix heures du soir et par l'ordonnance de honorable homme Jérosme

(1) Arch. départ. de la Côte-d'Or, E. 2334, fol. 8. « L'an mil cinq cents soixante, quatorziesme jour du moys de juing, recognoit Françoys de Montigny escuier seigneur de Chaulmont le Boys d'une part, et Claude Defer de Mosson d'aultre part, comme il soyt que procès soyt pendant au bailliage de la Montagne entre le Procureur du Roy audit bailliage, demandeur, et ledict Defer instigant contre ledict seigneur de Chaulmont le Boys deffendeur au fait et pour raison de ce que feue Jehanne femme dudit Defer auroit esté prinse et treuvée robant et mésusant es boys dudict seigneur de Chaulmont le Boys... et que pour raison dudict fait elle feust esté prinse par les officiers dudict seigneur et menée audict Chaulmont le Boys pour en avoir son emende et intérestz et pour ce faire, l'auroit faict metre en une belle et honneste de ses chambres, en attendant la venue dudict Defer son mary pour respondre d'icelle emende et interest, et icelle traicter autant humainement qu'il est possible; ce nonobstant, ladicte défuncte conduicte de quelque maulvais esprit ou aultrement se seroit d'elle mesme précipitée et getée, en une petite latrine estant en ladicte chambre qu'elle auroit froissée et rompue avec une serpe ou aultre instrument qu'elle avoit avec elle esditz boys, dedans les fossés de la maison fort dudict Chaulmont le Boys où elle auroit esté treuvée noyée, au grand regret dudict seigneur de Chaulmont le Boys, selon que de tout ce que dessus, il a apparu par les procédures, informations et procès verbaulx sur ce faicts. Et combien qu'il ne soit aulcunement culpable, mais innocent dudict faict... toutesfois ledict seigneur de Chaulmont le Boys de son propre mouvement et libérale volonté a promis et promet baillier par pitié et aumosne sans toutesfois en estre tenu audit Defer .. la somme de dix livres et ung setier de bled froment et huit mesures d'orge dans huict jours prochainement venans... et moyennant ce, demeure ledict seigneur quicte et deschargé de tout ce que luy en pourroit demander icellui Defer ou ses enfans en quelque manière que ce soit .. Et se déportent de toutes actions et instances qui sont pendantes aud. bailliage ou qui se pourroyent intenter cy après... »

Lionnot capitaine de ladite rue, et pour éviter les procès qui pour raison desdicts excès ont esté intantez et pour norrir paix et éviter le long faict d'iceulx, ont traicté, transigé, paciffié et accordé en la mainière que s'ensuyt: assavoir que Claude vesue dudict Plansson pour et au nom de Jacques Plansson son filz et Robert Vyard pour ledict Vorle Richardot sont tenuz et ont promis payer, bailler et délivrer audict Tridon présent et acceptant pour ses dommages et intérests desdicts excès la somme de cinquante livres tournois... Seront encore tenuz payer et rembourser les fraiz de justice qui ont esté faicts, fraiez et advancés pour la poursuitte dudict procès et jusques à ce jourd'huy, ensemble payer les médicamens et chirurgiens qu'il a convenu et conviendra avoir pour penser ledict Tridon jusques à ce qu'il soit guéry de la plaie par luy receue desdicts Plansson et Richardot... Et moyennant lesquelles choses susdictes, ledict Tridon s'est dépourté des instances et procédures par luy commancées contre les susdicts, prometant luy et les siens ne leur en rien demander ny quereller cy après ny les tirer en cause pour raison dudit excès... Faict audict Chastillon le douziesme jour du mois de jung mil cinq cens soixante et dix, es présences de, etc. (1).

Cependant, en certains cas, l'injure même sans voies de fait revêt un tel caractère de gravité que la partie publique intervient et que la partie lésée est fortement blâmée pour avoir transigé avec le coupable, même seulement des dommages civils : le 14 mars 1571, un certain Etienne Caillet, marchand à Auxonne, accusé d'injures envers Me Jean Cousin, lieutenant criminel au bailliage d'Auxonne, fut condamné à faire amende honorable un jour d'audience, à genoux, tête nue et tenant une torche ardente du poids de deux livres : il devait « dire et déclarer que mal et témérairement il a dit les paroles et fait les insolences mentionnées au procès, en demander pardon à Dieu, au Roy et à Justice » ; il devait, en outre, payer 200 livres d'amende, « 100 livres pour la réparation du Palais et tenir prison jusqu'au paiement desdites amendes ; au regard des réparations et intérêts prétendus par ledit

(1) Arch. départ. de la Côte-d'Or, E. 2334, fol. 102.

Coussin, la Cour pour avoir par ledit Coussin négligé la poursuitte desdites insolences et irrévérences et ce faisant diminué la dignité du magistrat en composant desdites injures et insolences, ordonnait que pour toute réparation, intérests et despens faits jusqu'au jour de l'accord du 15 décembre 1570, il n'aurait que le contenu audit accord (1) ».

Ceci indique la tendance à restreindre de plus en plus la liberté des parties; et bon gré mal gré, celles-ci, au moins officiellement, se conforment aux ordonnances : il n'est pas de transaction où l'Etat n'intervienne : comme au quinzième siècle, le particulier lésé peut s'opposer à l'entérinement des lettres de grâce obtenues par le coupable, mais alors qu'autrefois il se faisait acheter sa renonciation à ce droit, ce qui était, en somme, très peu éloigné de la notion primitive de composition, maintenant l'argent qu'il reçoit paraît plutôt regardé comme une indemnité représentative du préjudice subi, et véritablement se réalise dans son intégralité, aux termes mêmes de l'acte, la clause de style des lettres de rémission : « Satisfaction faite à partie civilement. »

Comme soit, lit-on dans un acte de 1539, que au mois de mars dernièrement passé Jacques de Chastenay escuyer ayt donné un cop d'espée à feu Jehan Bertholomot en son vivant boulangier demeurant à Chastillon sur Seine sans avoir intention de le tuer et occire, duquel cop il seroit décédé, au moien de quoy ledict Jacques de Chastenay auroit obtenu du Roy nostre Sire en sa grant chancellerie à Dijon lettres de grâce, lesquelles il entend présenter pardevant Monsieur le bailli de la Montaigne ou son lieutenant au siege dudict Chastillon pour en avoir et obtenir entérinement et pour ce que par icelles lettres est mandé de faire joyr ledict Jacques de Chastenay de l'effect d'icelles, satisfacion faicte à partie civilement, avisé est que lesdictes parties ont pour l'interest civil

(1) Bibl. municip. de Dijon, fonds Baudot, n° 160, manuscrit, *Recueil d'arrests criminels du Parlement de Dijon*, p. 288. « Injures faites à un juge qui composa d'icelles à prix d'argent. »

des veuve et héritière dudict deffunct..., traicté convenu et accordé en la manière que s'ensuyt assavoir que ledict Hercules (oncle de Jacques de Chatenay) a promis et promet par cestes paier, bailler et délivrer comptant à ladicte vesue la somme de six livres tournois pour convertir à faire services et prières pour le repos de l'âme dudit deffunct... et avec ce, la somme de huit vingt cinq livres tournois, etc. (1).

L'on ajoute bien encore que « moiennant le présent traicté et accord lesdictes vesve et curateur ont consenti et consentent à l'entérinement desdictes lettres de grâce (2) », mais il est néanmoins intéressant de signaler l'apparition de la notion nette « d'intérêt civil » comme une nouvelle étape franchie depuis le temps où la lettre de rémission ne sortait son effet que si la partie renonçait à poursuivre, non pas seulement civilement, mais pénalement.

Au dix-septième siècle, la formule la plus fréquente est : « Soubz le bon voulloir et plaisir de justice, procès demeurent esteintz, terminez et comme non advenus. » C'est sous cette réserve qu'en 1626 Simon Cobelot, boulanger à Is-sur-Tille, transige de batture faite à sa femme par Nicolas Thomassin, marchand audit lieu (3) ; la même clause se retrouve en 1645 dans un accord passé

---

(1) Arch. départ. de la Côte-d'Or, E. 2304.

(2) *Ibid.* — Cf. également : Arch. départ. de la Côte-d'Or, E. 2334, fol. 10, anno 1560 : « ...Avoir traicté, transigé et accordé sur le fait des despens, dommages et intérestz que prétendoient lesdicts Claude Gaultier et sadicte femme sur et à l'encontre dudict Philibert Belignot pour raison de l'homicide commis par icelluy Philibert Belignot à la personne de feu Jehan Gaulthier dict Gros Jehan fils dudict Claude Gaultier et sa dicte femme et pour lequel icelluy Philibert a obtenu grâce et rémission du Roy par lequel accord icelluy Claude en ladicte qualité quicte et descharge ledict Philibert... de tous despens, intérestz et dommages... consentent dez maintenant pour lors et dès lors pour maintenant à l'entérinement et vérificacion de la grâce obtenue par ledict Philibert pour raison dudict cas... et ce pour et moyennant le prix et somme de cinquante livres tournois. »

(3) Arch départ. de la Côte-d'Or, E. 2380, fol. 18.

entre Jacques de Mandoz, écuyer, et Hubert Jaquin, chirurgien, qui accidentellement avait tué la femme du premier (1); en 1658, dans un traité par lequel moyennant cinq cents livres, les héritiers de messire Gaspard du Sauveur, curé de Montigny-Saint-Barthélemy, se désistent d'une poursuite intentée contre la fille Leroy, servante, accusée de détournement d'effets de la succession (2). Le 20 janvier 1667, Me Lazare Heudelot, tabellion royal à Villey-sur-Tille, avait vu tout à coup sur les dix à onze heures du soir, Claude Castille, menuisier au même lieu, et son fils, entrer par la fenêtre « au poisle » où il était couché; le tabellion avait été lardé de coups d'épée, il n'en mourut pas cependant et transigea, mais toujours « soubs le bon voulloir et plaisir de justice (3) ».

Quel est l'effet de la transaction? Il est certain qu'elle

---

(1) Arch. départ. de la Côte-d'Or, E. 2273 : « Comme il soit que procès criminel soit meu et intenté en la justice d'Aulnoy proche Arbot entre le sieur procureur fiscal en ladite justice à luy joinct Jacques de Mandoz escuyer contre Hubert Jacquin chirurgien demeurant à Besse au subject d'un coup de fusil ou arquebuse qui fut tiré par ledict Jacquin estant audict lieu d'Aulnoy au moys de juing dernier où par malheur du coup qui fut tiré par ledict Jacquin d'icelle arquebuse pansant tuer une poulle fut blessée damoiselle Edmonde Cousturier femme dudict sieur de Mandoz sans que ledict Jacquin sceut qu'icelle Cousturier fut à l'endroict où ledict Jacquin tiroit, de laquelle blessure elle est décéddée... et pour evitter aux grands fraiz qu'il conviendroit faire à la poursuitte du jugement dudict procès par ledict sieur de Mandoz, ce seroit ce jourd'huy retiré en ce lieu de Besse avec Me Simon Porrelles chirurgien et honorable François Deschargère marchand demeurant audict Besse en personne par devant le notaire soubsigné et en présence des tesmoings en fin nommés, auroient lesdicts Porrelles et Deschargère traicté, transigé et accordé avecque ledict sieur de Mandoz pour ledict Jacquin pour le faict dont est question comme s'en suyt, néantmoins soubz le bon plaisir et voulloir de justice, etc. »

(2) Arch. départ. de la Côte-d'Or, E. 2725 : « ...Lesquels suffisamment informés et certains de la valleur des biens délaissés par ledict deffunt et désirant d'autre part éviter aux procès et difficultés qui pourroient naistre sur les sallaires prétendu par ladite servante, ont, soubs le bon vouloir et plaisir de justice, traicté et transigé comme s'ensuit assavoir que moyennant la somme de cinq cens livres..., ils se sont départis et départent de toutes recherches, répétitions et prétentions... à l'esgard de lad. Leroy. »

(3) Arch. départ. de la Côte-d'Or, E. 2464.

n'empêche pas le procureur royal ou fiscal de continuer la poursuite si bon lui semble : les parties réservent expressément ses droits ; en 1625, Daniel Rattet, laboureur à Chevannes, compose avec Jean Girard et Guillaume Ladet, vignerons et sergents messiers à Is-sur-Tille, à la suite d'outrages et blessures infligés à son fils, moyennant cinquante cinq livres, mais c'est, spécifie l'acte, « sans attoucher au fisque (1) ». Me Jean Lempereur, sergent royal à Vitteaux, « faisant en contrainte sur Claude Gras, pâtissier audit Vitteaux, pour ses tailles à requeste du colecteur des impotz dudit lieu », reçoit du contribuable récalcitrant, « ung coup de cousteau à acher de la chair » ; il transige, déclare moyennant vingt-cinq livres « led. Gras quitte envers luy de toutes les actions qu'il avoit contre luy », mais réserve les droits des officiers de justice en ajoutant que « led. Gras sera tenu de payer les fraiz de justice et amande qui pourroient estre adjugez et faictz par conséquence dudict coup de cousteau en suitte de ladicte plaincte faite par ledit Lempereur, par les sieurs officiers dudit Vitteaux (2) ». Ce à quoi la partie offensée renonce, sauf au cas de bataille sans importance, c'est à son droit de demander des dommages-intérêts : le sieur de Mandoz décharge et quitte le chirurgien Jaquin des « intérêts » qu'il prétendait contre lui ; Mr Heudelot, le notaire d'Is-sur-Tille, traite et transige « de ses intérêts civils » et c'est encore d'une demande d'« intérêts » que « Monsieur Monsieur Jacques Auguste Espyard conseiller du Roy au Parlement de Bourgogne, seigneur de Velnot, etc. », se débarrasse en versant deux cents livres à Philibert Dubardye, vigneron à Is-sur-Tille, qu'il avait blessé d'un coup d'épée (3).

---

(1) Arch. départ. de la Côte-d'Or, E. 2387.
(2) *Ibid.*, E. 2843.
(3) *Ibid.*, E. 2465, anno 1668.

Cependant on rencontre des actes où la partie se souvient que jadis, c'était à elle de poursuivre le coupable au criminel : un certain Moingin Jacotot, dit Rond Buisson, fut tué par ses gardiens comme on le menait en prison « pour certaines prétendues volleryes et pilleries tant de bestial que autres dont il estoit chargé » ; la veuve transigea avec le plus compromis des meurtriers, Jehan de Saint-Remy, moyennant deux cent quarante livres et elle déclara qu'elle remettait « toutes actions tant civiles que criminelles qui à cause dudict homicide lui apartenoient ». Mais si la partie se souvient encore de ses anciennes prérogatives, si même elle garde le droit de mettre l'action publique en mouvement aussi bien que le procureur, elle sait qu'elle n'est plus seule à pouvoir exercer ce droit, aussi la même veuve a soin d'ajouter qu'elle transige « dudit homicide et chose résultant d'icelluy pour son fait seullement et en tant que lui peut concerner et toucher sans estre tenue par le présent accort a aultre chose [comme ?] de fraiz de justice, amendes, ny aultres poursuittes qui s'en pourroient ensuyte engendrer ny advenir (1) ».

Telle est, officiellement, la composition jusqu'à l'année 1670 ; le pouvoir public y intervient continuellement et la partie ne peut, en se désistant, obliger le procureur à renoncer au devoir que lui imposent les ordonnances ; le particulier lésé a encore des droits considérables sur l'action publique, droit de la mettre en mouvement, de la surveiller, de la diriger et aussi obligation d'en payer les frais, mais il n'en est plus le maître exclusif.

Est-ce à dire qu'en fait, il n'arrive jamais que le ministère public s'abstienne, lorsque la partie intéressée, après avoir transigé, ne porte pas plainte ? On peut être assuré qu'il en était souvent ainsi : la multiplication des ordon-

(1) Arch. départ. de la Côte-d'Or, E. 2664, anno 1568.

nances n'a pu complètement prévaloir sur les idées anciennes. Le livre de raison de la famille Pillot de Fougerettes en fournit un exemple très concluant : le 13 avril 1655 au soir, Adrien Pillot était assailli à Autun par cinq individus, qui l'assassinèrent; le guet-apens était évident, la préméditation certaine : les meurtriers étaient les frères d'Arlay et Alexandre Pigenat qui aupavant avaient menacé Adrien Pillot. L'avocat du roi, André Cortelot, était sur les lieux du crime avant même le père de la victime, mais c'est à celui-ci qu'échoit le principal rôle : c'est lui qui accuse : « Ayant poursuivi quelques jours après et voulant poursuyvre deffinitivement et jusques à sentence du mort, dit-il, il y eut tant de deffaites de la part desdictes parties (lesquelles s'estoient sauvées et tenoient la campagne) et tant d'entremises de personnes de condition, qu'enfin après huict jours de verte poursuitte de ma part, je fus prié par Madame la comtesse de Montrevel, par M. l'abbé Dansse, prieur de Maisvre, mon grand amy, par M. le conseiller Perret, oncle desdits sieurs d'Arlay, et quantité de leurs parents, d'entendre à quelque accomodement et ayant refusé à l'abord et désirant de tirer raison de cette injure par toutte voie de justice, je fus enfin tant pressé, sollicité par lesdicts sieurs et dame qui ne me donnèrent point de relâche que je fus contrainct de faire demandes... »

Ce n'est pas d'une simple action en dommages-intérêts qu'il s'agit ici, la partie veut poursuivre « jusqu'à la mort ». Cependant elle renonce à son droit ; le ministère public reste impassible; il ne faut cependant pas s'y tromper : il fait simplement crédit aux meurtriers — c'est déjà beaucoup — et la partie se retirant, ceux-ci jouissent de l'impunité, mais à condition d'obtenir des lettres de grâce dans le délai de trois mois. Pour sauver les apparences du reste, on use d'un subterfuge : l'assassinat si caractérisé devient « un homicide commis casuellement et par malheur » ; il était ainsi plus acceptable que le procureur du roi n'intervînt pas.

Le père de la victime exigeait pour la cessation de ses poursuites une somme de 2,200 livres, destinée à fonder une messe quotidienne et perpétuelle, et une autre de 3,000 livres qui devait être affectée aux besoins des pauvres ; ce n'était pas assez et de sa propre autorité devant laquelle s'inclinent les coupables, il leur impose une véritable peine : « En outre, dit leur mère, je promets et m'oblige que mon fils Barth élemy Darlay pourveu de l'office de lieutenant général audict bailliage (d'Autun) n'entrera dans cette ville d'Autun de six mois et mondit fils Antoine Potillon Darlay, de deux ans à commencer de ce jourd'huy et Mre Alexandre Pigenat aussy advocat audit Autun an après, lequel temps expiré, ledit Potillon Darlay mon fils estant de retour sera obligé de ne se point trouver au lieu, assamblées et compaignies où sera ledict sieur de Fougerettes et s'il arrivoit que mondit fils Antoine Potillon Darlay se trouva au lieu où sera ledit sieur de Fougerettes, mondit fils en sortira en mesme temps (1). »

---

(1) Le livre de raison de la famille Pillot de Fougerettes a été publié sous le titre : *Une famille autunoise aux seizième et dix-septième siècles* in *Mémoires de la Société éduenne*, nouvelle série, t. XX, p. 33 et suiv. — Quelques années après le meurtre d'Adrien Pillot, François Pillot fut assassiné à son tour : les renseignements donnés sont moins complets ; mais on voit encore l'action intentée par la famille s'éteindre au moyen d'une transaction de laquelle le gouverneur de la province lui-même fut l'instrument : « Ma mère et Monsieur Cortelot lieutenant criminel mon oncle n'oublièrent rien et mirent tout en usage pour en tirer raison. L'on envoya la mareschaussée après luy. Il fut crié dans Dijon trois briefs jours Comme ma mère poursuivoit cette affaire vivement, Monsr le Duc gouverneur de Bourgogne par la sollicitation de la famille des Vallons, voulut prandre connoissance de cette affaire, si bien qu'on fut obligé de surseoir les poursuittes et donner les mains à un accomodement que l'on proposa. Monseigneur l'évesque d'Autun de Roquette soutint les intérests de ma mère auprès de Monsr le Duc et lui fit connoître comme l'affaire s'estoit passée, si bien que l'accort fut fait à six mil livres d'intérests, que celuy qui l'avoit tué demanderoit pardon à ma mère et ne se trouveroit jamais où elle seroit. »

C'est là une peine privée qui se maintiendra jusqu'à la fin de l'ancien régime, car Jousse la connaît encore : « On peut même, dit-il, dans les transactions faites en pareil cas, stipuler des clauses pénales contre l'auteur de l'offense, par exemple qu'il sera tenu de faire réparation à l'offensé, de s'absenter pendant un an du lieu ordinaire de la demeure de ce même offensé et autres peines semblables (1). » Mais, malgré ces droits qu'on lui reconnaît encore, le particulier est distancé par le ministère public : si celui-ci n'agit pas, la partie peut se substituer à lui ; mais lorsque le procureur veut poursuivre, la partie ne peut l'en empêcher ; il importe peu, en somme, de savoir si c'est à une action civile ou à une action criminelle qu'elle renonce par la transaction : dans les deux cas, le droit de la partie publique reste intact ; si cependant l'on posait la question, nous croirions devoir répondre que dès le seizième siècle, c'est d'abord à l'action en dommages-intérêts que la partie renonce, parce qu'elle trouve plus avantageux d'arriver au même résultat en évitant les frais et les longueurs du procès ; mais la partie, nous l'avons vu, peut aussi d'elle-même entamer la poursuite pénale, elle peut se plaindre et elle peut aussi renoncer à ce droit ; on ne voit pas l'utilité de cette renonciation, lorsque le crime est tellement grave que la partie publique agira certainement, mais il n'en est pas de même lorsqu'il s'agit d'un délit sans importance au point de vue de l'ordre général : le coupable sait que le procureur n'agira pas sans plainte de la partie lésée, il lui faut une égale sécurité du côté de celle-ci ; c'est pourquoi alors, bien souvent même sans que l'acte en fasse mention, la partie renonce à la fois aux deux actions qui lui sont ouvertes. C'est ce que va consacrer l'ordonnance de 1670.

---

(1) Jousse, *op. cit.*, t. I, p. 604.

La grande ordonnance criminelle de Louis XIV eut en effet « beaucoup moins pour objet d'innover que de réformer les pratiques alors en vigueur en codifiant les dispositions existantes et les principes admis par la jurisprudence et les auteurs (1) ».

Les droits (ou les devoirs) du ministère public sont affirmés une fois de plus : « Enjoignons à nos procureurs et à ceux des seigneurs de poursuivre incessamment ceux qui seront prévenus de crimes capitaux ou auxquels il écherra peine afflictive (2) », et Jousse ajoutait dans son commentaire : « soit que la partie civile se plaigne ou non (3) ».

Le juge peut encore poursuivre sans accusateur, et, d'après Jousse, comme jadis, aucune plainte n'est nécessaire pour l'ouverture d'une information (4), mais, à l'inverse de ce qui se passait autrefois, le décret du juge n'est plus rendu qu'après que le procureur a donné ses conclusions ; enfin peu à peu disparaissent ces remontrances quelquefois si dures que la Cour infligeait jadis aux gens du roi dans la personne du procureur général mandé devant elle (5).

Un crime vient d'être commis, quelle est la situation d'un particulier ? Il peut se plaindre si le fait l'a lésé : « La plainte est une déclaration publique qu'on fait à un juge ou à un commissaire de quelque offense, injure, affront, libelle diffamatoire, insulte, vol, larcin, divertissement, violences, outrages, meurtres, blessures, attentat ou machination ou autres crimes et délits faits ou commis

---

(1) Nourisson, *op. cit.*, p. 48.

(2) Ordonn. 1670, tit. XXV, art. 19.

(3) Jousse, *Nouveau commentaire... sur le titre XXV, article 19.* — Cf. Muyart de Vouglans, *Les loix criminelles de France*, p. 584. — *Traité sur diverses matières de droit françois à l'usage du duché de Bourgogne... par feu Gabriel Davot*, 2e édit, t IV, p. 365.

(4) Jousse, *Nouveau commentaire*, introduction.

(5) A. Roux, *op. cit.*, p. 100.

en sa personne, biens ou honneur (1). » On peut en outre dénoncer ; enfin si le particulier le juge à propos, il peut se constituer partie civile, et alors il prend le nom d'accusateur ; mais il faut pour cela une déclaration formelle : la plainte ne suffit pas. C'est là une heureuse innovation ; on voulait faciliter la répression des crimes en enlevant aux parties la crainte d'avoir à supporter les dépens si elles se plaignaient.

Il est remarquable, du reste, que le particulier est dans une situation très analogue, vis-à-vis du juge, à celle du procureur du roi : « Lorsque le scandale public n'est pas le seul motif de la dénonciation et qu'il s'y joint un préjudice personnel souffert par le dénonciateur qui l'intéresse à la réparation, en ce cas, ce n'est plus au ministère public que s'adresse la dénonciation, c'est au juge lui-même, en forme de plainte. Dans le premier cas, il n'y a que l'intérêt de la cause publique, le citoyen n'est point chargé de la défense de cette cause, son ministère ne consiste qu'à mettre sous les yeux de ceux qui en sont chargés ce qui intéresse l'ordre public ; mais, dans le deuxième cas, le citoyen a un titre dans le préjudice qu'il a souffert personnellement pour porter lui-même sous les yeux de la justice le fait qui en lui faisant tort, blesse en même temps la cause publique (2). »

On comprend dès lors que Rousseaud de la Combe écrive : « Deux sortes d'accusateurs sont reçus en France : le procureur du roi ou le procureur fiscal et les parties civiles (3) » ; mais désormais aussi est consacrée la théorie de l'action civile et elle se distingue nettement de l'action publique : « Le premier, continue le même auteur,

(1) Rousseaud de la Combe, *Traité des matières criminelles*, 6ᵉ édit., p. 224.

(2) Code pénal ou *Recueil des principales ordonnances...*, 3ᵉ édit., Paris, 1752, p. v.

(3) *Op. cit.*, p. 226.

poursuit l'intérêt public et a pour objet la punition corporelle contre l'accusé; les autres, qui sont les parties civiles, ne doivent conclure qu'à la réparation civile, c'est-à-dire à la condamnation en des sommes pécuniaires pour l'intérêt civil qu'ils souffrent à cause du délit et ne peuvent pas demander la punition corporelle du délinquant (1). »

Ainsi est délimité, de façon stricte, le droit de la partie lésée ; Jousse parle encore d'une action criminelle privée, mais cette action ne tend, en somme, qu'à une réparation pécuniaire (2). S'il reste des traces du rôle prépondérant autrefois joué par le particulier, c'est ailleurs qu'il faut les chercher : dans le nom de partie jointe que l'on donne encore au ministère public (3), dans l'obligation pour la partie civile de payer les frais de la poursuite (4), enfin dans la possibilité qu'elle garde quelquefois d'arrêter l'action criminelle qu'elle a mise en mouvement (5).

---

(1) Rousseaud de la Combe, *ibid.*

(2) Jousse, *op. cit.*, t. I, p. 586 : « La plus grande partie des délits qui offensent les particuliers donnent lieu à une action criminelle privée au profit de l'offensé pour raison du dommage qui lui est causé ou de l'offense qui lui est faite indépendamment de l'action publique à l'égard de la peine qui regarde la partie publique. »

(3) Domat, *Le droit public*, l. III, t. I, édit. de 1829, t. III, p. 560, cité par Nourisson, *op. cit.*, p. 51 : « Les particuliers intéressés dans les crimes ou dans les délits peuvent poursuivre comme bon leur semble ; mais lorsqu'ils poursuivent, l'officier public doit leur être joint... »

(4) Muyart de Vouglans, *op. cit.*, p. 585 : « C'est à la partie publique de poursuivre le recouvrement des frais (qui se font sur sa poursuite) d'abord sur la partie civile et à défaut ou en cas d'insolvabilité de celle-ci sur les seigneurs engagistes ou hauts justiciers, mais jamais contre l'accusé, à l'exception de certains actes de l'instruction qui tendent uniquement à sa défense. »

(5) Il faut remarquer cependant que quelques auteurs qui distinguent très bien l'action civile de l'action criminelle, les confondent encore par certains points : sur la question de savoir si la réparation civile du crime peut se poursuivre pendant trente ans, Davot et Bannelier répondent qu'il faut distinguer : 1° si la partie civile a véritablement une action en dommages-intérêts comme pour vol et recelé, elle aura trente ans, parce qu'on pourroit à cet égard intenter une action civile et qu'elle est indépendante

Les ordonnances du seizième siècle avaient interdit la transaction sur crimes de façon générale ; mais, par la force même des choses, certains de ces accords devaient échapper à la surveillance des gens du roi : c'étaient ceux dont l'objet n'intéressait point le public ; nous en avons rencontré un exemple où il s'agissait d'une batture. C'est cette situation que reconnait l'ordonnance de 1670 : « Enjoignons à nos procureurs et à ceux des seigneurs de poursuivre incessamment ceux qui seront prévenus de crimes capitaux ou auxquels il écherra peine afflictive, nonobstant toutes transactions et cessions de droits faites par les parties. Et à l'égard de tous autres seront les transactions exécutées sans que nos procureurs ou ceux des seigneurs puissent en faire aucune poursuite (1). »

Le projet n'accordait pas une aussi grande liberté aux parties ; il portait défense de transiger sur des crimes pouvant être punis non seulement de peines afflictives, mais aussi de peines infamantes, à peine de conviction de l'accusé, de 500 livres d'amende et de pareille amende contre l'accusateur. « Ce qui fit, rapporte Serpillon (2), que M. le premier président remontra que la diposition de cet article pouvoit facilement être éludée par une cession de droits à une personne dont l'accusé disposeroit (3), qu'il étoit sévère de défendre à une partie de

de la criminelle ; 2° en toutes autres occasions où il n'y à que la vengeance à suivre, tout est prescrit par les vingt ans *(Traité de droit français à l'usage du duché de Bourgogne)*. D'où il résulte que la somme d'argent réclamée par la famille d'un homme tué était, à cette époque, non la réparation de ce que nous appelons le « préjudice moral » mais un élément de la peine et de la vengeance. Il faut avouer que cette conception, un peu barbare si l'on veut, justifie beaucoup mieux que la nôtre la demande de la partie lésée ; car — l'idée du reste ne tardera guère peut-être à se répandre — comment quelques milliers de francs peuvent-ils « réparer » le dommage *moral* causé par un crime ? comment peut-on le traduire en francs et en centimes ?

(1) Ordonn. de 1670, tit. XXV, art. 19.

(2) *Op. cit.*, t. II, p. 1109.

(3) Ce procédé était déjà employé au seizième siècle et se continua

transiger pour ses droits qu'elle ne peut poursuivre que par action civile, puisqu'elle n'a aucune action pour la vengeance publique, dont la poursuite réside dans le ministère public, que par conséquent cet intérêt civil étant en la disposition de l'accusateur seul, il en peut transiger comme de son intérêt particulier, et que d'ailleurs les parties feroient semblant d'ignorer que le crime méritoit une peine afflictive. »

Cet incident des travaux préparatoires nous révèle le chemin parcouru ; la séparation est regardée comme complète entre l'action civile et l'action publique, ce sera désormais la doctrine acceptée par tous les auteurs jusqu'à la fin de l'ancien régime : « La partie ne peut remettre que son intérêt (1) », et elle ne conserve tous

---

jusqu'à la fin du dix-huitième. « La transaction et composition, dit Lange en 1743, se peut faire directement avec l'accusé ou avec personne ayant pouvoir de lui ; néanmoins, la manière la plus commune et la plus ordinaire de transiger en cette matière est que la partie civile cède ses droits et actions à une tierce personne, amie de l'accusé, qui après n'en fait aucune poursuite ou se laisse forclore de faire venir les témoins pour être recollez et confrontés et par ce moyen donne ouverture à l'accusé d'obtenir son absolution. » (Lange, *La nouvelle pratique civile, criminelle et bénéficiale*, t. II, p. 125). — Le 26 février 1569, Pierre Doyen, coseigneur de Chaumont, près la Tagnière, ayant été assassiné par François et Lazare Doyen, fils de Philibert Doyen, autre coseigneur du même lieu, la veuve et sa fille cèdent « audict Philibert Doyen l'action et poursuitte par elle intantée contre les dicts Doïens ses enfans et toute aultre action qu'elle peut avoir contre touz aultres quelz qu'ils soyent qui se treuveroient culpables de l'homicide de son dict mary, pour icelles poursuittes et actions exercer par ledict Philibert quand et contre qui bon luy semblera. Le constitue à cest effect procureur comme en sa propre chose et ce moiiennant le pris et somme de treize cens livres tournois, etc. » Comme les familles des meurtriers et de la victime habitent la même maison, Philibert Doyen renonce au droit de passage qu'il avait dans une cour commune et s'engage à faire garnir toutes les fenêtres donnant sur cette cour de verres dormants, de grillages et de barreaux de fer. (Arch. départ. de la Côte-d'Or, E. 2213.)

(1) Lange, *op. cit.*, *ibid.* Aussi le Parlement de Dijon ne déclarerait-il plus infâme l'auteur d'une transaction intervenue en suite d'un délit, comme il l'avait fait par arrêt du mois de novembre 1557 « suivant la loy non damnatos C. ex quibus causis infam. irrog. » (Arrêt rapporté par Brillon, *Dict. des arrêts*, v° transaction.) Les Juristes bourguignons sont

ses droits qu'en présence de certains crimes, tels que le rapt de séduction, l'adultère, la supposition de part, les mauvais traitements exercés par les enfants envers leurs père et mère, etc.; ces faits regardent principalement l'honneur des familles et, bien que de nature à donner lieu à des peines publiques, ne peuvent néanmoins être poursuivis par le ministère public sans le concours de la partie privée (1). Ce sont là des délits privés au premier chef, mais quoi qu'en dise M. Nourisson (2), ce n'est pas au caractère privé ou public des faits incriminés qu'il faut s'attacher pour savoir si l'on en peut transiger : c'est à la nature de la peine ; car il y a des délits privés dans la répression desquels peut et doit intervenir le procureur du roi : ce sont l'homicide, le vol et le recel des choses volées, l'incendie, le viol, les blessures notables, etc.; les seuls crimes publics sont ceux qui offensent la majesté divine, la majesté royale et ceux qui troublent l'ordre et la tranquillité publique (3) et leur poursuite n'est qu'une minime partie de la besogne qui incombe aux gens du roi. Ce qui se termine par la transaction, ce sont les affaires de « petit criminel », celles où il n'est pas question de peines afflictives et où il ne s'agit ni de l'honneur ni de la personne des citoyens. Dans tous les autres cas, c'est uniquement à son intérêt civil que renonce la partie : du reste, aucune règle bien fixe ne

---

arrivés à d'autres principes : « M. Begat en sa décision V a cru que les transactions sur crimes et en particulier sur un rapt rendoient infâme, mais suivant notre usage, les transactions pour crimes ou délits n'emportent pas l'infamie, non seulement parce que l'accusation seule n'infâme pas et qu'il faut un jugement, mais encore parce qu'en France, la poursuite des crimes par rapport à la vengeance publique n'appartient qu'aux parties publiques et que les traités entre les parties privées ne concernent que leurs intérêts particuliers. » (Davot, *Traité sur diverses matières de droit françois*, t. I, p. 419.)

(1) Muyart de Vouglans, *op. cit.*, p. 584.

(2) *Op. cit.*, p. 53.

(3) Jousse, *op. cit.*, t. I, p. 568.

préside à l'intervention des officiers de justice ; la plupart du temps mention n'en est pas faite lorsqu'il s'agit d'une rixe sans gravité, de blessures involontaires, de battures, d'injures (1); c'est surtout en ce dernier cas que les parties s'accordent librement; Melenet rapporte qu'en 1718 vint devant la Cour la question de savoir si un père pouvait composer des injures faites à ses enfants. « Jean de Saulx d'Arnay le Duc avoit battu Anne Marion, fille majeure résidante avec son père; celui-ci s'accommoda avec de Saulx qu'il n'en coustat par l'accord verbal que le paiement d'une seignée faitte à la fille battue. Anne Marion fit informer depuis le traitté et obtint 6 livres de dommages intérêts. De Saulx appela, disant que l'accord estoit prouvé par la procédure, ce qui se trouvoit vray (on ne discute point la possibilité de la transaction), la question estoit donc réduitte au seul point de scavoir si le père avoit pu remettre l'injure sans consulter sa fille ; par arrêt du 14 décembre 1718, on ne laissa pas que de confirmer à cause que de Saulx en faisant informer de la querelle depuis l'accommodement sembloit avoir renoncé à ce moyen (2). »

Cependant on croit de temps à autre relever de la part du procureur des velléités d'intervention: c'est ainsi qu'en 1716, à la Tournelle de Dijon, « on confirma un

---

(1) Arch. départ. de la Côte-d'Or, E. 2500, transaction entre Jacques Pitois, forgeron, et Claude Bidot, marchand à Is-sur-Tille: « Attendu que les dites blessures ont esté faictes par accidant et non malicieusement et sans aucung project prémédité. » (16 juillet 1675). — *Ibid.*, E. 2884, transaction en suite de battures entre les deux frères Philippe et Hubert Roy, tous deux vignerons à Vitteaux. (18 octobre 1691.) — *Ibid.*, E. 2770, transaction entre Lazare Colombier et Antoine Barbier, qui avait accidentellement blessé le premier, en voulant jeter sur son fils qu'il gourmandait, la boule du jeu de quilles de Thoisy-la-Berchère. (26 juillet 1718) — *Ibid.*, E. 2763, transaction entre Nicolas Argenton et Claude Bigot, à la suite d'injures. (30 janvier 1732.) — Dans tous ces cas, les parties traitent comme bon leur semble.

(2) Bibl. municip. de Dijon, ms. 299, déjà cité, v° Injure.

ajournement personnel donné contre la demoiselle Boulard d'Avallon, accusée d'avoir dit qu'elle avoit vu la demoiselle Vallon en posture indécente avec un jeune homme ; les plaignants se contentoient de ce décret, mais M. le Procureur Général voulloit une prise de corps, ayant appellé de ce décret *a minima* ce qui fut condamné sur le fondement de la Loi 7, C. *De injuriis*, qui montre que c'est là un délit privé dont les parties avoient pu s'accorder (1). »

Mais, au contraire, si le délit présente quelque gravité, les parties ne transigent plus que sous le bon vouloir et plaisir de justice (2).

---

(1) *Ibid.*, eod. v°.

(2) Arch. départ. de la Côte-d'Or, E. 2483, fol. 12. « L'an mil six centz septante quatre, le ving troisiesme jour du mois de janvier apprès midy, à Ys sur Tille et pardevant le notaire et tabellion royal héréditaire soubsigné de la résidence de Villey sur Tille, ont comparu en leurs personnes Jean Sarron l'aisné vigneron demeurant à la Grange Noire paroisse d'Ys sur Tille d'une part et Ysaac Crespont vigneron demeurant audit Ys sur Tille, d'autre. Lesquelles partyes ainsi comparantes ont déclaré que du procès indécis entre eux, au bailliage dudit Ys sur Tille, au sujet de l'enlèvement de quelques vins nocturnement en la cour dudit Sarron audit Ys sur Tille par ledit Crespont et consors faisant garde au corps de garde de la porte du cotté de Dijon et depuiz par appel au bailliage de Dijon et ensuite sentence confirmée par appel au Parlement, ils ont dudit différand traicté, transigé dudit procès en la forme et manière qui s'ensuit soubz le bon vouloir et plaisir de justice : assavoir que ledit Crespont en premier renonce à sondit appel et moyennant la somme de 3 livres pour sa part de tous intérêts prétendus par ledit Sarron et sa part des despens à veue de pièces, lesquels ledict Crespont promect payer audit Sarron une demy esmine de bled, etc. » — Même réserve formulée dans les [illegible]s suivants : *Ibid.*, E. 2612, transaction entre François Royer et Etienne Maire de Pluvault, pour des coups qu'ils s'étaient donnés ; la somme assez forte (15 livres) versée à François Royer et la mention d'un « retardement de travail » subi par celui-ci donnent à penser que la blessure qu'il portait à la tête devait présenter une certaine gravité. (10 septembre 1691). — *Ibid.*, E. 2284, transaction entre Henriette Bonnivot de Bar-sur-Aube et Catherine Thiolley, à la suite d'une rixe : le mari de Catherine Thiolley s'engage à faire soigner Henriette Bonnivot et à lui verser 13 livres 10 sols (22 février). — *Ibid.*, E. 2595, transaction entre Claude Le Mulier et Jean Bonnat de Montfort-Montigny. Jean Bonnat paie les frais de justice déjà faits par Le Mulier contre lui, lui verse 12 livres et s'oblige à le faire soigner, « au moyen de quoy lesdites parties ont consenti que le procès

Jusqu'à la fin de l'ancien régime, néanmoins, se retrouve la tendance à admettre que le coupable, en dédommageant la partie, peut esquiver la peine ; ceci se passe au grand jour, les juges eux-mêmes y prêtent les mains, et dans des cas cependant où le châtiment pourrait être fort grave : ainsi au mois de juillet 1728, à Autun, « le sieur Vincent Maître, avocat, fit emprisonner de sa propre initiative le nommé Garreau, sous prétexte qu'il en avait été insulté ; Garreau présenta requête à M. le Vierg pour avoir raison de l'insulte faite à sa personne. M. le Maître vint faire ses excuses à la Chambre (de ville) et l'affaire fut arrangée au moyen de 6 livres qu'il donna à l'offensé (1) ».

Un fait qui se passa à Dijon, en 1747, est plus surprenant encore : « Le 14 février jour du mardy gras, lit-on dans le *Mercure dijonnois,* le soir, trois écoliers de philosophie Alemans étant habillés en masques jetèrent dans un puis proche l'Oratoire, un jeune enfant de dix à douze ans, qui leur crioit chianlis. L'enfant fut retiré et en fut quitte pour quelques jours de fièvre ; les Alemans furent mis en prison, on commença leur procès à la Mairie, mais ils s'accommodèrent avec le père de l'enfant en lui donnant 3,000 livres tournois, ce qui ralentit la poursuite de la procédure, en sorte qu'il y eut jugement à la Mairie qui les renvoya jusqu'à rapel (2). »

---

commencé demeure éteint et assoupi soubz le bon vouloir et plaisir de justice, soubz néantmoins les réserves dud. Le Mulier en cas de son décès s'il arrive par la blessure qui luy a esté faite. » (8 octobre 1731.)

(1) Arch. municip. d'Autun, *Délibérations municipales*, vol. LVIII, fol. 93.

(2) *Le Mercure dijonnais*, édit. G. Dumay, p. 14. — Le 30 décembre 1791, le procureur de la commune de Sampigny (Saône-et-Loire) était injurié gravement et dans l'exercice de ses fonctions par Lazare Lenoble, vigneron au même lieu ; à l'audience du tribunal de police du 4 janvier 1792, Lazare Lenoble nia les faits ; le tribunal accorda aux deux parties quatre jours pour faire leur preuve, mais « le même jour le susdit Lenoble ayant parlé au susdit procureur que s'il vouloit faire accomodement, qu'il payeroit tous les frais qui sont faits contre lui, et à l'instant, le susdit

Si la partie civile n'a pas le droit d'arrêter les poursuites intentées par le procureur, en fait du moins, le représentant du ministère public s'abstient lorsqu'elle a été satisfaite ; certains auteurs rapportent encore à la fin du dix-huitième siècle que l'arrangement passé entre le coupable et ceux qu'il a lésés doit diminuer la peine due au crime (1) ; à ce moment pourtant, l'on est bien loin du temps où la partie était seule maîtresse de la poursuite : mais l'ancien régime était, de sa nature, conservateur ; son essence même, le respect de la tradition, ses principes le gardaient des changements brusques et, par un développement naturel, ses institutions qui toutes avaient dans un passé plus ou moins lointain des racines profondes et tenaces évoluaient lentement, se modifiaient, grandissaient, puis peu à peu disparaissaient à mesure que les causes d'où elles étaient sorties ne les justifiaient plus.

C'est de cette façon que s'effacent la garde et l'asseurement lorsque, par la suppression de la guerre privée, ces moyens de paix deviennent inutiles : la notion s'en obscurcit mais ne se perd pas : à la veille de la Révolution, personne ne se souvient plus des différences essentielles qui les séparaient jadis et qu'avait si nettement indiquées la coutume du quatorzième siècle, on les utilise encore. Curieux et saisissant exemple des transformations profondes que subissent, à l'insu même des contemporains, les règles légales qui ne vivent plus que par la pratique : la sauvegarde a absorbé l'assurement à son profit ; c'est la conséquence logique de l'extension toujours croissante du pouvoir royal : la protection du prince est devenue

---

Procureur ayant fait assemblé le Conseil Municipal dans la Chambre Commune et le susdit Conseil ayant fait le calcul des frais qui se trouve de la somme de cinq livres que ledit Lazare Lenoble a payés sur le champ (*sic*) ». (Archives de la mairie de Sampigny.)

(1) Fariniacus, quest. IV, n° 34 cité par Jousse, *op. cit.*, p. 604.

plus efficace que la promesse de paix émanant d'un simple particulier ; l'assurement végète jusqu'à la fin du dix-huitième siècle ; la Révolution vint consommer sa ruine, mais elle supprima la garde du même coup : désormais tous les citoyens sont sous la sauvegarde des lois et tous sont également protégés.

Inventés bien après la composition, la garde et l'assurement avaient jusqu'au bout rempli leur objet : empêcher les violences. La composition, elle, à partir de l'introduction de la procédure inquisitoire, avait changé de but : créée pour arrêter la vengeance, elle remplit jusqu'au quinzième siècle son primitif office, mais entre les nobles seulement ; ailleurs, elle n'est plus qu'un moyen d'esquiver avec les frais et les longueurs d'un procès une condamnation corporelle : la théorie de la peine s'est lentement élaborée ; d'abord rachat du droit de représailles, elle est devenue le moyen de réprimer les atteintes portées à l'ordre public : on enlève au particulier l'*ulciscendi jus,* mais on lui laisse le droit exclusif de poursuivre, s'il le juge à propos, le châtiment de celui qui l'a lésé dans ses biens, dans sa personne ou dans ses affections, et aussi le droit de renoncer, moyennant finance, à cette poursuite ; bientôt ce droit lui est enlevé, comme jadis on lui a interdit la vengeance : un organe spécial apparaît destiné à sauvegarder les droits du souverain, c'est le ministère public ; son action s'étend : on considère que tout crime est une offense au prince et que si la partie pardonne, il n'est pas apaisé : en un mot, l'action publique se sépare de l'action civile et c'est à cette dernière que l'Etat s'efforcera de limiter les droits de l'offensé : ces droits se restreignent de plus en plus, mais jusqu'à la Révolution ils restent considérables ; véritablement, le ministère public n'est que joint et le particulier garde la plus grande part à la poursuite du crime. Quoi d'étonnant dès lors de retrouver la composition pécuniaire vivante encore pratiquement et théoriquement à la veille même de la Révolution ?

Que valait ce système ? Il était assurément plus respectueux des droits individuels que celui dont nous a gratifié la législation de 1808. Ce n'est pas à dire qu'il n'ait pas eu besoin de certaines retouches : l'obligation pour la partie de subvenir aux frais de la procédure donnait de mauvais résultats ; l'Etat comptait un peu sur cette ressource pour assurer l'exact service de la justice criminelle, la partie, d'autre part, s'abstenait, en sorte que plus d'un malfaiteur jouissait ainsi de l'impunité : les Etats de Bourgogne se préoccupaient de cette situation dès 1667 (1) et les cahiers de 1789 furent unanimes à demander une réforme sur ce point (2) ; on semblait désirer une extension des pouvoirs du ministère public : la Révolution l'annihila (3).

Le Code de 1808, en le ressuscitant, renoua la tradition, mais la faussa en dotant ses représentants d'une puissance exorbitante que Louis XIV n'avait pas osé leur attribuer ; désormais, le ministère public est partie principale : il concentre entièrement entre ses mains le procès pénal ; le particulier conserve le droit de citation directe, mais avec des restrictions équivalant presque à sa suppression ; il ne peut en user que s'il s'agit d'un délit ou d'une contravention ; le crime lui échappe : il ne peut poursuivre le meurtrier et, à l'inverse, il ne peut par-

(1) Arch. départ. de la Côte-d'Or, C. 2998, fol. 78 « Ayant été remonstré que plusieurs crimes demeurent impunis par le manquement de fonds pour subvenir aux frais de l'instruction des procès criminels et payement des gages des officiers, les Estats ont deslibéré que les Cahiers seront chargés pour demander qu'il plaise au Roy faire un fond suffisant pour subvenir aux frais des procès criminels et à l'égard des gages, les officiers se pourvoiront ainsy qu'ils verront estre à faire. » (Janvier 1677.)

(2) A. Desjardins, *Les cahiers des Etats généraux en 1789 et la législation criminelle*, p. 253.

(3) Roux, *op. cit.*, p. 102.

donner. Les hommes qui avaient vécu sous l'empire de l'ordonnance de 1670 sentirent parfaitement combien les temps étaient changés : l'un d'eux écrivait, en 1814, agité peut-être d'un vague espoir : « On a établi l'inquisition la plus minutieuse sur les actes les plus indifférents de la vie... on n'a plus la faculté, comme autrefois, de pardonner une offense qu'on a reçue ou un tort qu'on a souffert, quelque léger qu'il soit. Le ministère public agit lors même que l'offensé se tait ou reste dans l'inaction (1). » Ajoutons cependant qu'en pratique le juge d'instruction se montre moins intraitable et que l'ordonnance de non-lieu est souvent encore le résultat du retrait de la plainte de la partie lésée, même lorsqu'il s'agit d'un délit d'une certaine gravité.

Aujourd'hui, du reste, les doléances ont changé d'objet et l'on réclame moins la faculté de pardonner que celle de poursuivre : un courant incontestable existe qui tend à rendre au particulier, conformément à la tradition brusquement interrompue et, dans tous les cas, une part plus grande dans l'exercice de l'action publique ; la conception d'autrefois était exacte : si l'Etat doit maintenir le bon ordre, quelqu'un est plus intéressé que lui à la répression du crime : la vieille idée de représailles subsiste au fond des esprits, adoucie, mais vivace, et il serait juste, en somme, de rendre à celui qui a été le plus directement lésé la première place qu'il a occupée si longtemps dans la poursuite du châtiment : ce serait, dit-on, s'acheminer à ressusciter la peine privée. Pourquoi non ? L'idée de peine privée ne répugne pas au droit contemporain (2) ; il est logique d'y revenir en France plus qu'ailleurs : la

---

(1) *Observations sur l'ancienne constitution française et sur les lois et les codes du gouvernement révolutionnaire par un ancien jurisconsulte*, cité par Nourisson, *op. cit.*, p. 55.

(2) Hugueney, *L'idée de peine privée en droit contemporain*, thèse, Dijon, 1902.

longue lutte à laquelle nous avons assisté sur le terrain de la poursuite pénale s'est tout entière déroulée sous des régimes monarchiques : l'antagonisme du souverain et de la partie se comprend alors : puisque la souveraineté réside tout entière dans le prince, il est naturel que lui seul cherche à se réserver le soin de châtier les crimes; c'est à quoi tendit l'ancien régime qui n'alla pas, du reste, jusqu'au bout du mouvement commencé; mais ce monopole ne se conçoit plus exercé par un Etat démocratique où chaque citoyen détient une parcelle de souveraineté. Pourquoi donc refuser l'exercice de cette souveraineté à ses légitimes possesseurs? Loin de nous, du reste, la pensée de supprimer le ministère public : c'est à côté de lui que nous voudrions voir agir la partie. Peut-être est-ce ainsi que, dans un avenir plus ou moins rapproché, se terminera, sans vainqueur ni vaincu, cet interminable duel entre l'Etat et le particulier, commencé depuis plus de deux mille ans.

ERRATA

Page 3, ligne 3, au lieu de : *eomposition*, lire : *composition.*

— 9, note 1, ligne 7, au lieu de *: de droit, de législation et de jurisprudence*, lire : *de droit français et étranger.*

— 74, ligne 5, au lieu de : *percusserit amens ,* lire : *percusserit amens,.*

— 113, ligne 11, au lieu de : *perçoit 7 sols et le blessé 15; on voit...,* lire : *perçoit 7 sols et le blessé 15, on voit...*

— 180, ligne 21. au lieu de : *comment les avoir?*, lire : *comment le savoir?*

— 201, sommaire, ligne 9, au lieu de : *L'action publique confiée à la partie conjointement avec le ministère public. — Conclusion : retour désirable à ce système*, lire : *Derniers vestiges du rôle prépondérant jadis joué par la partie dans la poursuite. — Conclusion : éventualité d'un retour aux traditions abolies.*

— 214, ligne 15, au lieu de : *l'ordonnance de 1679*, lire : *l'ordonnance de 1579.*

— 246, note 1, au lieu de : *Fariniacus*, lire : *Farinacius.*

— 248, note 1, ligne 7, au lieu de : *1677*, lire : *1567.*

TABLE DES MATIÈRES

Made in United States
Troutdale, OR
11/03/2026

56844528R00156